PROVSM을 활용한

ATmega128

박일천 저

D.B.Info

머리말

마이크로프로세서는 산업현장에서 자동제어장치 구현에 널리 사용되고 있으며 전자전공 관련 학생은 누구나 한번쯤은 접했거나 배우고 있는 교과목 중에 하나이다.

이러한 마이크로프로세서의 동작원리를 이해하고 응용회로를 효과적으로 습득하기 위해서는 전자소자, 전자회로 등의 하드웨어 지식과 인터페이스 회로설계 제작기술 그리고 제어프로그램을 작성하는 소프트웨어 기술을 익혀야하는 융합학문으로 이를 학습하기에 많은 어려움이 있는 것은 사실이며 이를 조금이라도 해소하고자 기본적인 C언어의 지식과 간단한 하드웨어 기술을 갖추고도 학습이 가능하도록 집필에 주안점을 두었으며 특히 전자회로 시뮬레이션 프로그램인 PROVSM(프로테우스)을 활용하여 결과를 직관적으로 이해할 수 있도록 구성하였다.

이 책은 크게 3부분으로 구성되어 있으며, 각 부분의 구성은 다음과 같다.

PART Ⅰ은 AVR 개요, PROVSM 시뮬레이션 프로그램 소개 및 사용법, 제어에 필수적인 C언어를 다룬다.

PART Ⅱ는 PORT 입출력실험, A/D 변환, LCD 제어, 통신 등을 학습한다.

PART Ⅲ은 ALU 관련 레지스터, I/O PORT 레지스터, TWI 레지스터 등 다양한 레지스터에 대하여 다루었다.

본 교재 학습을 통하여 마이크로프로세서에 흥미를 가지는 계기가 되기를 바란다.

2015년 02월

저자 씀

목차

PART Ⅰ

PART II

PART Ⅲ

PART

I

01 AVR의 개요

1) AVR이란?

Atmel사가 개발한 AVR은 AVR(Advanced Virtual RISC)의 뜻을 가진 RISC 마이크로컨트롤러들을 말하는 것으로서 크게 ATtiny Family, AT90S Family, ATmega Family로 구분된다.

표 1-1. ATmel사 AVR Family의 간략 비교

구 분	Flash(KB)	EEPROM(Byte)	FAM(Byte)
ATtiny Family	1 ~ 2	64 ~ 128	128
AT90S Family	1 ~ 8	64 ~ 512	128 ~ 512
ATmega Family	8 ~ 128	512 ~ 4KB	1K ~ 4KB

2) RISC와 CISC의 구분

가) RISC : Reduced Instruction Set Computer(간단한 명령어들의 집합 컴퓨터)

(1) 명령어들이 간단한 반면, 적은 수의 명령어로 프로그램을 짜다 보니 프로그램이 길어짐

(2) 저장 공간이 많이 차지하고 레지스터수가 많고 속도가 빠름

나) 워크 스테이션

다) CISC : Complex Instruction Set Computer

(1) 명령어 개수가 많다.

(2) 프로그램 길이가 작고 레지스터 수가 적다.

(3) 개인용 컴퓨터(PC)

3) ATmega128

ATmega128은 8비트 RISC(Reduced Instruction Set Computer) 구조의 AVR Core를 가지는 마이크로 컨트롤러로써 대부분의 명령어를 Single Cycle에서 수행한다.

칩 내부에는 발진회로, GPIO 입출력 포트, Timer/Counter, RTC(Real Time Clock), USATR (Universal Synchronous Asynchronous Reveiver and Transmitter)와 SPI(Serial Peripherial Interface), PWM(Pulse With Modulation), ADC(Analog To Digital Converter), Analog 비교기, Watchdog Timer, I^2C가 있으므로 CPU Chip 하나로 시스템을 구성할 수 있다.

4) 향상된 RISC 구조

실행 속도를 높이기 위해 가능한 복잡한 처리는 소프트웨어에서 처리하는 방법이다.

가) 133개의 명령어 : 대부분 1사이클에 동작하는 명령어

나) 32개의 8-Bit 범용 레지스터 및 주변장치 제어 레지스터

다) 완전 정적인 동작 지원

라) 16MHz의 공급 클록에서 최대 16MIPS의 성능

마) 2사이클에 동작하는 하드웨어 곱셈기 내장

5) 비휘발성 프로그램 메모리와 데이터 메모리

가) 128KB의 Flash 메모리 ISP(In-System Programmable)

(1) 프로그램의 실행 코드 저장 영역

(2) 최소 10,000번 이상 Read/Write 가능

나) 4KB의 EEPROM

(1) 비휘발성 데이터 저장 영역

(2) 최소 100,000번 이상의 Read/Write 가능

다) 4KB의 내부 SRAM

라) 최대 64KB까지의 외부 데이터 메모리 확장 가능

마) 소프트웨어 보안성을 위한 프로그램 잠금(Lock) 기능

바) ISP(In-System Programming)을 위한 SPI 인터페이스 제공

6) 주변장치

가) 분주기와 비교기 모드가 분리된 2개의 8-Bit Timer/Counter

나) 분주기와 비교기 모드 및 Capture 모드가 분리된 두 개의 확장 가능한 16-Bit Timer/Counter

다) 발진회로와 분리된 실시간 계수기(Real Time Counter)

라) 2개의 8-Bit PWM 채널과 2개의 16-Bit의 분해능을 가진 PWM 채널

마) 출력 비교 변조기(Output Compare Modulator)

바) 8채널의 10-Bit ADC(Analog To Digital Converter)

(1) 8개의 Single-Ended 채널

(2) 7개의 Differential 채널

(3) 2개의 프로그램 가능한 입력 Gain(1X, 10X, 200X)을 갖는 채널

사) Byte가 정렬된 Two-Wire 직렬 인터페이스

아) 두 개의 프로그램 가능한 USART(Universal Synchronous Asynchronous Receiver and Transmitter)

자) Master/Slave SPI 시리얼 인터페이스

차) 내장된 발진 회로와 프로그램 가능한 Watch-Dog Timer

카) 내장된 Analog 비교기

7) 특별한 마이크로 컨트롤러 기능

가) Power-On Reset 기능과 프로그램 가능한 Brown-Out 검출 기능

- Brown-Out 검출 기능 : 전압이 정한 어느 값 이하로 떨어지면 CPU Core 내부의 Register가 본질 기능을 할 수 없게 되므로 강제로 시간 Reset 되게 하는 기능

나) 조율된 내부 RC 발진회로

다) 외부 및 내부 인터럽트 소스

라) 6가지의 슬립 모드

마) 소프트웨어로 선택 가능한 클록 주파수

바) 선택 가능한 ATmega103 호환 모드

사) 전체적인 Pull-Up 해제기능

8) 인터럽트

가) 외부 및 내부 인터럽트

나) 35개의 인터럽트 소스

다) 단순화한 인터럽트 벡터 및 우선순위

9) Sleep 모드

가) Idle, ADC 잡음제어, 전력 절약, Power-Down, 대기, 확장대기 등 6개의 Sleep 모드

10) I/O와 Package

가) 53개의 프로그램 가능한 입/출력 선

나) 64핀의 TQFP 또는 64개의 Pad를 갖는 MLF Package

11) 동작 전압

가) ATmega128L은 2.7V~5.5V의 공급 전원에서 동작가능

나) ATmega128은 4.5V~5.5V의 공급 전원에서 동작가능

12) 전력 소비

가) 정상 동작 : 5.5mA

나) Idle 모드 : 1.6mA

13) 동작 속도

가) ATmega128L은 0~8MHz의 공급 클록에서 동작 가능

나) ATmega128은 0~16MHz의 공급 클록에서 동작 가능해 필요한 도구와 장비 그리고 사용된 부품을 알아보고, 제어기 제작에 있어서 어떠한 동작과 의미를 갖는지 알아보자.

02 PROVSM 시뮬레이션 프로그램

2.1 프로그램 메인 화면 구성

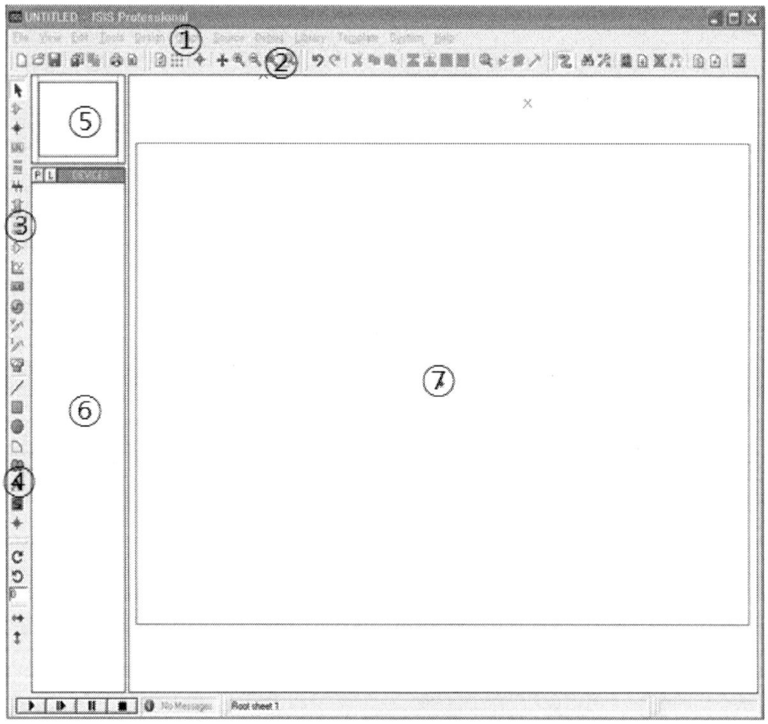

그림 2-1

① 메인 메뉴

② 메인 메뉴 단축 아이콘
③ 회로 작성 도구 아이콘
④ 2D 그래픽 작성 도구 아이콘
⑤ 미리보기 창
⑥ 부품/도구 목록 창
⑦ 회로 작성 창
⑧ 부품 방향 전환 아이콘
⑨ 회로 분석 실행 도구 아이콘
⑩ 회로 분석 메시지 창 아이콘

2.2 프로그램 메뉴 구성

2.2.1 File

회로 작성 및 열기, 회로 저장과 출력 등의 메뉴로 그림 2-2와 같은 메뉴들로 구성되어 있다.

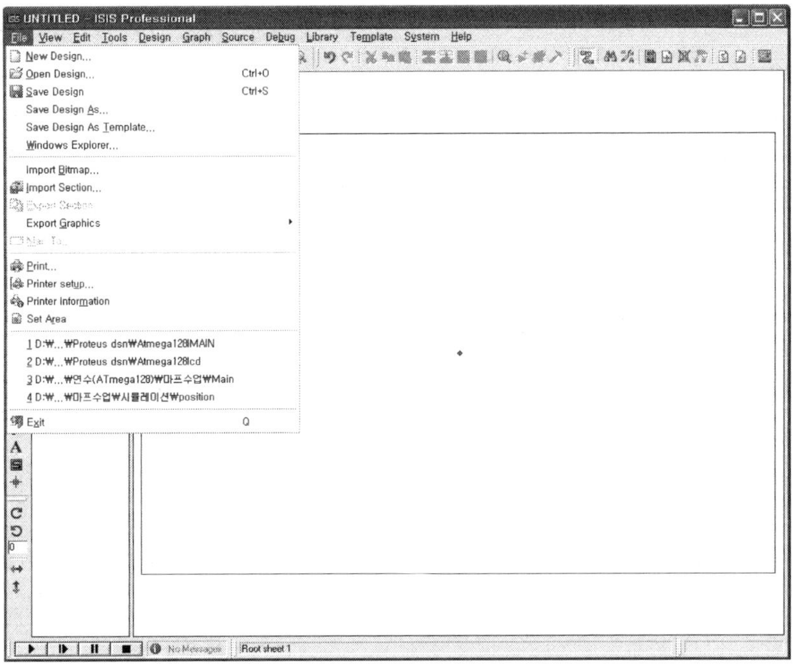

그림 2-2. File 메뉴

◈ New Design - 새로운 회로도 작성하기
◈ Open Design - 작성된 회로도 열기
◈ Save Design - 회로도 저장하기
◈ Save Design As - 새로운 이름으로 회로도 저장하기
◈ Save Design As Template - 새로운 Template 저장하기
◈ Windows Explorer - 탐색기를 이용하여 회로 열기
◈ Import Bitmap - 그림 파일 읽어오기
◈ Import Section - 부분 회로 읽어오기
◈ Export Section - 부분 회로 만들기
◈ Export Graphics - 그림 파일 만들기
◈ Mail To - 회로도 메일로 전송하기
◈ Print - 회로도 출력하기
◈ Printer Setup - 프린터 환경 설정하기
◈ Printer Information - 연결된 프린터 정보 보기
◈ Set Area - 출력 영역 설정하기
◈ Exit - 프로그램 종료하기

2.2.2 View

회로 작성에 필요한 그리드 선택 및 회로 확대, 축소 등의 메뉴로 그림 2-3과 같은 메뉴로 구성되어 있다.

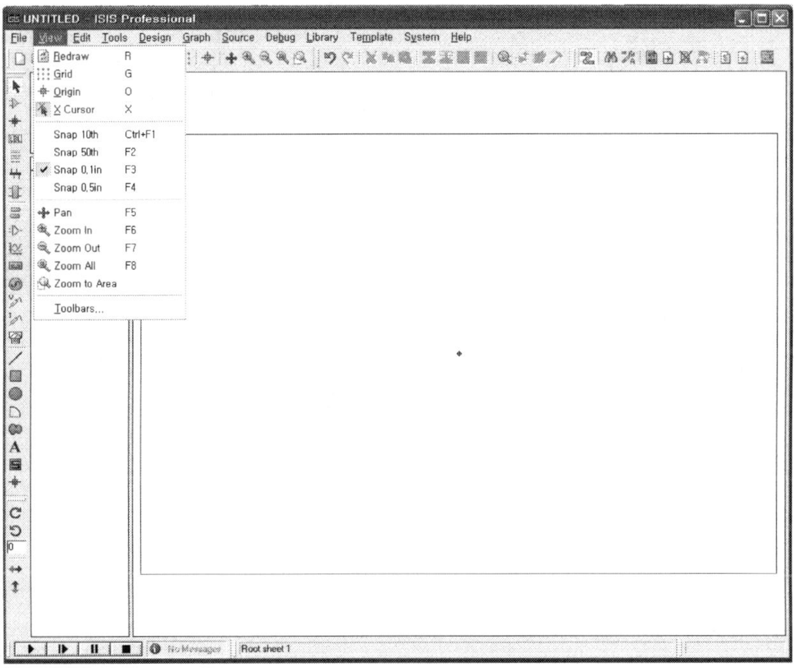

그림 2-3. View 메뉴

◈ Redraw - 회로 작성 창 정리(화면 잔상 처리)

◈ Grid - 그리드 보이기/감추기 선택하기

◈ Origin - 회로 작성 기준 좌표 선택하기

◈ X Cursor - 마우스 커서 모양 선택하기

◈ Snap 10th - 그리드 간격 10th 선택하기

◈ Snap 50th - 그리드 간격 50th 선택하기

◈ Snap 0.1in - 그리드 간격 0.1in 선택하기

◈ Snap 0.5in - 그리드 간격 0.5in 선택하기

◈ Pan - 마우스 커서로 회로도 이동하기

◈ Zoom In - 회로도 확대하기

◈ Zoom Out - 회로도 축소하기

◈ Zoom All - 회로도 전체 보기

◈ Zoom to Area - 영역 선택으로 회로도 확대하기

◈ Toolbars - 메인 메뉴 바 보이기 / 감추기 선택하기

2.2.3 EDIT

회로 작성 중에 사용한 명령의 취소 및 재실행, 복사 및 붙여넣기 등의 메뉴로 그림 2-4와 같은 메뉴들로 구성되어 있다.

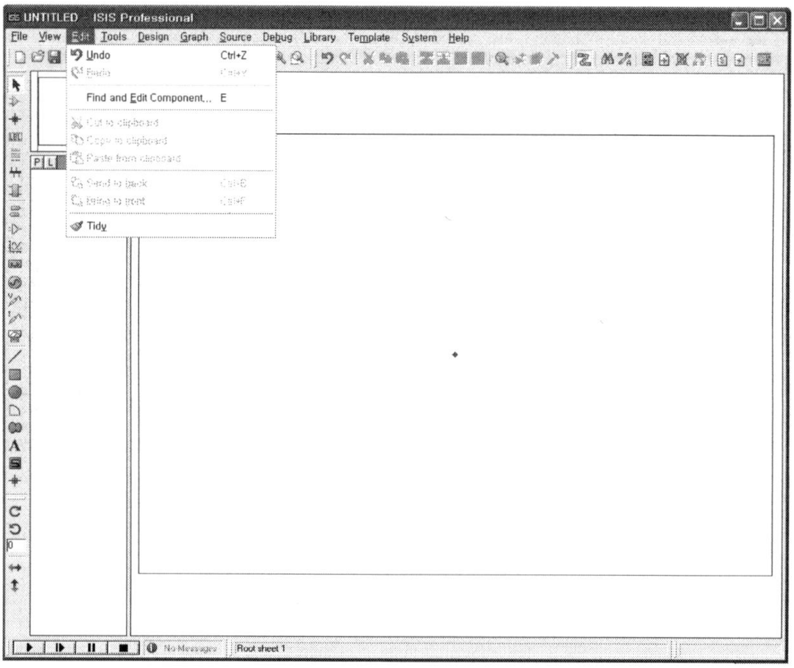

그림 2-4. EDIT 메뉴

- ◈ Undo - 이전 메뉴 실행 취소
- ◈ Redo - Undo 메뉴 실행 취소
- ◈ Find and Edit Component - 레퍼런스 번호로 부품 속성 편집하기
- ◈ Cut to Clipboard - 클립보드로 잘라내기
- ◈ Copy to clipboard - 클립보드로 복사하기
- ◈ Paste from clipboard - 클립보드에서 붙여넣기
- ◈ Send to back - 선택한 개체 뒤로 보내기
- ◈ Bring to front - 선택한 개체 앞으로 가져오기
- ◈ Tidy - 부품 목록 창에 부품 삭제하기

2.2.4 Tools

회로도 부품 참조 번호, 신호선 자동연결, 부품 속성 일관지정 등의 메뉴로 그림 2-5와 같은 메뉴들로 구성되어 있다.

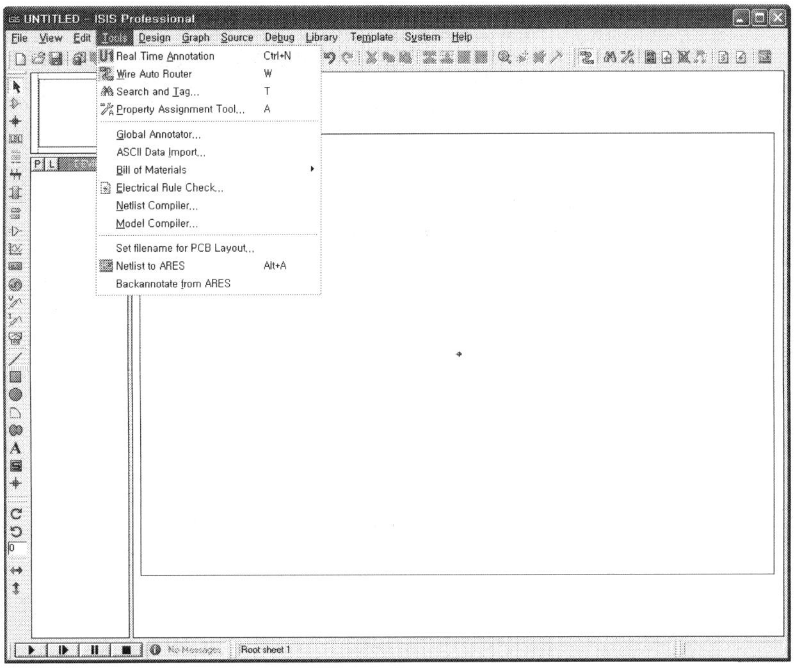

그림 2-5. Tools 메뉴

◈ Real Time Annotation - 실시간 레퍼런스 번호 부여

◈ Wire Auto Router - 신호선 자동 배선

◈ Search and Tag - 부품 속성으로 회로도 부품 찾기

◈ Property Assignment Tool - 부품 속성 일괄 지정하기

◈ Global Annotator - 레퍼런스 일관 지정

◈ ASCII Data Import - 부품의 정보(코드번호, 가격 등의 정보) 읽어오기

◈ Bill of Materials - 회로도 작성에 사용된 부품 목록 및 정보 생성하기

◈ Electrical Rule Check - 부품 및 속성에 따른 전기적 검사 실행하기

◈ Netlist Compiler - 회로도 네트 리스트 생성하기

◈ Model Compiler - 회로도를 이용한 모델 파일 생성하기

◈ Netlist to ARES - PCB 프로그램으로 네트 리스트 보내기

◈ Backannotate from ARES - PCB 프로그램으로부터 네트 리스트 가져오기

2.2.5 Design

도면 정보 또는 계층도면 작성, 회로도의 전원 설정 등의 메뉴로 그림 2-6과 같은 메뉴들로 구성되어 있다.

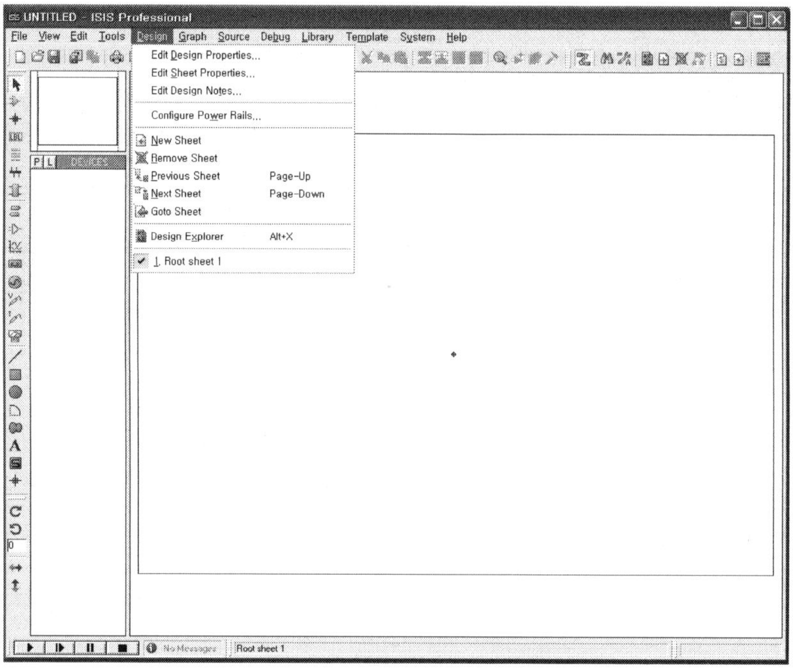

그림 2-6. Design 메뉴

◈ Edit Design Properties - 전체 도면 정보 입력하기

◈ Edit Sheet Properties - 회로도 정보 입력하기

◈ Edit Design Notes - 전체 도면 또는 회로도 주석 입력하기

◈ New Sheet - 현재 도면에 새로운 회로도 추가 작성하기

◈ Remove Sheet - 전체 도면 중 현재 회로도 삭제하기

◈ Previous Sheet - 전체 도면 중 이전 회로도 이동

◈ Next Sheet - 전체 도면 중 다음 회로도 이동

◈ Goto Sheet - 전체 도면 중 회로도 선택 이동

◈ Design Explorer - 각 부품들의 연결 정보 보기

◈ Root Sheet - 전체 도면 리스트 보기 및 선택 이동

2.2.6 Graph

SPICE 분석을 위한 그래프 창 메뉴로 그림 2-7과 같은 메뉴로 구성되어 있다.

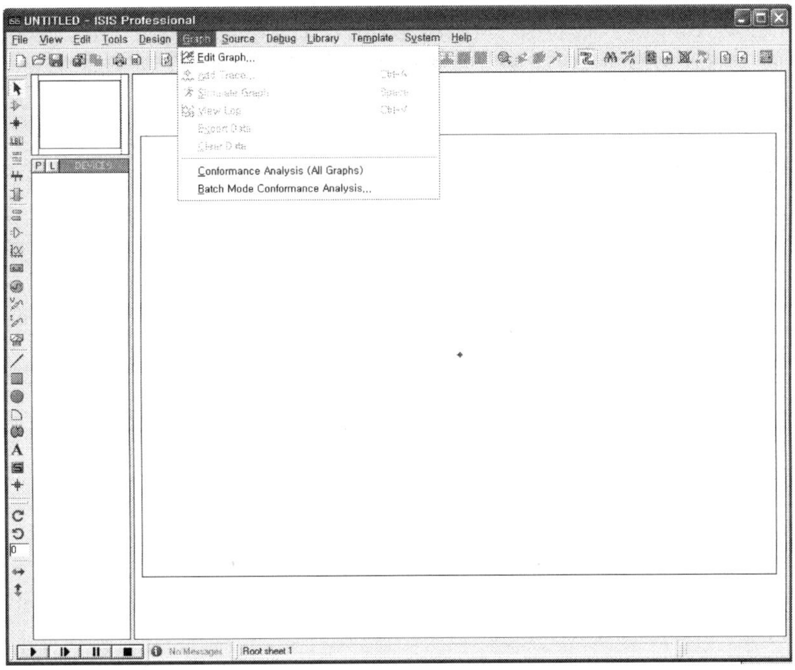

그림 2-7. Graph 메뉴

- ◈ Edit Graph - 그래프 창 속성 설정하기
- ◈ Add Trace - 그래프 분석 창에 프로브 추가하기
- ◈ Simulate Graph - 그래프 분석 실행하기
- ◈ View Log - 그래프 분석 메시지 보기
- ◈ Export Data - 그래프 분석 결과를 텍스트로 출력하기
- ◈ Clear Data - 그래프 분석 결과 지우기
- ◈ Conformance Analysis(All Graphs) - 현재 회로도의 적합성 분석 실행하기
- ◈ Batch Mode Conformance Analysis - 전체도면 적합성 분석 실행하기

2.2.7 Source

마이크로 프로세서 분석을 위한 소스 추가 및 삭제, 코드 생성 툴 환경 설정 및 지정, 코드 생성 등의 메뉴로 그림 2-8과 같은 메뉴들로 구성되어 있다.

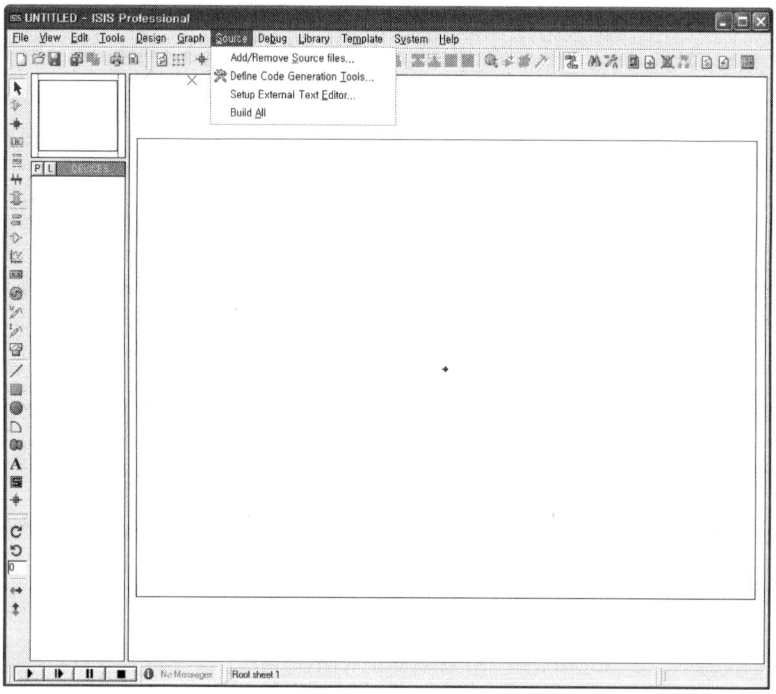

그림 2-8. Source 메뉴

◈ Add/Remove Source files - 소스 파일 추가/삭제하기
◈ Define Code Generation Tools - 코드 생성 툴 환경 설정하기
◈ Setup External Text Editor - 소스 파일 추가/삭제하기
◈ Build All - 코드 생성하기

2.2.8 Debug

마이크로프로세서 동작 상태 분석 및 오류 검증을 위한 메뉴로 그림 2-9와 같은 메뉴들로 구성되어 있다.

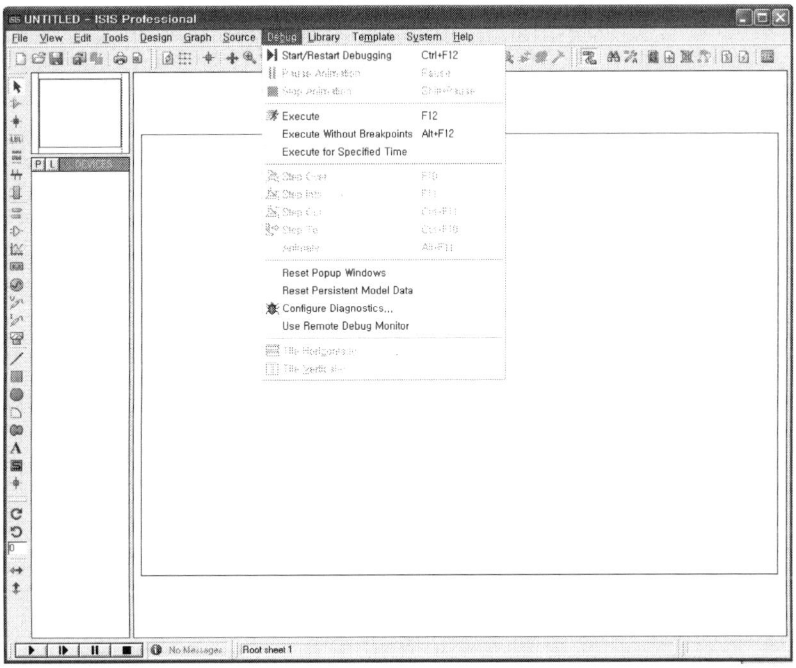

그림 2-9. Debug

◈ Start/Restart Debugging - 디버깅 실행/정지

◈ Pause Animation - 회로 애니메이션 일시 정지

◈ Stop Animation - 회로 애니메이션 중지

◈ Execute - 회로 애니메이션 실행

◈ Execute without Breakpoints - 브레이크 포인트를 무시한 시뮬레이션 실행

◈ Step Over - 함수 또는 서브루틴을 제외한 디버깅 실행

◈ Step Into - 함수 또는 서브루틴을 사용한 디버깅 실행

◈ Reset Popup Windows - 팝업창 초기화

◈ Reset Persistent Model Data - 메모리에 저장된 파일 초기화

◈ Configure Diagnostics - 회로 시뮬레이션 오류 진단 환경 설정

◈ User Remote Debug Monitor - Keil uVision2를 이용한 원격 디버깅 활성화

◈ Tile Horizontally - 팝업 윈도우 수평 정렬

◈ Tile Vertically - 팝업 윈도우 수직 정렬

2.2.9 Library

회로 작성에 필요한 부품을 불러오거나 필요한 부품과 심벌을 만들고 관리하는 등의 메뉴로 그림 2-10과 같은 메뉴들로 구성되어 있다.

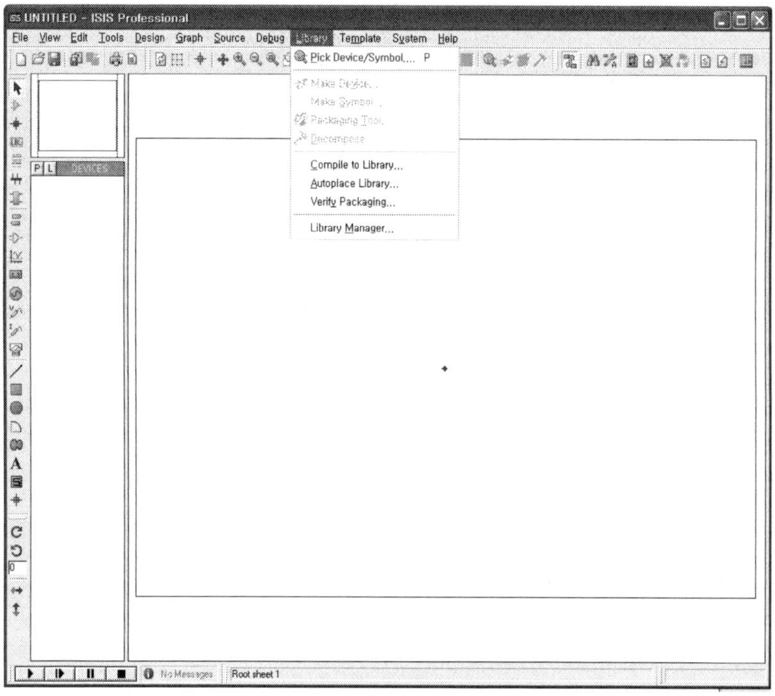

그림 2-10. Library 메뉴

◈ Pick Device/Symbol - 부품 또는 심벌 가져오기

◈ Make Device - 부품 만들기

◈ Make Symbol - 심벌 만들기

◈ Package Tools - PCB 패키지 지정

◈ Decompose - 부품속성 해제

◈ Compile to Library - 회로도에 사용된 부품 추출하기

◈ Autoplace Library - 라이브러리 폴더에 있는 모든 부품 한 번에 배치하기

◈ Verify Packaging - PCB 패키지 검사

◈ Library Manager - 라이브러리 관리기

2.2.10 Template

회로도 작성에 관련된 도면의 색상 및 부품의 색상, 글자 크기 등의 메뉴로 그림 2-11과 같은 메뉴들로 구성되어 있다.

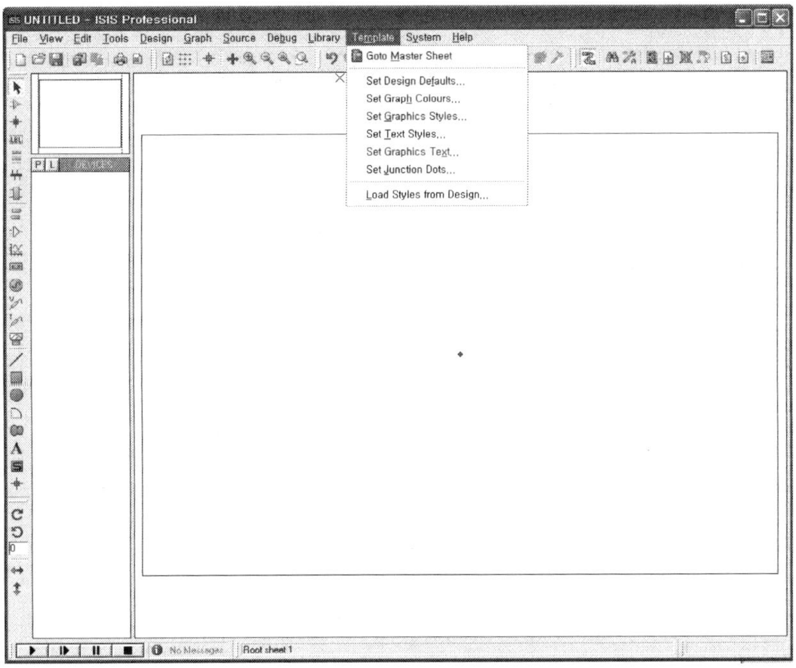

그림 2-11. Template 메뉴

◈ Goto Master Sheet - 비전기적 성분들에 대한 마스터 시트 적용 편집하기
◈ Set Graph Colours - 그래프 창 색상 설정하기
◈ Set Graphics Styles - 그래픽 성분 색상 설정하기
◈ Set Text Styles - 텍스트 크기 및 색상 설정하기
◈ Set Graphics Text - 2D 텍스트 크기 및 색상 설정하기
◈ Set Junction Dots - 신호 접속점 크기 및 형태 설정하기
◈ Load Styles from Design - 저장된 파일로부터 Template 환경 가져오기

2.2.11 System

회로 애니메이션과 시뮬레이션의 환경 설정 등의 메뉴로 그림 2-12와 같은 메뉴들로 구성되어 있다.

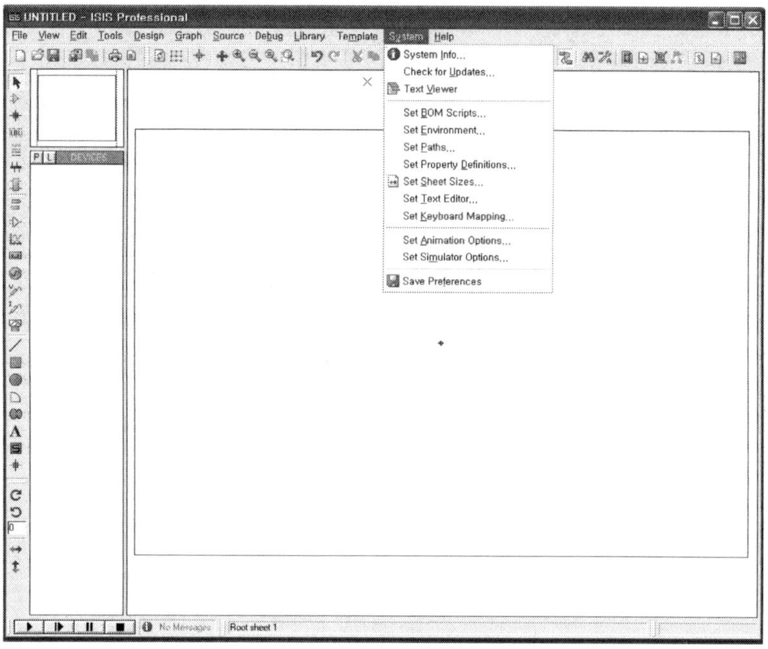

그림 2-12. System 메뉴

◈ System Info - 프로그램 정보 보기

◈ Update Manager - 프로그램 업데이트 다운로드 및 설치 관리기

◈ Text Viewer - 시뮬레이션 결과 또는 에러 메시지 보기

◈ Set BOM Scripts - 부품 목록 표시 형식 설정하기

◈ Set Environment - 프로그램 환경 구성 설정

◈ Set Paths - 라이브러리와 모델 파일 참조 경로 설정

◈ Set Property Definitions - 부품 속성 정의 창 (수정/삭제 절대금지)

◈ Set Sheet Size - 도면 크기 선택하기

◈ Set Text Editor - 부품 속성 창 텍스트 설정하기

◈ Set Key Mapping - 단축키 수정 및 지정하기

◈ Set Animation Options - 회로 애니메이션 옵션 설정하기

◈ Set Simulation Options - 회로 시뮬레이션 옵션 설정하기

◈ Save Preferences - System 메뉴 설정을 레지스터에 등록하기

2.2.12 Help

프로그램 사용과 관련된 도움말 항목을 보여주는 메뉴로 그림 2-13과 같은 메뉴들로 구성되어 있다.

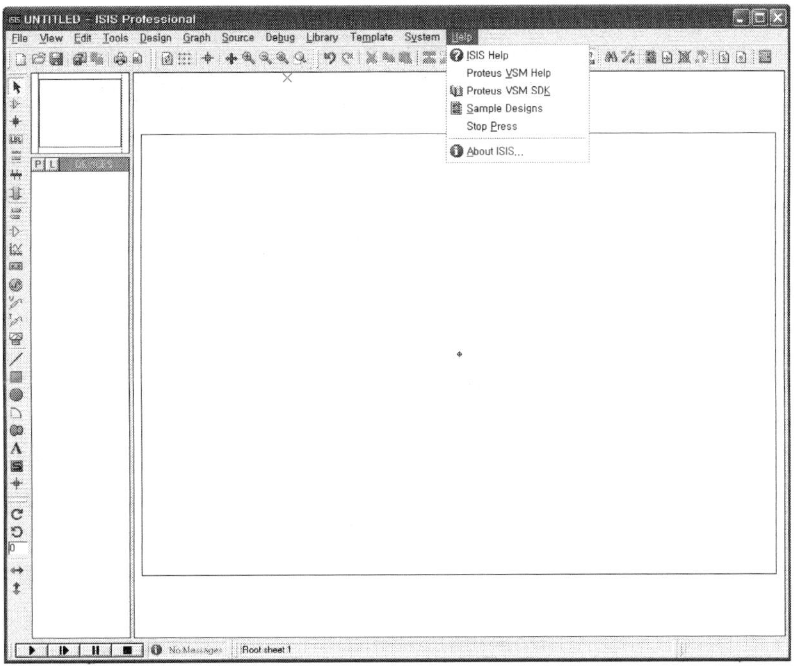

그림 2-13. Help 메뉴

◈ ISIS Help - 회로 작성 도움말 보기

◈ Proteus VSM Help - 회로 시뮬레이션 도움말 보기

◈ Proteus VSM SDK - 모델 파일 만들기 도움말 보기

◈ Samples Designs - 샘플 파일 보기

◈ Stop Press - 프로그램 릴리즈 정보 보기

◈ About ISIS - 설치된 프로그램 정보 보기

2.3 프로그램 메뉴 단축 아이콘 및 단축키

2.3.1 File

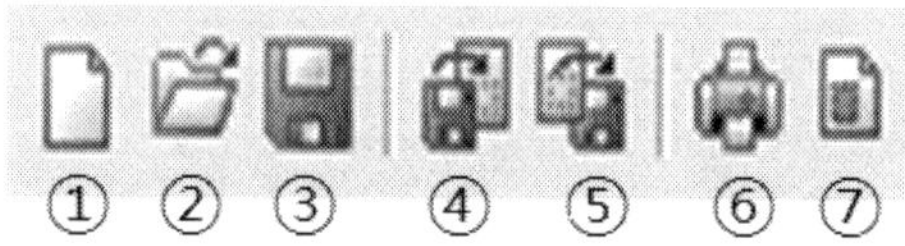

그림 2-14. File 메뉴 단축 아이콘

① File - New Design : 새로운 회로도 작성하기

② File - Load Design : 작성된 회로도 열기 (Ctrl + O)

③ File - Save Design : 회로도 저장하기 (Crtl + S)

④ File - Import Section : 부분 회로 읽어오기

⑤ File - Export Section : 부분 회로 만들기

⑥ File - Print : 회로도 출력하기

⑦ File - Mark Area : 출력 영역 설정하기

2.3.2 View

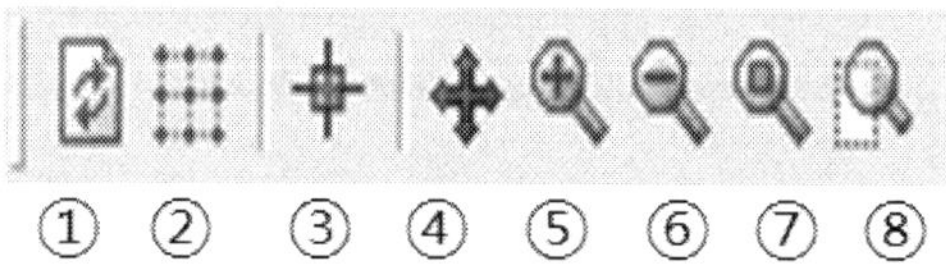

그림 2-15. View 메뉴 단축 아이콘

① View - Redraw : 회로 작성 창 정리 (화면 잔상 처리)

② View - Grid : 그리드 보이기/감추기 선택하기 (G)

③ View - Origin : 회로 작성 기준 좌표 선택하기 (O)

④ View - Pan : 마우스 커서로 회로도 이동하기 (F5)

⑤ View - Zoom In : 회로도 확대하기 (F6)

⑥ View - Zoom Out : 회로도 축소하기 (F7)

⑦ View - Zoom All : 회로도 전체 보기 (F8)

⑧ View - Zoom to Area : 영역 선택으로 회로도 확대하기

2.3.3 EDIT

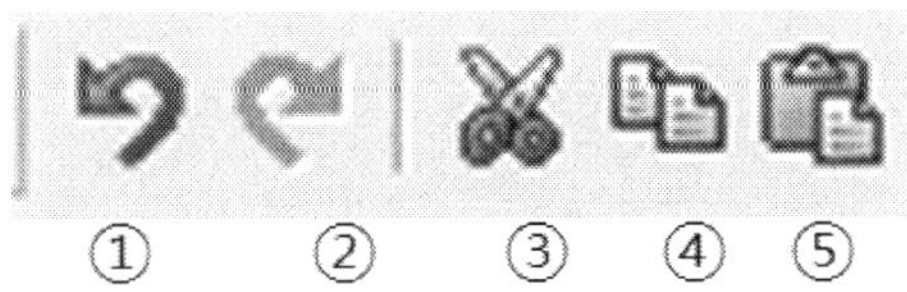

그림 2-16. Edit 메뉴 단축 아이콘

① Edit - Undo : 이전 메뉴 실행 취소 (Ctrl + Z)
② Edit - Redo : Undo 메뉴 실행 취소 (Ctrl + Y)
③ Edit - Cut to Clipboard : 클립보드로 잘라내기
④ Edit - Copy to Clipboard : 클립보드로 복사하기
⑤ Edit - Paste from Clipboard : 클립보드에서 붙여넣기

2.3.4 Tools

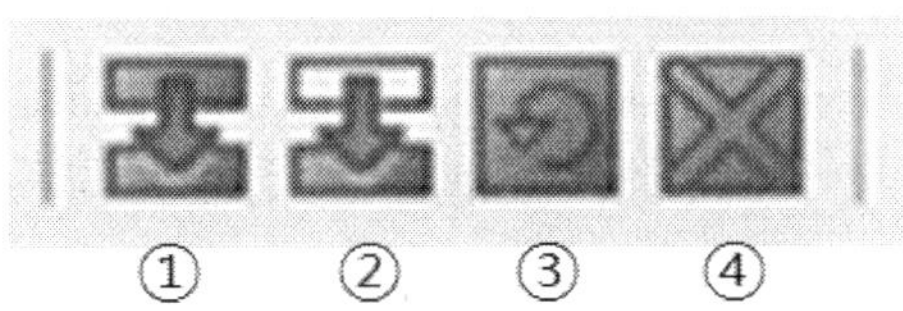

그림 2-17. Tools 메뉴 단축 아이콘

① Tools - Wire Auto Router : 신호선 자동 배선 (W)
② Tools - Search and Tag : 부품 속성으로 회로도 부품 찾기 (F)
③ Tools - Property Assignment Tool : 부품 속성 일괄 지정하기 (A)
④ Tools - Electrical Rule Check : 부품 핀 속성에 따른 전기적 검사 실행하기
⑤ Tools - Netlist to ARES : PCB 프로그램으로 네트리스트 보내기

2.3.5 Design

그림 2-18. Design 메뉴 단축 아이콘

① Design - Design Explorer : 각 부품들의 연결정보 보기 (Alt + X)
② Design - New Sheet : 현재 도면에 새로운 회로도 추가 작성하기
③ Design - Remove Sheet : 전체 도면 중 현재 회로도 삭제하기
④ Design - Return to Parent : 현재 회로에서 전체 도면으로 가기

2.3.6 Library

그림 2-19. Library 메뉴 단축아이콘

① Pick Device/Symbol : 부품 또는 심벌 가져오기 (P)
② Make Device : 부품 만들기
③ Package Tools : PCB 패키지 지정
④ Decompose : 부품 속성 해지

2.3.7 Editing 기능을 하지만 메인 메뉴가 없는 단축 아이콘

그림 2-20. Editing

① Copy Tagged Objects : 영역 선택으로 복사하기
② Move tagged Objects : 영역 선택으로 이동하기
③ Rotate tagged Objects : 영역 선택으로 회전하기
④ Delete All tagged Objects : 영역 선택으로 삭제하기

2.3.8 Main Mode

그림 2-21. Main Mode 아이콘

① Selection Mode : 선택 모드

② Component : 부품 배치 모드

③ Junction Dots : 신호 접속좀 생성

④ Wire Label : 신호명 입력

⑤ Text Script : 텍스트 스크립트 입력

⑥ Bus : 버스선 입력

⑦ Sub - Circuit : 서브 회로 입력

2.3.9 Gadget

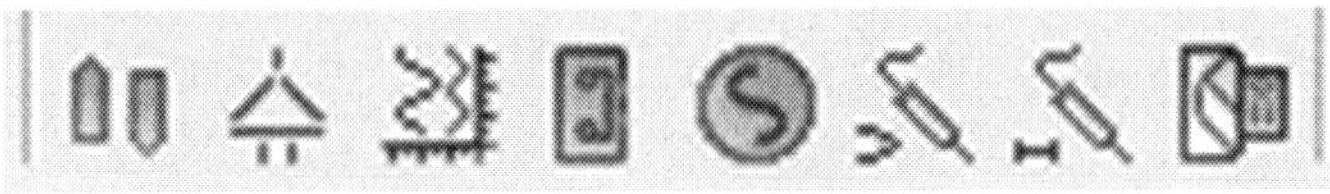

그림 2-22. Gadget 아이콘

① Terminals : 신호 연결단자 및 전원 선택

② Device Pin : 부품 생성 시 사용할 핀 선택

③ Simulation Graph : 회로 시뮬레이션 그래프 선택

④ Tape Recorder : 시뮬레이션 데이터 저장

⑤ Generator : 신호 발생기

⑥ Voltage Probe : 전압 측정 프로브

⑦ Current Probe : 전류 측정 프로브

⑧ Virtual Instruments : 가상 계측기 선택

2.3.10 2D Graphics

그림 2-23. 2D Graphics 아이콘

① 2D Graphics Lice : 그래픽 선 그리기

② 2D Graphics Box : 그래픽 사각형 그리기

③ 2D Graphics Circle : 그래픽 원 그리기

④ 2D Graphics Arc : 그래픽 호 그리기
⑤ 2D Graphics Path : 그래픽 다각형 그리기
⑥ 2D Graphics Text : 문자 입력하기
⑦ 2D Graphics Symbol : 심벌 그리기
⑧ Markers for Component Origin : 부품 기준점 지정하기

2.3.11 Orientation

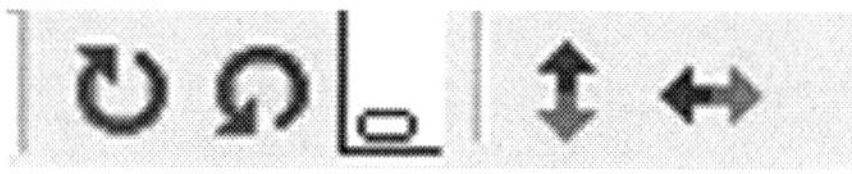

그림 2-24. Orientation 아이콘

① Rotate Clockwise : 시계 방향으로 회전하기
② Rotate Anti - Clockwise : 반 시계 방향으로 회전하기
③ Rotation Angle : 회전 각 입력
④ Horizontal Reflection : 수평 (좌우) 반전
⑤ Vertical Reflection : 수직 (상하) 반전

03 ATmega128 하드웨어 구성 및 인터페이스 회로

3.1 ATmega128

ATmega128은 ATmel사 제조된 AVR(Advanced Virtual RISC)의 한 종류로 Risc Micro Controller의 형태를 가지고 있으며, 형태는 그림 3-1과 같이 64핀의 TQFP와 MLF형이 있다.

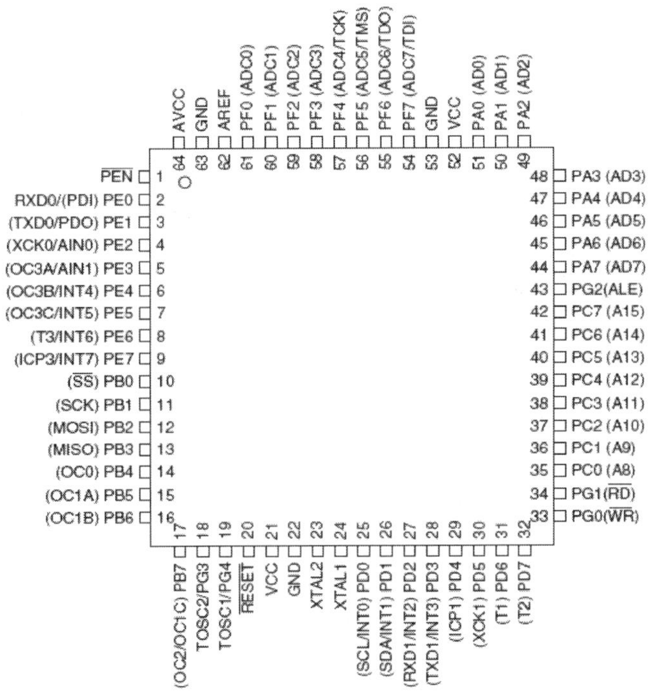

그림 3-1. ATmega 128 Pin OUT

ATmega 128은 저전력 CMOS형의 8비트 마이크로 컨트롤러로 대부분의 명령어를 시스템 클록을 분주 없이 1:1로 사용하기 때문에 8051계열이나 PIC 계열보다 빠른 특징을 가지고 있다. 또한, 구성은 전원을 비롯한 PA, PB, PC, PD, PE, PF, PG의 7개의 포트와 더불어 동작주파수를 입력하는 XTAL, RESET 등으로 이루어져 있다. 이러한 다양한 포트의 기능을 이해하고, 기능을 이용해서 제어하고픈 디바이스를 인터페이스 하는 회로를 설계해 보자.

3.2 다양한 디바이스 제어를 위한 ATmega128 인터페이스 설계

ATmega128 MPU를 기반으로 다양한 디바이스를 인터페이스하고, 제어할 수 있도록 하는 회로를 작성해 보자.

3.2.1 ISP (In-System Program)

1) 회로도

사용자가 ATmega128 제어를 위해 구현한 프로그램 즉, 펌웨어를 컴파일 후 생성된 기계어를 컨트롤러의 내부 메모리에 입력하기 위한 부분으로 그림 3-2와 같이 회로를 작성하였다.

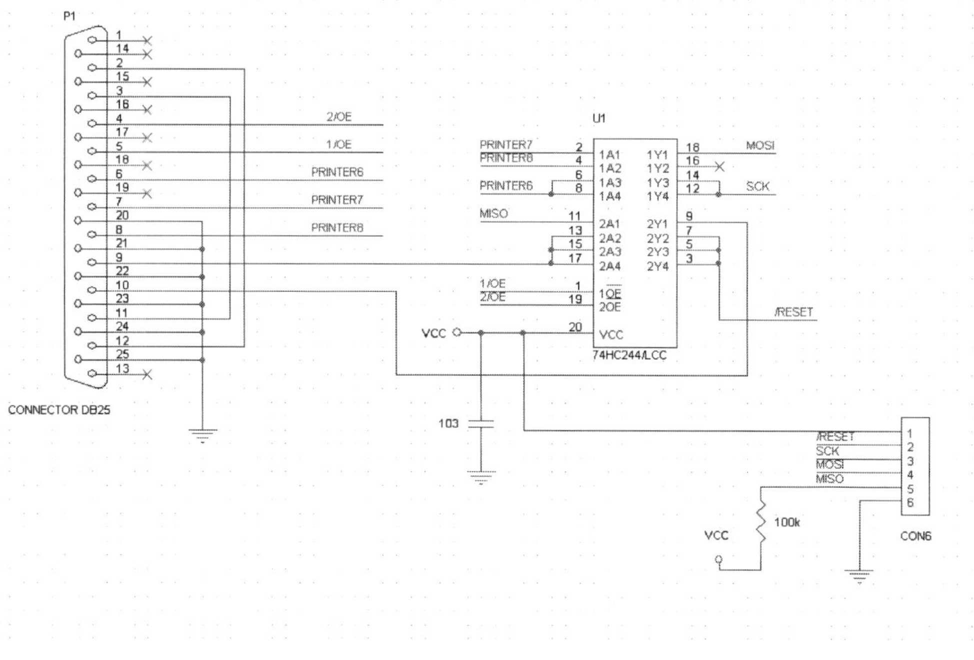

그림 3-2. ISP (In-System Programming) 회로도

ISP 기능을 포함하고 있지 않는 MPU의 경우에는 롬라이터(ROM-WRITER)기기를 이용해서 기계어를 메모리에 입력해야한다. 그림 3-2는 프린터포트를 이용해 컴파일러 프로그램에서 바로 내부 Flash Memory에 프로그램을 쓸 수 있기 때문에 특별한 장치가 필요 없게 된다. 프린터포트를 통해서 PC와 ATmega128간의 인터페이스는 크게 3가닥을 통해서 이루어진다.

① SCK

전송동기를 위한 클럭으로 PC측에서 프로그램을 라이팅할 때 AVR과 동기를 맞추기 위한 부분이다.

② MISO

Master In Slave Out. 마스터의 출력으로 슬레이브로 데이터를 전송하는 데이터 신호선이다.

③ MOSI

Master Out Slave In. 슬레이브의 출력으로 마스터로 데이터를 전송하는 데이터 신호선이다.

2) PCB 구성

그림 3-3은 ISP 회로를 PCB로 구현한 모습이다.

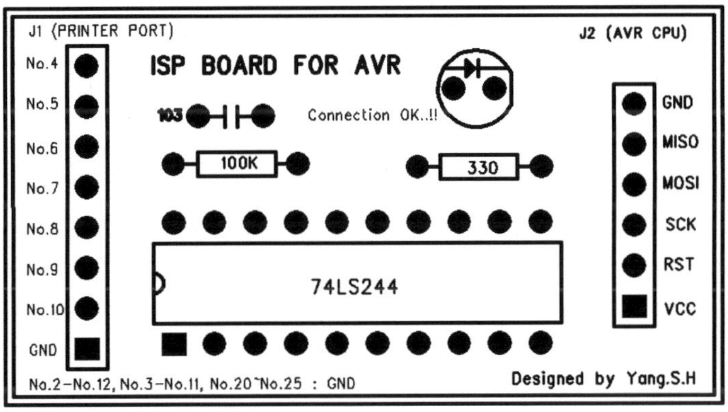

그림 3-3. ISP PCB

좌측의 J1인 8PIN 컨넥터는 프린터 포트 방향으로 연결될 부분이고, J2의 6PIN 컨넥터는 ATmega128 MPU와 인터페이스 되어 프로그램을 다운로딩 하는 부분이다.

3.2.2 다양한 입출력 디바이스 인터페이스를 위한 회로설계

◎ LED 제어부

그림 3-4는 8개의 LED를 On/Off 제어하기 위한 회로로 PORT A에 연결한 회로이다.

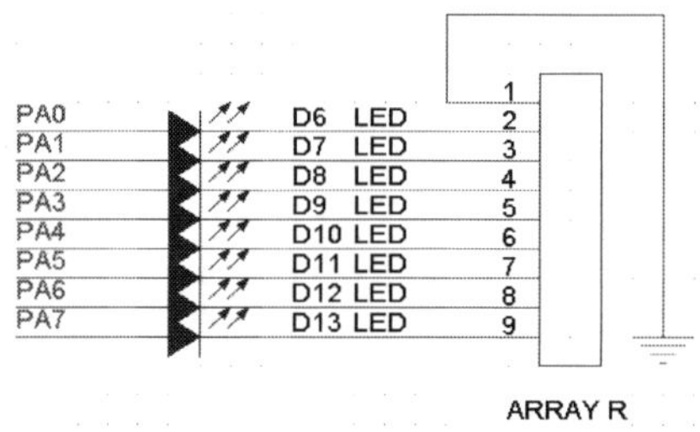

그림 3-4. LED 제어 회로

그림 3-4의 회로를 보면 발광 다이오드인 8개의 LED들이 캐소드(Cathode) 방향으로 어레이(Array)저항을 거쳐 그라운드 방향으로 되어있다. 이는 8개 LED의 캐소드들이 공통으로 그라운딩 되었다고 한다. 이때 PA0-PA7에 연결된 애노드(Anode)에 그라운드 보다 높은 전위를 인가해주면 전류가 흘러 LED가 On되는 것이다. 디지털에서는 "1(5V)"와 "0(0V)"만이 있기 때문에 "1"를 가해주면 LED가 On되는 것이다.

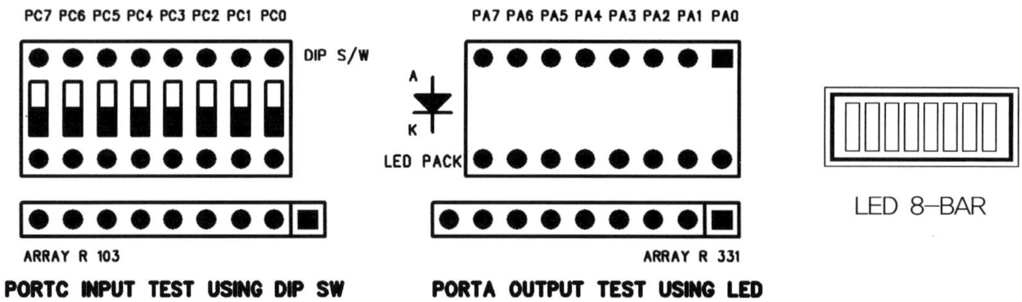

그림 3-5. PCB 보드상의 LED

그림 3-5는 그림 3-4의 회로도가 PCB로 제작되어 설치된 8개의 LED 모습이다. 8개의 LED가 어레이로 나열된 LED BAR이며, 실제적으로는 오른쪽 그림처럼 사각형 형태의 LED 8개를 볼 수 있다. LED BAR중 좌측부터 상위비트인 PORTA.7이 연결되었으며, 우측으로는 순차적으로 하위비트로 인터페이스 되어있는 상태이다.

◎ 스위치 입력부

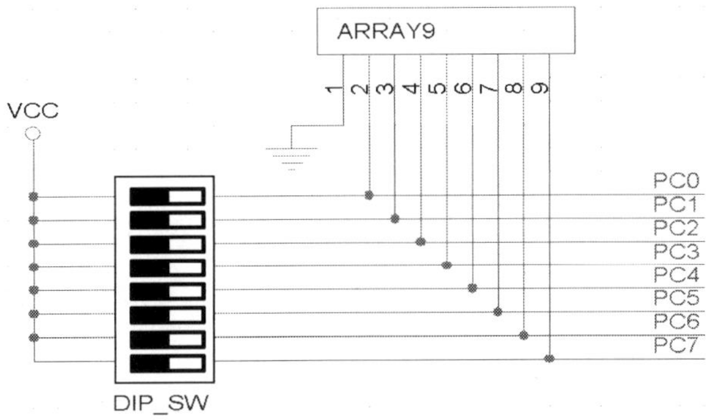

그림 3-6. 스위치 입력 회로도

그림 3-6은 ATmega128의 PORTC로 입력 실험을 하기위해 스위치를 인터페이스시킨 회로도이다. 스위치에는 다양한 종류가 있지만 그림 3-6은 DIP 스위치를 사용하였다. 물리적 힘을 가해 스위치의 상태를 변경하면 상태를 계속 유지하는 유지형 스위치의 형태라고 볼 수 있다. 또한 어레이 저항을 이용해 PORTC에 입력되는 데이터의 초기 상태를 '0'으로 설정하였다. 이렇게 된다면 초기 상태에서 스위치를 "On"하게 되면 해당 PORTC의 비트에 '1' 데이터가 입력되게 되는 것이다.

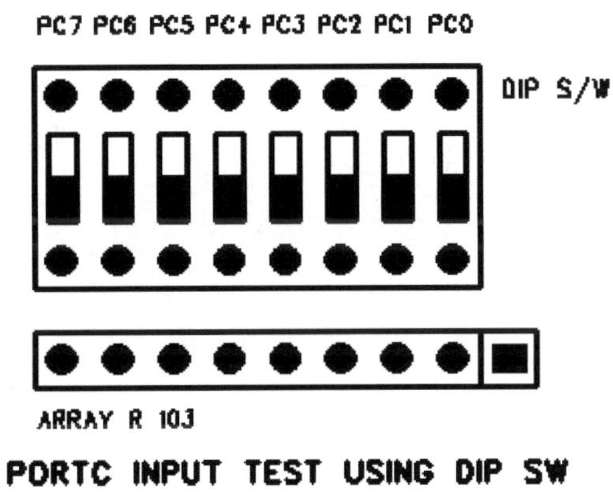

그림 3-7. PCB 보드상의 DIP SWITCH

◎ FND 구동부

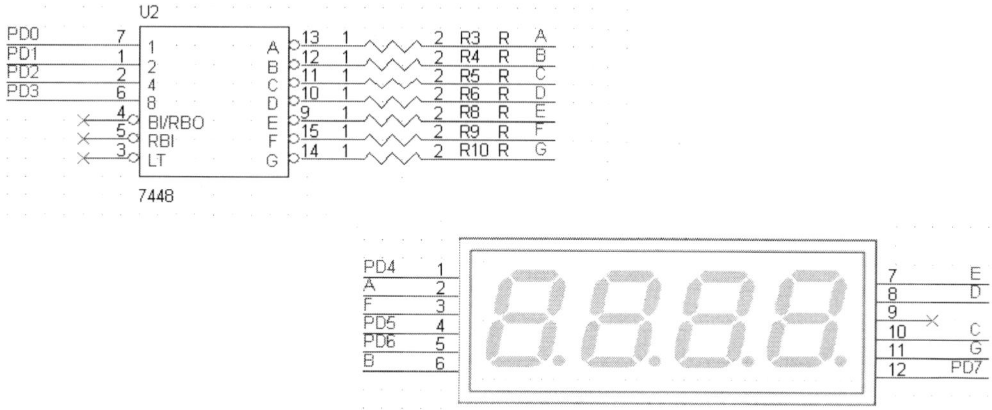

그림 3-8. FND 구동 회로

그림 3-8의 회로는 PORTD를 이용해 FND를 제어하기 위한 부분으로 좌측 7448은 BCD (Binary to Decimal) IC로 FND를 구동하기 위한 전용 구동 IC이다. 이 구동 IC는 2진수 데이터를 입력하면 7448의 A-G 출력 측으로 십진수에 해당되는 숫자 데이터가 출력되어, FND에 숫자를 디스플레이 시키는 역할을 해준다. 출력은 0~9까지만 표시되게 해준다.

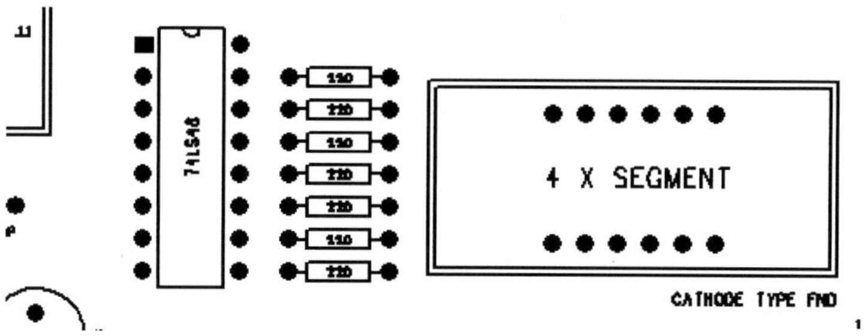

그림 3-9. PCB 보드상의 FND 구동 회로

◎ DC 모터 구동 회로

제어 대상의 ATmega128 컨트롤러 보드에는 DC 모터와 STEP 모터가 연결되어 있는데 각각의 모터는 PORTB의 상위와 하위 비트에 인터페이스 되어 있다.

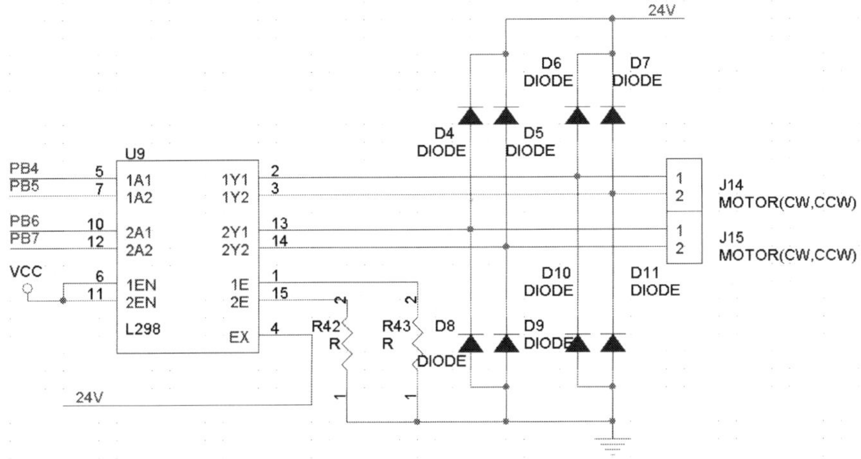

그림 3-10. DC 모터 구동회로

대부분의 마이크로프로세서의 출력 신호의 전류는 대략 15-20mA정도 밖에 되지 않는다. (ATmega128의 경우 40mA) 따라서 기본적인 소자인 LED는 동작을 시킬 수 있지만 모터를 비롯한 전류소비가 많은 산업용 디바이스들은 동작이 불가능하다. 특히, 모터 같은 경우는 주로 전류 소비가 많기 때문에 동작신호를 입력시켜도 동작은 되지 않고 오히려 전압 또한 다운되어버려 모터의 구동은 이루어지지 않는다. 이러한 문제를 해결하고 모터를 방향까지 쉽게 제어하기 위해서 전류증폭 소자로 이루어진 모터 전용 제어기를 사용한다. 설계되는 제어보드에는 2A이상까지도 제어가 가능한 L298N를 사용하였다.

◎ STEP 모터 구동 회로

DC모터와 더불어 위치제어는 물론 정밀제어용으로 많이 사용되는 전동기로 스텝모터가 있다. 스텝모터는 DC모터와는 달리 펄스당 정해진 각도만큼 모터가 회전하기 때문에 위치 제어용으로 주로 사용된다. DC모터 구동부와 마찬가지로 스텝모터 또한 전용 스텝모터 제어기가 있다. 설계에 사용된 스텝모터 제어기는 SLA7024를 사용하고 있으며 1~2A까지도 출력이 가능하다.

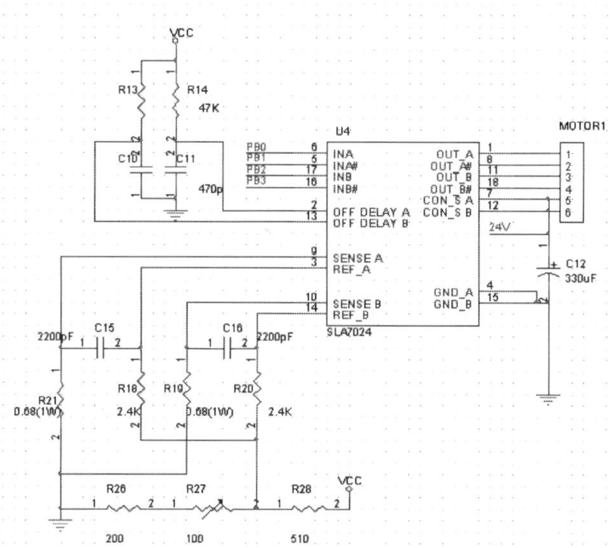

그림 3-11. 스텝(STEP) 모터 구동회로

3A까지도 가능한 제어기는 SLA7026이 있으며 제어방식은 같다. 스텝모터는 DC 모터와는 달리 두 가닥의 선으로만 가능한 것이 아니고 제어 방식에 따라 4가닥 이상의 신호선이 필요하다. 그림 3-12의 입력부분으로 보면 PORTB의 하위 4비트에 연결되어 있다.

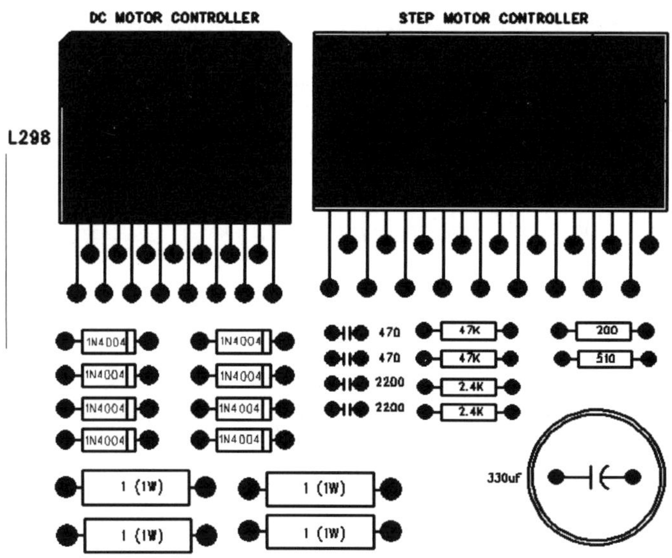

그림 3-12. PCB 보드상의 DC, STEP 모터 제어부

◎ LCD 디스플레이 제어부

LCD는 캐릭터(Character) LCD를 사용하여 제어보드의 상황에 따라 글자가 디스플레이 되도록 한다.

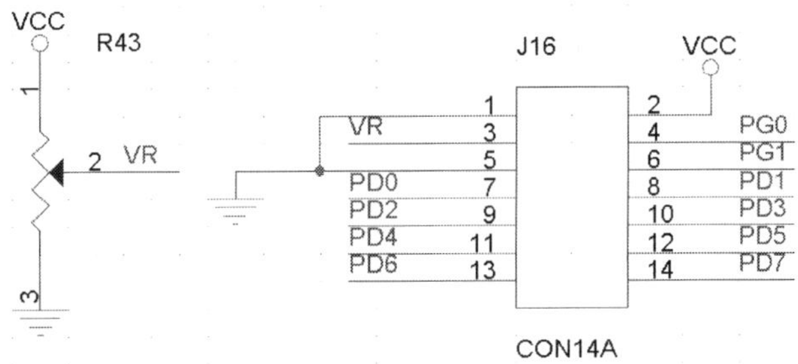

그림 3-13. LCD 디스플레이 제어부

캐릭터 LCD는 14핀으로 이루어져 있으며, 16핀으로 되어있는 것은 백라이트(Back Light)까지 지원되는 LCD이다. 제어보드에 사용되는 LCD는 16 X 2로 가로 16자, 세로 2자까지 지원한다. 그림 3-12에서처럼 LCD는 어차피 외부의 기기를 연결하는 것이기 때문에 라이브러리에서 LCD가 아닌 컨넥터를 찾아서 회로를 꾸며야한다. LCD의 3번에 연결된 저항은 일반 저항이 아니라 가변 저항으로 LCD 디스플레이 글자의 밝기를 조절한다.

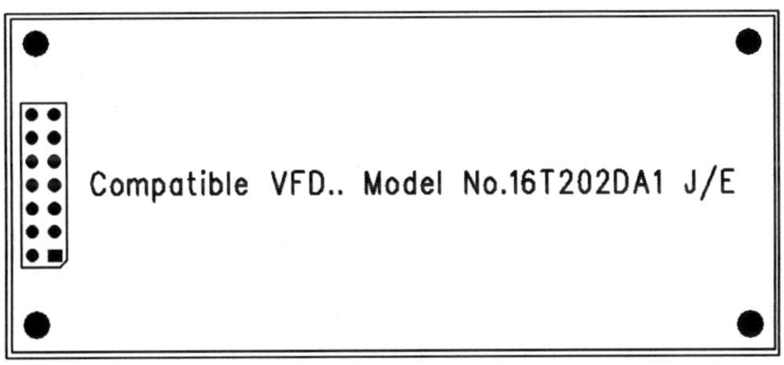

그림 3-14. PCB상의 문자형 LCD 인터페이스 부분

그림 3-14에 문자형 LCD를 인터페이스 하는 부분을 보이고 있으며, 사용중인 ATmega128 제어보드에는 문자형이면서 VFD형 LCD를 연결하도록 하였다. 일반적으로 시중에서 판매되는 문자형 LCD 모두 같은 방법으로 제어되기 때문에 연결 커넥터만 맞으면 상관없이 제어할 수 있다.

◎ A/D 변환부

ATmega128 컨트롤러는 8개의 A/D 변환기를 가지고 있다. 이러한 A/D 변환부는 아날로그 전압을 디지털 신호로 변환하는 곳으로 제어보드에는 A/D 변환 실험을 위해 3개의 센서와 1개의 확장용 컨넥터로 설계되어 있다.

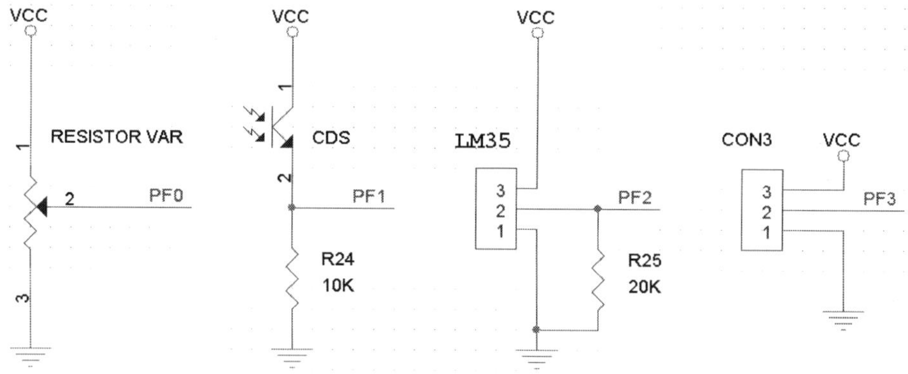

그림 3-15. A/D 변환 실험을 위한 센서

그림 3-15는 센서와 일반 저항을 이용해 센서의 측정값에 따라 출력되는 전압이 변화도록 설계한 회로다. 대부분의 센서는 물리적 변화에 따라 저항값의 변화로 나타나게 되는데 그림 3-15는 이러한 원리를 이용해 간단한 전압분배 회로를 구현한 것이다. 설계된 센서소자는 가변저항, 광센서, 온도센서이다.

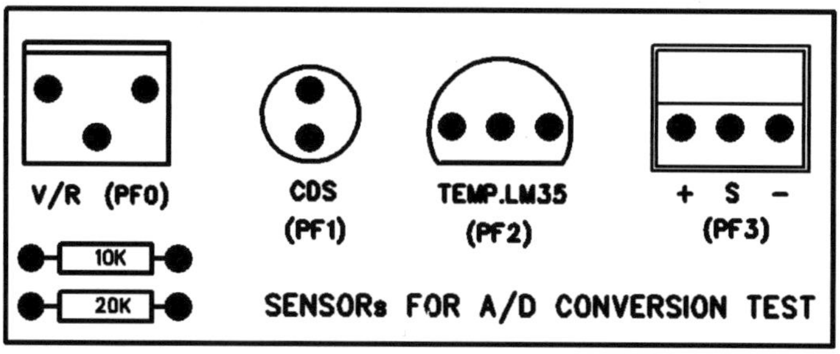

그림 3-16. A/D 변환 실험을 위한 센서 인터페이스 부분

◎ 전원부

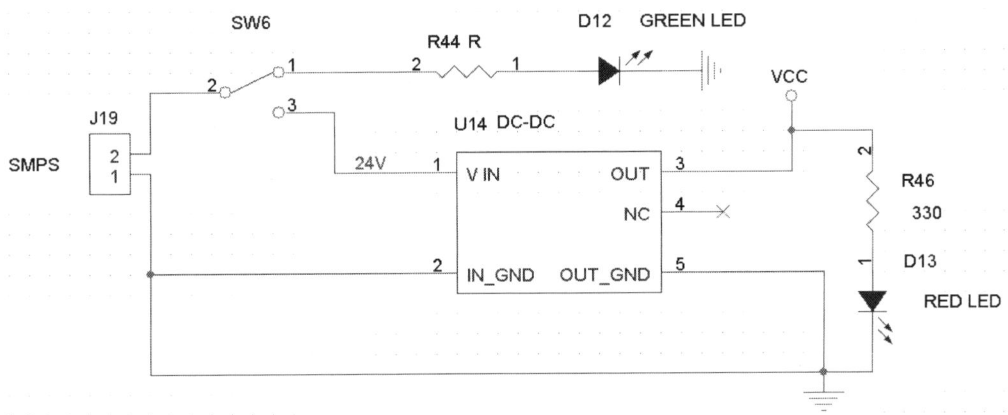

그림 3-17. 전원부 회로

보드 동작을 위한 전원은 SMPS를 이용해 24V를 보드에 인가하도록 하였다. DC24V는 산업용 기기들을 제어하기 위해서 반드시 사용해야한다. 하지만 컨트롤러를 비롯한 디지털 소자들은 TTL 레벨로 동작하기 때문에 마이크로컨트롤러 비롯한 TTL 레벨의 동작 IC를 위해서 24V를 5V로 변환해주는 DC-DC 컨버터를 보드에 설계하였다. 그림 3-17에서 SMPS에서 24V를 연결하면 3번 OUT으로 5V가 출력되게 된다. 평상시에 스위치는 1번에 연결되어 보드 내에 5V를 공급되지 못해 보드가 동작되지 않고 3번으로 연결하게 되면 보드에 5V가 공급되게 된다.

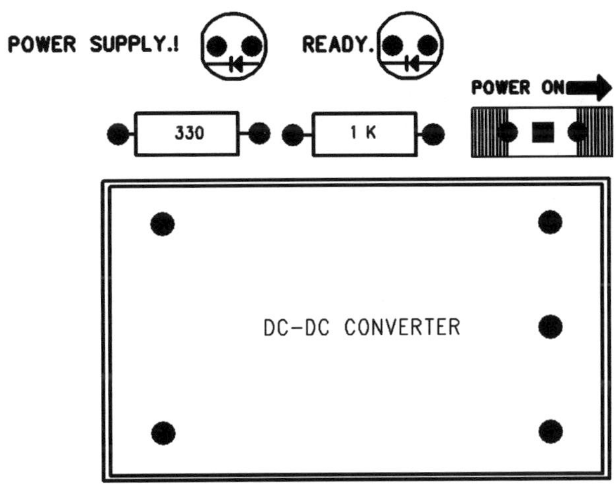

그림 3-18. PCB 상의 DC-DC 컨버터 인터페이스 부분

◎ 산업용 디바이스 제어를 위한 출력 회로

산업용 디바이스들은 대부분 24V의 동작 전압을 가지고 있다. 하지만 AT128를 비롯한 마이크로프로세서들은 대부분 TTL 레벨의 동작 전압을 가지고 있기 때문에 직접적으로 제어가 되는 않는다. 그렇기 때문에 전압증폭을 위한 회로가 구현되어야 한다.

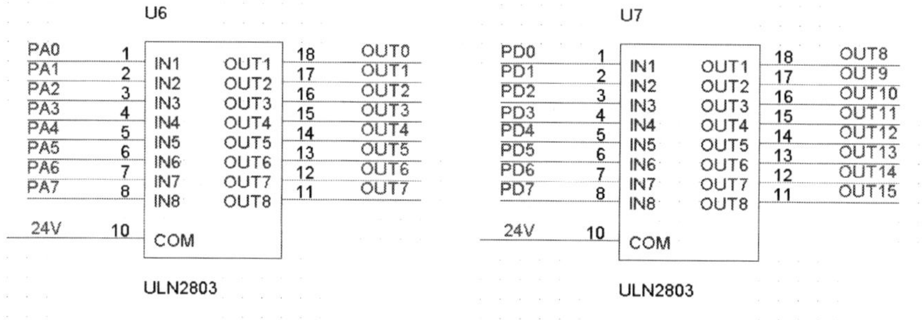

그림 3-19. ULN2803을 이용한 5V→24V 제어회로

그림 3-19는 ULN2803를 이용해 TTL 레벨로 산업용 디바이스 구동 전압인 24V를 제어하기 위한 회로이다. 입력은 PORT D에 연결되어 있어 LED를 구동하듯이 신호를 입력하면 출력 측으로 24V 레벨을 제어할 수 있다.

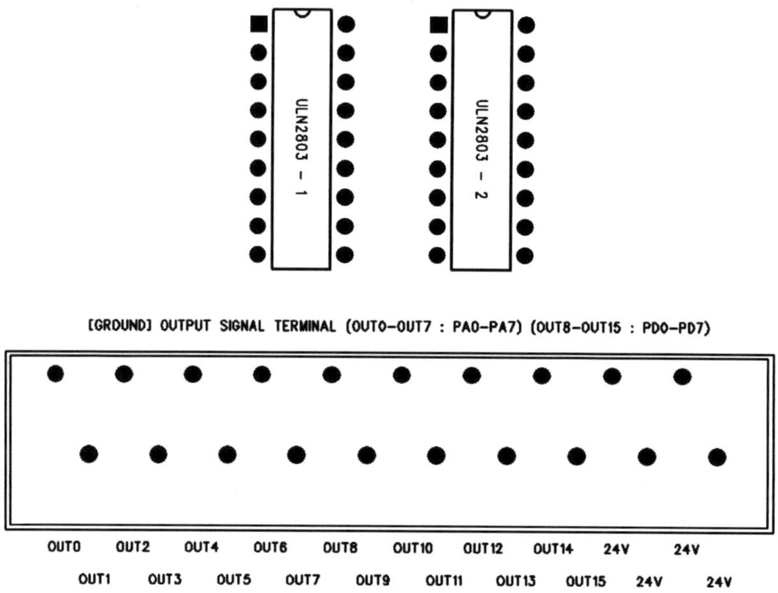

그림 3-20. ULN2803 인터페이스 부분

◎ 산업용 디바이스 제어를 위한 입력 회로

그림 3-21은 포토커플러(Photo Coupler)라는 소자를 사용하여 입력되는 24V의 신호를 마이크로프로세서가 인식할 수 있는 TTL 레벨인 5V로 변환시켜 주는 부분이 된다. 출력 회로와는 반대되는 개념을 가지고 있다.

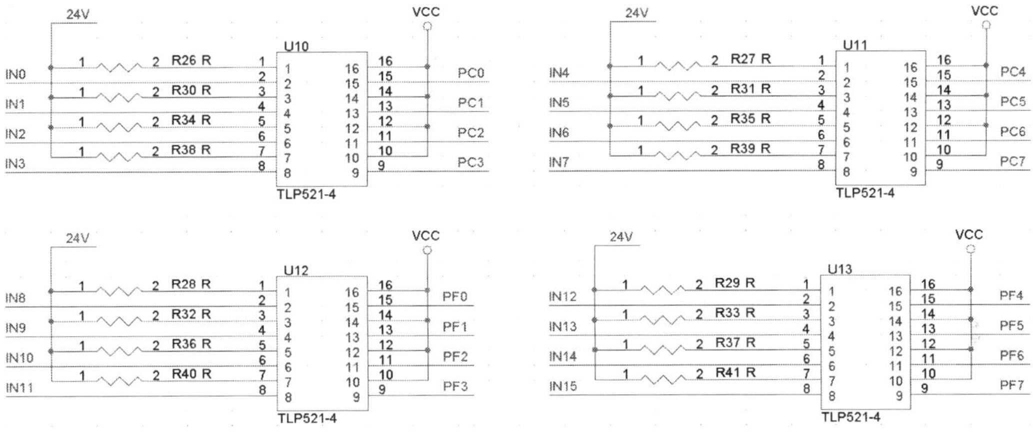

그림 3-21. 산업용 디바이스 입력신호 변환을 위한 회로

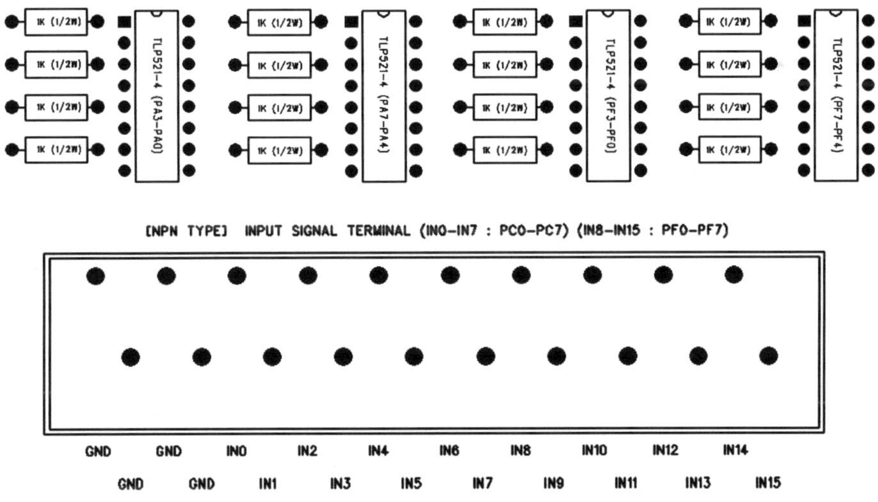

그림 3-22. 포토커플러를 활용한 입력 신호 처리 부분

TLP 521-4 포토커플러는 4개의 포토커플러가 내장되어 있어, 그림 3-22는 12개의 24V 신호를 입력 받을 수 있음을 알 수 있다.

04 하드웨어 제어를 위한 기본적인 C언어 알아보기

산업기기를 제어하기 위해서는 하드웨어와 프로그램을 구현해서 하드웨어에 입력시켜 동작이 이루어지도록 해야 한다. 프로그램은 여러 가지 언어로 작성이 가능하지만 C언어는 어셈블리보다 이식성이 좋을 뿐만 아니라 사용자가 사용하기에 편리하므로 많이 사용되어지고 있는 언어이다. 따라서 이 장에서는 하드웨어 제어를 위한 기본적인 C언어부터 알아보기로 하자.

4.1 프로그램의 기본 구성

```
#include <mega128.h>

void main(void)
{
    int i

    DDRA=0xff;

    while(1)
     {
            PORTA=0x00;
            for(i=0;i<=100000;i++);
            PORTA=0xff;
            for(i=0;i<=100000;i++);
```

```
15 :
16 :        }
17 :
18 : }
```

프로그램 1. 프로그램의 기본 구성

프로그램 1은 기본적인 C언어의 형태로 크게 나누어본다면 1행의 *.h(헤더) 파일첨부, 3열의 main 함수로 이루어져있다.

4.2 C언어 알아보기

● #include

#include 〈*.h〉은 말 그대로 *.h를 포함한다는 뜻이다. 다시 말하면 프로그램을 실행할 경우 헤더파일〈*.h〉 속에 있는 내용까지 포함해서 프로그램을 실행시킨다는 말이다. 예를 들자면 프로그램 1에서 헤더파일을 제거하고 프로그램을 실행시키면 에러가 발생할 것이다. 형태는 C언어 문법에 어긋남이 없지만 DDRA, PORTA가 무엇을 의미하는지 모르기 때문이다.

```
// CodeVisionAVR C Compiler
// (C) 1998-2004 Pavel Haiduc, HP InfoTech S.R.L.

// I/O registers definitions for the ATmega128

#ifndef _MEGA128_INCLUDED_
#define _MEGA128_INCLUDED_

#pragma used+
sfrb PINF=0;
sfrb PINE=1;
sfrb DDRE=2;
sfrb PORTE=3;
sfrb ADCL=4;
sfrb ADCH=5;
sfrw ADCW=4;        // 16 bit access
```

```
sfrb ADCSRA=6;
sfrb ADMUX=7;
sfrb ACSR=8;
sfrb UBRR0L=9;
sfrb UCSR0B=0xa;
sfrb UCSR0A=0xb;
sfrb UDR0=0xc;
sfrb SPCR=0xd;
sfrb SPSR=0xe;
sfrb SPDR=0xf;
sfrb PIND=0x10;
sfrb DDRD=0x11;
sfrb PORTD=0x12;
sfrb PINC=0x13;
sfrb DDRC=0x14;
sfrb PORTC=0x15;
sfrb PINB=0x16;
sfrb DDRB=0x17;
sfrb PORTB=0x18;
sfrb PINA=0x19;
sfrb DDRA=0x1a;
sfrb PORTA=0x1b;
sfrb EECR=0x1c;
sfrb EEDR=0x1d;
sfrb EEARL=0x1e;
sfrb EEARH=0x1f;
sfrw EEAR=0x1e;    // 16 bit access
sfrb SFIOR=0x20;
sfrb WDTCR=0x21;
sfrb OCDR=0x22;
sfrb OCR2=0x23;
sfrb TCNT2=0x24;
sfrb TCCR2=0x25;
sfrb ICR1L=0x26;
sfrb ICR1H=0x27;
sfrw ICR1=0x26;    // 16 bit access
sfrb OCR1BL=0x28;
```

```
sfrb OCR1BH=0x29;
sfrw OCR1B=0x28;  // 16 bit access
sfrb OCR1AL=0x2a;
sfrb OCR1AH=0x2b;
sfrw OCR1A=0x2a;  // 16 bit access
sfrb TCNT1L=0x2c;
sfrb TCNT1H=0x2d;
sfrw TCNT1=0x2c;  // 16 bit access
sfrb TCCR1B=0x2e;
sfrb TCCR1A=0x2f;
sfrb ASSR=0x30;
sfrb OCR0=0x31;
sfrb TCNT0=0x32;
sfrb TCCR0=0x33;
sfrb MCUCSR=0x34;
sfrb MCUCR=0x35;
sfrb TIFR=0x36;
sfrb TIMSK=0x37;
sfrb EIFR=0x38;
sfrb EIMSK=0x39;
sfrb EICRB=0x3a;
sfrb RAMPZ=0x3b;
sfrb XDIV=0x3c;
sfrb SPL=0x3d;
sfrb SPH=0x3e;
sfrb SREG=0x3f;
#pragma used-

#define DDRF (*(unsigned char *) 0x61)
#define PORTF (*(unsigned char *) 0x62)
#define PING (*(unsigned char *) 0x63)
#define DDRG (*(unsigned char *) 0x64)
#define PORTG (*(unsigned char *) 0x65)
#define SPMCSR (*(unsigned char *) 0x68)
#define EICRA (*(unsigned char *) 0x6a)
#define XMCRB (*(unsigned char *) 0x6c)
#define XMCRA (*(unsigned char *) 0x6d)
```

```
#define OSCCAL (*(unsigned char *) 0x6f)
#define TWBR (*(unsigned char *) 0x70)
#define TWSR (*(unsigned char *) 0x71)
#define TWAR (*(unsigned char *) 0x72)
#define TWDR (*(unsigned char *) 0x73)
#define TWCR (*(unsigned char *) 0x74)
#define OCR1CL (*(unsigned char *) 0x78)
#define OCR1CH (*(unsigned char *) 0x79)
#define TCCR1C (*(unsigned char *) 0x7a)
#define ETIFR (*(unsigned char *) 0x7c)
#define ETIMSK (*(unsigned char *) 0x7d)
#define ICR3L (*(unsigned char *) 0x80)
#define ICR3H (*(unsigned char *) 0x81)
#define OCR3CL (*(unsigned char *) 0x82)
#define OCR3CH (*(unsigned char *) 0x83)
#define OCR3BL (*(unsigned char *) 0x84)
#define OCR3BH (*(unsigned char *) 0x85)
#define OCR3AL (*(unsigned char *) 0x86)
#define OCR3AH (*(unsigned char *) 0x87)
#define TCNT3L (*(unsigned char *) 0x88)
#define TCNT3H (*(unsigned char *) 0x89)
#define TCCR3B (*(unsigned char *) 0x8a)
#define TCCR3A (*(unsigned char *) 0x8b)
#define TCCR3C (*(unsigned char *) 0x8c)
#define UBRR0H (*(unsigned char *) 0x90)
#define UCSR0C (*(unsigned char *) 0x95)
#define UBRR1H (*(unsigned char *) 0x98)
#define UBRR1L (*(unsigned char *) 0x99)
#define UCSR1B (*(unsigned char *) 0x9a)
#define UCSR1A (*(unsigned char *) 0x9b)
#define UDR1 (*(unsigned char *) 0x9c)
#define UCSR1C (*(unsigned char *) 0x9d)
// Interrupt vectors definitions
#define EXT_INT0 2
#define EXT_INT1 3
#define EXT_INT2 4
#define EXT_INT3 5
```

```
#define EXT_INT4 6
#define EXT_INT5 7
#define EXT_INT6 8
#define EXT_INT7 9
#define TIM2_COMP 10
#define TIM2_OVF 11
#define TIM1_CAPT 12
#define TIM1_COMPA 13
#define TIM1_COMPB 14
#define TIM1_OVF 15
#define TIM0_COMP 16
#define TIM0_OVF 17
#define SPI_STC 18
#define USART0_RXC 19
#define USART0_DRE 20
#define USART0_TXC 21
#define ADC_INT 22
#define EE_RDY 23
#define ANA_COMP 24
#define TIM1_COMPC 25
#define TIM3_CAPT 26
#define TIM3_COMPA 27
#define TIM3_COMPB 28
#define TIM3_COMPC 29
#define TIM3_OVF 30
#define USART1_RXC 31
#define USART1_DRE 32
#define USART1_TXC 33
#define TWI 34
#define SPM_RDY 35

#endif
```

mega128.h 파일에는 ATmega128에 사용되는 레지스터들이 미리 정의되어있다. 위 글상자 속의 레지스터에는 DDRA나 PORTA가 정의가 되어있기 때문에 프로그램1을 컴파일 시켜도

에러가 생기지 않는 것이다.

프로그램이나 헤더 파일을 보게 되면 /* .... */가 나오는데 이것은 주석이라는 뜻이다. "/*"가 주석문의 시작이 되는 것이고, "*/"은 주석문의 끝이 된다는 말이다. "//"이 표시는 한 행 전체를 주석으로 사용하고 싶을 때 쓰는 문구이다. 주석 문이라는 것은 프로그램을 구현할 때 다른 사람이 보거나 본인이 보았을 때 프로그램의 내용을 알 수 있게끔 하기 위해서 구현 설명을 해 놓은 것을 말한다. 이러한 주석문은 프로그램을 컴파일 할 때는 전혀 영향을 미치지 않는다.

● main()

main()함수는 C언어의 시작과 끝을 말한다. 프로그램이 컴파일 될 때 가장 먼저 하는 것이 main()함수를 살피고 그 내용을 실행하기 때문에 결국 프로그램이 main()에서 시작되고 main()에서 끝나는 것이다. 또한 main()함수를 비롯한 모든 함수들은 "{"시작을"}"으로 끝남을 알린다.

● 문자(Character)와 상수(constant)

C언어에서 문자의 표현은 'A', '1'과 같은 방식으로 표현하고, 여기에서 '1'은 숫자가 아니라 문자를 의미하는 것이다. 문자열은 문자가 나열된 형태를 말한다. "red", "123" 겹 따옴표를 사용해 표현한다. 만약 따옴표가 없다면 A, 1은 문자가 아니라 상수가 되는 것이다. A가 문자가 아니라 상수라면 이상하게 생각될 수 있지만, 부록의 아스키코드 표를 보게 되면 A에 해당되는 10진수나 16진수의 숫자를 의미하는 것이다. 또한, 정수는 소수점이 없는 숫자를 말하고 실수는 소수점이 있는 숫자를 말한다.

● 변수(variable)

변수는 어떠한 특정 값을 임시로 보관하는 장소를 말한다. 그 저장 장소의 크기와 이름은 사용자가 정해줄 수 있다. 쉽게 생각해서 항아리라고 생각하자. 항아리의 크기는 곧 들어갈 내용물의 양을 말한다. 내용물은 값이기 때문에 손을 댈 수는 없지만 내용물에 따라 항아리의 이름과 크기는 사용자가 정의 해줄 수 있다. 한 가지 중요한 점은 변수명 즉, 항아리의 이름은 알파벳으로 8자 이내로 정의하고, 대소문자를 구별하며 C언어에서 사용하고 있는 예약어와 같은 이름은 사용할 수 없다.

가) 변수 크기

표 4-1. 변수 형태에 따른 크기

변수 키워드	변수 타입	범위	크기(BYTE)
char	문자형	-128 ~ 127	1
unsigned char	무부호 문자형	0 ~ 255	1
int	정수형	-32678 ~ 32677	2
unsigned int	무부호 정수형	0 ~ 65535	2
long	배정도 정수형	-2147483648 ~ 2147483747	4
unsigned long	무부호 배정도 정수형	0 ~ 4294967296	4
float	실수형	3.4e-38 ~ 3.4e+38	4
double	배정도 실수형	1.8e-308 ~ 1.8e+308	8

표 4-1은 변수의 크기에 따라 저장할 수 있는 항아리가 크기가 다르다는 것이다. 작은 변수에 데이터를 많이 넣으면 어떻게 될까? unsigned char 크기의 항아리 크기에 260을 넣는다면 항아리는 넘칠 것이다. 그래서 결국 항아리에는 원하지 않는 값이 들어가게 되는 것이다. 넘친 값만 들어가게 된다. 그렇다고 무조건 값은 작은데도 불구하고 항아리를 크게 한다면 넘칠 염려는 없겠지만 부피는 커지게 될 것이다. 결국은 프로그램의 크기가 커지고 연산 속도도 늦어질 것이다. 때문에 형태나 상황에 따라 적절하게 선택해야한다.

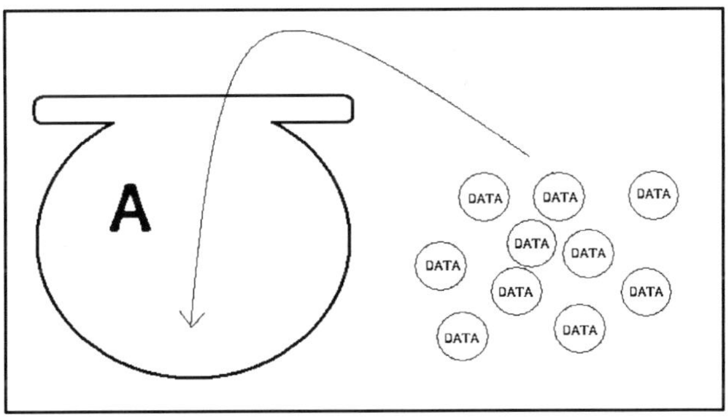

그림 4-1. 변수와 데이터

그림 4-1에서 항아리의 이름은 A이고, A항아리의 크기에 따라 데이터를 넣을 수 있는 양이 다르다. 항아리의 크기는 표 4-1로 정의한다!!

나) 변수 선언

```
char a;                  /* 하나의 문자형 변수 선언 */
int  b, c;               /* 두 개의 정수형 변수를 동시에 선언 */
long d=0;                /* 하나의 장정수형 선언과 동시에 초기값 지정 */
float e=3.14, f=6.24;    /* 두 개의 실수형 변수를 선언과 동시에 초기값 지정*/
```

변수의 선언은 임시저장장소 즉, 항아리의 크기와 이름을 선언하는 것으로 하나씩 선언해도 복수 개를 동시에 선언해도 무방하다. 그리고 선언할 때 초기 값을 선언해도 상관없다. 또한, 변수의 선언은 함수 내에 선언하느냐, 함수 밖에서 선언하느냐에 따라 지역변수와 전역변수로 나눌 수 있다. main(){..}를 비롯한 모든 함수에 어떠한 변수를 선언했다면 그 함수 내에서만 사용할 수 있는 지역함수가 되는 것이고, 함수 밖에서 선언했다면 main(){ } 함수뿐만 아니라, 모든 함수에서 같이 사용할 수 있는 전역 변수가 됨을 꼭 알아두자!!

```
#include <mega128.h>
int global;                                  // 전역변수

void main()
  {
    int region;                              // 지역변수
  }

void out()
  {
    int a;                                   // 지역변수
  }
```

프로그램 2. 지역변수와 전역변수

정수형 변수 region은 main()함수 내에서만 사용가능하고 a는 out()함수에서만 사용가능한 반면에 global 변수는 main()이나 out()함수 모두에서 사용할 수 있다.

● 연산자(operator)

연산자는 상수나 변수의 계산 처리를 위해 조작하는 것을 말하는 것으로 크게 산술 연산자, 논리 연산자, 비트 연산자 등으로 나눌 수 있다.

가) 산술 연산자

산술 연산자는 사칙연산을 포함한 수학연산을 의미하는 것으로 표현 방법은 다음 표와 같다.

표 4-2. 산술 연산자

연산자	기능	사용 예	해석	우선순위
+	덧셈	a=b+c	b와 c의 합을 a에 대입한다.	2
-	뺄셈	a=b-c	b에서 c의 뺀 값을 a에 대입한다.	2
*	곱셈	a=b*c	b와 c의 곱을 a에 대입한다.	1
/	나눗셈 (몫)	a=b/c	b를 c로 나눈 값의 몫을 a에 대입한다.	1
%	나눗셈 (나머지)	a=b%c	b를 c로 나눈 값의 나머지를 a에 대입한다.	1

나눗셈 연산의 경우에는 몫과 나머지를 대입한다는 점에서 중요하다. 표 4-2에서 우선순위가 같을 경우에는 계산식의 좌측순서부터 계산이 된다.

```
#include <mega128.h>
 void main()
 {
  unsigned char result, a=10, b=3;          // 초기값 설정
  PORTA=a+b;             // P1에는 13이 대입된다.
  PORTA=a-b;             // P1에는 7이 대입된다.
  PORTA=a*b;             // P1에는 30이 대입된다.
  PORTA=a/b;             // P1에는 10을 3으로 나눈 몫인 3이 대입된다.
  PORTA=a%b;             // P1에는 10을 3으로 나눈 나머지인 1이 대입된다.
 }
```

표 4-3. 증감 연산자

연산자	기능	사용예	해석
++	증가	++a	산술 전에 1이 증가한다. (a+=1)
		a++	산술 후에 1이 증가하다. (a=a+1)
--	감소	--a	산술 전에 1이 감소한다. (a-=1)
		a--	산술 후에 1이 감소한다. (a=a-1)

증감 연산자는 1씩 증가하거나 감소하는 것을 의미하는 것으로 부호가 앞에 있는(--a, ++a)경우에는 그 행이 계산될 때 1일 증가하거나 감소되어 계산되고, 부호가 뒤에 있는(a--, a++) 경우에는 행이 계산된 후에 1이 증가하거나 감소한다.

```
#include <mega128.h>
void main()
{
unsigned char sum=0, a=5, b=5;          // 초기값 설정

sum = ++a + ++b;
PORTA = sum;                            // sum=12

unsigned char sum=0, a=5, b=5;          // 초기값 설정

sum = a++ + b++;
PORTA = sum;                            // sum= 10
}

 unsigned char sum=0, a=5, b=5;         // 초기값 설정

 sum = ++a + b++;
 PORTA = sum;                           // sum=11

 unsigned char sum=0, a=5, b=5;
 sum = - -a + - -b;
 PORTA = sum;                           // sum=8

 unsigned char sum=0, a=5, b=5;
```

```
sum = a- - + b- -
PORTA = sum;                          // sum =10

unsigned char sum=0, a=5, b=5;
sum = - -a + b- -;
PORTA = sum;                          // sum=9
```

나) 관계 연산자

논리 연산자에는 두 개의 상수나 변수의 관계를 말하는 관계 연산자가 있다. 서로의 데이터를 놓고 그 데이터들이 같은지 크고 작은지를 확인하고 결과로 참(True)인 1과 거짓(False)인 0을 나타내는 것이다.

표 4-4. 관계 연산자

연산자	사용예	해석	우선순위
<	a<b	a가 b보다 작다.	1
>	a>b	a가 b보다 크다.	1
<=	a<=b	a가 b보다 작거나 같다.	1
>=	a>=b	a가 b보다 크거나 같다.	1
==	a==b	a와 b는 같다.	2
!=	a!=b	a와 b가 같지 않다.	2

예를 들어 a=2, b=3일 경우 a<b라면 값은 1이 되고, a>b라면 값은 0이 되는 것이다.

```
#include <mega128.h>
void main()
{
 unsigned int a=10, b=20;          // 초기값 설정

 PORTA = (a > b);  // 가로안의 내용이 거짓이기 때문에 "0"이 입력된다.
 PORTA = (a < b);  // 가로안의 내용이 참  이기 때문에 "1"이 입력된다.
 PORTA = (a == b); // 가로안의 내용이 거짓이기 때문에 "0"이 입력된다.
 PORTA = (a >= b); // 가로안의 내용이 거짓이기 때문에 "0"이 입력된다.
 PORTA = (a <= b); // 가로안의 내용이 참  이기 때문에 "1"이 입력된다.
}
```

다) 논리 연산자

논리 연산자에는 관계연산자와 더불어 논리적인 연산을 하는 논리합(OR), 논리곱(AND), 논리부정(NOT) 등의 논리 연산자가 있다.

표 4-5. 논리합, 논리곱

<table>
<tr><th>A</th><th>B</th><th>A||B</th><th></th><th>A</th><th>B</th><th>A&&B</th></tr>
<tr><td>0</td><td>0</td><td>0</td><td></td><td>0</td><td>0</td><td>0</td></tr>
<tr><td>0</td><td>1</td><td>1</td><td></td><td>0</td><td>1</td><td>0</td></tr>
<tr><td>1</td><td>0</td><td>1</td><td></td><td>1</td><td>0</td><td>0</td></tr>
<tr><td>1</td><td>1</td><td>1</td><td></td><td>1</td><td>1</td><td>1</td></tr>
</table>

논리합은 여러 개의 조건중 하나만이라도 참이라면 전체가 참이 되고, 논리곱은 여러 개의 조건이 모두 1인 경우에만 참이 된다.

표 4-6. 부정

A	!A
0	1
1	0

논리 부정은 참(1)인 경우는 거짓(0)으로, 거짓(0)인 경우는 참(1)으로 반전시켜준다.

라) 비트 연산자

비트 연산자는 비트에 저장된 0과 1을 논리 연산하는 것과 비트를 이동시키는 이동연산으로 나눌 수 있다.

표 4-7. 비트 논리연산

<table>
<tr><th>연산자</th><th>사용 예</th><th>해석</th><th>우선순위</th></tr>
<tr><td>~</td><td>~a</td><td>a비트의 논리부정</td><td>1</td></tr>
<tr><td>&</td><td>a&b</td><td>a와b의 비트 논리곱</td><td>2</td></tr>
<tr><td>|</td><td>a|b</td><td>a와b의 비트 논리합</td><td>4</td></tr>
<tr><td>·</td><td>a·b</td><td>a와b의 비트 배타적 논리합</td><td>3</td></tr>
</table>

표 4-8. 비트 논리연산 예

a	b	~a	a & b	a|b	a^b
0	0	1	0	0	0
0	1	1	0	1	1
1	0	0	0	1	1
1	1	0	1	0	0

논리 연산자와 곱이나 합은 같은 결과를 보여준다. 다만 비트 연산이라는 것이다. “!”는 논리부정을 나타내는데 현 상태의 비트를 1 → 0, 0 → 1로 반전시킨다. “·”는 배타적인 연산이라 해서 서로가 다른 값을 가질 경우에만 출력이 “1”이 되고, 서로 같은 값을 가지면 “0”이 된다.

표 4-9. 이동(shift) 연산자

연산자	사용 예	해석
〉〉	a〈〈2	a의 값을 좌측으로 2비트씩 이동
〉〉	a〉〉2	a의 값을 우측으로 2비트씩 이동

이동연산자 뒤의 숫자는 비트 이동수를 말하는 것으로 〈〈숫자, 〉〉숫자 숫자만큼 전체 비트를 이동하라는 것이다.

표 4-10

변수명	데이터(16진수)	2진수								a〈〈2								데이터
a	0x03	0	0	0	0	0	0	1	1	0	0	0	0	1	1	0	0	0x0C

a변수에 데이터가 0x03이었지만 비트 연산자를 이용해 2비트 옮겼더니 데이터는 0x0C로 바뀌었다는 걸 알 수 있다.

● 제어문

제어문은 프로그램이 순차적으로 행해지다가 어떠한 특정한 경우를 만났을 때 그 경우에 맞는 일을 수행하는 것이다. 다시 말하면 어떠한 조건을 만났을 경우 순차적인 흐름을 잠시 멈추고 조건에 맞는 일을 수행하는 것이다.

가) if 문

if문은 조건이 참과 거짓이냐에 따라서 수행문을 처리하느냐 처리하지 않고 건너뛰느냐 하는 경우에 사용된다.

```
#include <mega128.h>
void main()
 {
  int a=5;                    // 초기값 설정
  if(a>0) PORTA=1;            // if(조건) 조건이 성립하면 수행
      PORTA=0;                // 조건에 상관없이 수행
 }
```

프로그램 3. if문 사용 1

이 프로그램은 초기에 a라는 변수에 5라는 값을 대입했다. 결국 a는 5가 되어 if(조건)에서 조건은 참이다. 참이기 때문에 PORTA(포트A)에다 1이라는 값을 대입한다. 그리고 나서 다음 줄인 PORTA(포트1)에 0을 대입하라는 명령대로 수행한다. 만약에 조건이 if(a<0)된다면 거짓이 되고 조건문에 나오는 명령은 수행되지 않아 그다음 명령인 PORTA=0; 이라는 명령만 수행된다.

```
#include <mega128.h>
void main()
 {
  int a=0;                    // 초기값 설정
  if(a<0)   PORTA=0;          // if(조건1) 조건1이 성립하면 수행
  if(a>0)   PORTA=1;          // if(조건2) 조건2이 성립하면 수행
  if(a==0)  PORTA=10;         // if(조건3) 조건3이 성립하면 수행
 }
```

프로그램 4. if문 사용 2

이전 프로그램과는 달리 if문이 중복되게 사용된걸 알 수 있다. 이 문장은 여러 개의 조건 중 참인 경우의 조건문만 명령대로 수행하라는 의미이다. a의 변수에 초기값이 0으로 주어졌기 때문에 3번째 조건문만 참이 되어 결국은 포트A에 10이라는 데이터 값을 입력한다.

```
#include 〈mega128.h〉
void main()

    int a=0;                          // 초기값 설정
    if(a==1)   PORTA=0;               // if(조건) 조건이 성립하면 수행
    else       PORTA=1;               // 조건이 성립하지 않는 경우에 수행
  }
```

프로그램 5. if-else문 사용 1

if와 else가 같이 쓰인 문장으로 참일 때 수행되는 문장과 거짓일 때 수행하는 문장이 별도로 있는 것으로 조건이 참이라면 조건문 명령수행, 조건문이 거짓이라면 무조건 else문 수행이라는 내용이다. 이 문장은 당연히 조건이 거짓이기 때문에 else문인 포트1에 1이라는 데이터 값이 대입된다.

```
#include 〈io51.h〉
void main()
  {
    int a=0;                          // 초기값 설정
    if(a==1)          PORTA=1;        // if(조건1) 조건1이 성립하면 수행
    else if(a==2)   PORTA=2;          // if(조건2) 조건2이 성립하면 수행
    else if(a==3)   PORTA=3;          // if(조건3) 조건3이 성립하면 수행
    else if(a==4)   PORTA=4;          // if(조건4) 조건4이 성립하면 수행
    else if(a==5)   PORTA=5;          // if(조건5) 조건5이 성립하면 수행
    else              PORTA=0;        // 모든 조건에 해당이 없을 때 수행
  }
```

프로그램 6. if-else문 사용 2

이 경우에는 else if(조건)가 사용되어 여러 개의 조건문중 조건이 참인 경우만 수행되고 조건 1, 2, 3, 4, 5 모두해당이 없다면 else문인 포트A에 0의 값을 대입하는 명령이 수행되는 것이다.

나) switch~case 문

switch~case문은 if-else문과 같은 내용이라고 생각하면 된다. 다만 if-else문보다 간결하다는 장점이 있다.

```
#include <mega128.h>
void main()
 {
  int a=5;                  // 초기값 설정

 switch(a) {                // a의 변수 값을 받아온다.

  case 1:  PORTA=1;         // a가 1인 경우 수행
            break;          // 1의 경우가 수행이 완료되면 switch문을 빠져나간다.
  case 2:  PORTA=2;         // a가 2인 경우 수행
            break;          // 2의 경우가 수행이 완료되면 switch문을 빠져나간다.
  case 3:  PORTA=3;         // a가 3인 경우 수행
            break;          // 3의 경우가 수행이 완료되면 switch문을 빠져나간다.
  case 4:  PORTA=4;         // a가 4인 경우 수행
            break;          // 4의 경우가 수행이 완료되면 switch문을 빠져나간다.
  default:  PORTA=0;        // 모든 경우에 해당이 없을 때 수행하고 빠져나간다.
            }
 }
```

프로그램 7. switch문 사용 1

a가 5인 값을 가지지만 switch문에 해당하는 경우가 없기 때문에 마지막의 default문장을 수행하게 된다. switch~case의 명령문을 사용할 때 주의할 점을 case나 default 다음에 나오는 것이 세미콜론(;)이 아니라 콜론(:)이라는 것이다.

```
#include <mega128.h>
void main()
 {
  int a=2;                          // 초기값 설정

  switch(a) {                       // a의 변수 값을 받아온다.
  case 1:
  case 2:
  case 3: PORTA=3;
           break;
  case 4: PORTA=4;
```

```
                break;
        default: PORTA=0;
                }
    }
```

프로그램 8. switch문 사용 2

이 문장은 case1:, case2: 다음에 명령이 없다는 것이 특징이고, 이 경우에는 조건이 1, 2, 3 중에 하나만 맞더라도 case3:의 명령을 수행하라는 것이다. 결국 포트1에 대입되는 값은 3이 될 것이다.

다) goto 문

goto문은 프로그램 수행 중에 어떠한 특정한 위치로 분기하고 싶을 때 사용하는 명령문이다.

```
1 : #include <mega128.h>
2 : void main()
3 : {
4 :    int n=1, hap=0;              // 변수 설정 및 초기값 설정
5 :    comeback:                    // goto문에 의해 분기되는 곳
6 :        hap=hap+n;               // hap과 n의 합을 hap의 변수에 대입한다.
7 :        n++;                     // n의 값을 1증가
8 :
9 :        if(n<=10) goto comeback;    // 만약 n이 10이 된다면 comback:
10 :                                    // 으로 분기
11 :
12 :        PORTA=hap;                  // 누적된 hap의 값을 포트1에 출력
13 : }
```

프로그램 9. goto 문

n과 hap이라는 변수에 초기 값으로 1과 0이 들어가 있고, 6행을 보면 n과 hap의 더한 값을 다시 hap에 대입하라는 명령이다. 만약에 n이 10이 되지 않았다면 comeback: 으로 분기해 같은 내용을 반복하게 되는 것이다. 이러한 내용이 끝나려면 n이 10되어서 마지막으로 더해지고 7번째 행을 만나 11로 되어 8번 행의 조건문이 거짓이 되기 때문에

분기 명령인 goto문이 수행되지 않는다. 그렇다면 P1에 hap의 값이 대입되는 것이다. 결과 값은 어떻게 될까 생각해보자. n이 10까지 증가되면서 goto문에 의해 값이 계속 더해 축적되므로 결국 hap이라는 변수에는 55의 값이 들어갈 것이다. 포트1에는 55의 데이터가 대입되는 것이다.

표 4-11. 프로그램 실행 개요도

순서	n	hap	hap=hap+n	n++	조건만족
초기치	1	0			O
1	1	0	1	2	O
2	2	1	3	3	O
3	3	3	6	4	O
4	4	6	10	5	O
5	5	10	15	6	O
6	6	15	21	7	O
7	7	21	28	8	O
8	8	28	36	9	O
9	9	36	45	10	O
10	10	45	55	11	X
11	11	55	66	12	X

위 표의 10번째 순서를 보면 n++가 11이지만, n=10일 때 분기한 값이 있기 때문에 55가 되는 것이다.

● 반복문

주어진 조건이 만족할 때까지 반복 처리하는 명령들로 프로그램 구현에 있어서 중요한 역할을 한다.

가) while 문

주어진 조건이 참이면 계속해서 반복하고, 조건이 거짓이 되면 반복문에서 빠져 나오게 된다.

```
#include <mega128.h>
void main()
 {
  int n=1;                          // 변수 설정 및 초기값 설정
  while(n<=5) {                     // 거짓일 때까지 반복문 수행
                PORTA=n;            // 포트1에 n의 값을 대입
                n++;                // n의 값을 1증가
               }
 }
```

프로그램 10. while문

초기 n의 값이 조건(n<=5)에 만족하기 때문에 반복문인 while(조건){ }을 수행한다. 수행내용은 n의 값을 포트1에 대입하고 1씩 증가시키라는 명령이다. 조건이 만족하지 않기 위해서는 n이 계속 증가하여 5보다 큰 값인 6이 나오면 반복문에서 빠져 나오게 된다. 결국 포트1에 데이터 값이 1~5까지 순차적으로 대입되는 것이다. 한가지 생각해 보고 넘어 갈 문제가 있다!! 조건이 항상 참이거나 거짓이면이 어떨까? 예를 들면 while(0){ 수행내용 }, while(1){ 수행 내용 }...? while(0)은 조건식이 "0" 즉, 거짓이기 때문에 수행을 한번도 하지않고 다음 단계로 넘어간다. 하지만 while(1)은 조건식이 변하지 않고 항상 참이기 때문에 수행을 계속해서 하게 된다. 결국, 한번 들어가면 나오지 못하는 무한 루프가 되는 것이다. 꼭 유념하자!!

```
#include <mega128.h>
void main()
 {
  int n=1;                          // 변수 설정 및 초기값 설정
  do {                              // 반복문 수행
        PORTA=n;                    // 포트1에 n의 값을 대입
        n++; } while(n<=10);        // n을 1씩 증가시키고 그 값이 10보다
                                    // 같거나 작을 때까지 do{}을 수행하라.
  }
```

프로그램 11. do~while()문

do ~ while() 명령을 사용한 문장으로 do{}안의 명령을 while(조건)이 참일 동안 계속 반복 수행하라는 명령이다. 결과는 1 ~ 10까지의 값이 순차적으로 포트1에 대입된다. while(조건)은 조건을 보고 반복문이 수행되는 거라 조건이 만족하지 않으면 한 번도 반복되지 않을 수 있다. 하지만 do ~ while()은 while(조건)에 상관없이 한번은 수행하게 된다는 차이점이 있다.

나) for 문

for(변수=초기값; 조건식; 변수=증감 값)

문구 그대로 for는 "~하는 동안"이라는 의미처럼 초기 값이 조건식을 만족할 동안 변수를 증가하거나 감소하라는 것이다.

```
#include <mega128.h>
void main()
 {
   int n;                   // 변수 설정
   for(n=1;n<=10;n++){      // n이 11이될 때까지 n을 1씩 증가시켜가면서 수행
            PORTA=n;        // 포트1에 n의 값을 대입
        }
   }
```

프로그램 12. for문

while()문들의 예와 마찬가지로 포트A에 1부터 10까지의 값이 순차적으로 대입되어 포트에 출력되는 것이다.

만약에 for()함수는 있는데, 조건이나 초기값, 증감값 등이 모두 없다면 이는 무한루프를 의미하는 것이다. for(;;){ 수행 } 세미콜론만 존재하고 안에 내용이 없기 때문에 수행을 무한 반복하라는 의미이다. while(1){ 수행 } 과 같은 의미로 해석하면 된다.

표 4-12. 프로그램 실행 개요도

순서	n	조건만족	조건수행	n++
1	1	O	P1=1	2
2	2	O	P1=2	3
3	3	O	P1=3	4
4	4	O	P1=4	5
5	5	O	P1=5	6
6	6	O	P1=6	7
7	7	O	P1=7	8
8	8	O	P1=8	9
9	9	O	P1=9	10
10	10	O	P1=10	11
11	11	X		

● 함수

함수는 독립적으로 어떠한 특정한 작업을 수행하게끔 하는 프로그램을 말한다. 프로그램의 시작과 끝을 알리는 main()함수나 기본적으로 내장되어 있는 함수의 이름을 피해서 만들 수 있으며 main()함수에서 독립된 하나의 함수를 불러오기 위해서는 함수의 이름만 적어주면 독립된 함수의 내용이 main()함수에 포함되는 것이다.

```
#include <mega128.h>
void data();                    // 원형함수 선언
void main()
{
   data();                      // 함수 호출
}

data()                          // 서브 함수
{
   PORTA=100;
   return;
}
```

프로그램 13. 함수선언 사용 1

이 문장은 함수가 두 개 존재한다. main()함수에는 어떻게 수행하라하는 명령이 존재하지 않고 엉뚱하게 data()라는 함수의 이름만 삽입했다. 또한 data()함수는 포트1에 100이라는 값을 대입하라는 명령이 있다. 무슨 의미일까? 이것은 main()함수에서 data()라는 함수를 Call 하는 명령이다. 그렇다면 data() 함수로 가서 그 내용을 처리하고 다시 main()함수로 되돌아오면 되는 것이다. 결국은 포트A에 100이라는 데이터가 대입된다.

```
#include <mega128.h>

void sum(int x, int y);            // 원형함수 선언

void main()
 {
   int a, b;
   a=10;
   b=20;
   sum(a,b);                       // 함수 호출
 }

void sum(int x, int y)             // 서브 함수
{
  int ans;
  ans = x+y;
  PORTA=ans;
  return;
}
```

프로그램 14. 함수선언 사용 2

함수를 사용하려면 처음에 main()함수 밖에서 원형함수를 선언해 준다. 초기에 a는 10, b는 20을 대입한 다음 sum(a, b)를 Call 했다. 앞 예제와는 다르게 빈손으로 함수로 가는 것이 아니고, a와 b라는 인자를 가지고 함수로 가는 것이다. 인자를 가지고가면 불러 진 함수에서도 가지고간 인자를 받는 변수가 있을 것이다. 이 a, b는 sum(int x, int y)함수의 x와 y에 대입되고 ans에 더해진 값이 넣어지고 그 값은 또한 포트A에 대입한 뒤 다시 main()함수로 돌아간다.

05 CodeVision을 이용한 컴파일러 및 프로그램 다운로딩

5.1 CodeVision AVR 컴파일러 특징

CodeVision AVR 컴파일러는 HP InfoTech사에서 제작한 통합환경을 지원하는 C컴파일러다. CodeVision AVR은 ATmega128등의 Atmel사의 AVR 제어기 패밀리를 위해 설계된 통합 개발 환경 및 자동 프로그램 생성기를 내장한 C언어 컴파일러로 에디터는 물론 컴파일러, 프로그램 다운로드 기능을 모두 가지 있기 때문에 사용자가 작성한 프로그램을 컴파일한 후에 바로 ATmega128의 내부 플래시 프로그램 메모리에 다운로딩하여 실행시킬 수가 있다. 또한, CodeVision AVR은 윈도우즈에서 실행되는 32비트 어플리케이션 프로그램 형태를 가지고 있으며, AVR 구조와 임베디드 시스템에 가장 적합하도록 ANSI C 언어의 모든 구성요소와 거의 가깝게 구현되었다. 뿐만 아니라 CodeVision AVR C컴파일러는 다음과 같은 인터페이싱 라이브러리를 가지고 있다.

- 문자형 LCD 모듈 인터페이스
- Philips I^2C 버스
- National Semiconductor사의 LM75온도 센서
- Philips PCF8563, PCF8583, Dallas Semiconductor DS1302, DS13047 클록
- Dallas Semiconductor 1-Wire 프로토콜
- Dallas Semiconductor DS1820/DS1822 온도센서
- Dallas Semiconductor DS1621 온도계/온도조절 장치
- SPI

- 전원관리
- Time-Delay Function 지원

등의 라이브러리를 가지고 있으며 또한, CodeVision AVR 컴파일러는 다음과 같은 기능의 구현에 필요한 모든 코드를 생성하는 CodeVision AVR 자동 프로그램 생성기를 내장하고 있어 많은 도움을 받을 수가 있다.

- 외부 메모리 액세스(Access) 기능
- 칩 리셋 소스 정의
- 입.출력 포트 초기화
- 외부 인터럽트 초기화
- 타이머/카운터 인터럽트 초기화
- 워치-독 타이머 초기화
- UART 초기화
- 아날로스 비교기 초기화
- A/D 변환기 초기화
- SPI 인터페이스 초기화
- I^2C 버스, LM75 온도센서, DS1621 온도계/온도조절 장치 및 PCF8563, PCF8583, DS1302, DS1307 Real-Time Clock 초기화
- 1-Wire 버스 및 DS1820/DS1822 온도센서 초기화
- LCD 모듈 초기화

5.2 CodeVision AVR 컴파일러

그림 5-1. CodeVision AVR 컴파일러 실행

그림 5-1은 CodeVision AVR 컴파일러를 실행시킨 초기 화면이다. 메뉴 탭에서 File/New를 선택해 프로그램을 선택한다.

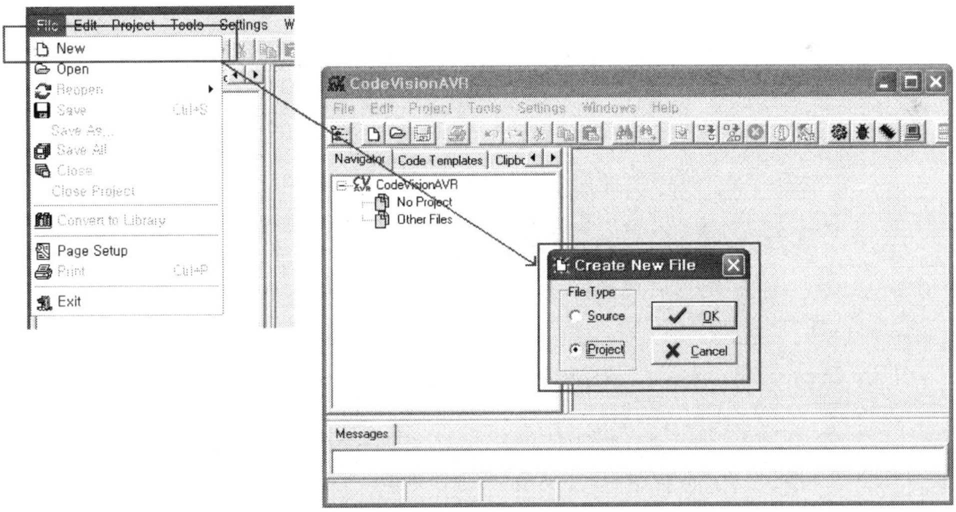

그림 5-2. 새 프로젝트 생성

프로그램 작성은 C언어 소스만 있어서는 되는 것이 아니라 프로젝트 형태로 작성한다. 그림 5-2처럼 프로그램의 작성하기 위해서 New를 이용해 파일을 생성하려고 하면 작성형태를 묻게

된다. “Project”를 선택하고 “OK”를 클릭해보자.

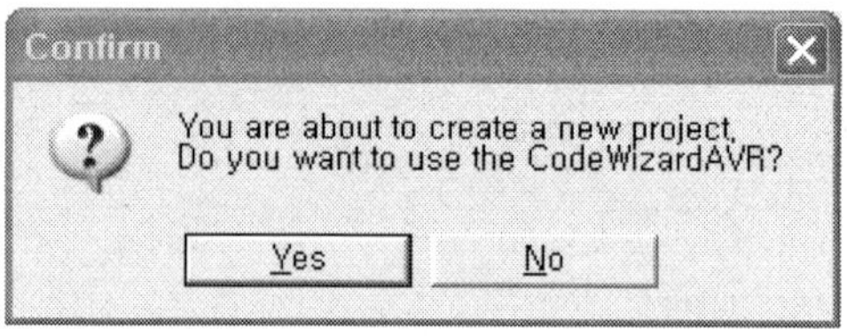

“OK” 버튼을 클릭하게 되면 위 그림처럼 새로운 프로젝트를 생성할 때 앞 절에서 언급한 코드비전 프로그램 자동생성에 대한 언급이 나온다. “Yes”를 클릭하게 되면 프로그램에 맞게 선택만 하면 Main() 함수를 비롯해 사용하고자 하는 내용의 함수가 자동으로 생성되게 된다. 하지만, 여기서는 “No”를 클릭해 자동생성기의 도움 없이 사용자만의 스타일로 프로그램을 작성하는 연습을 해보자.

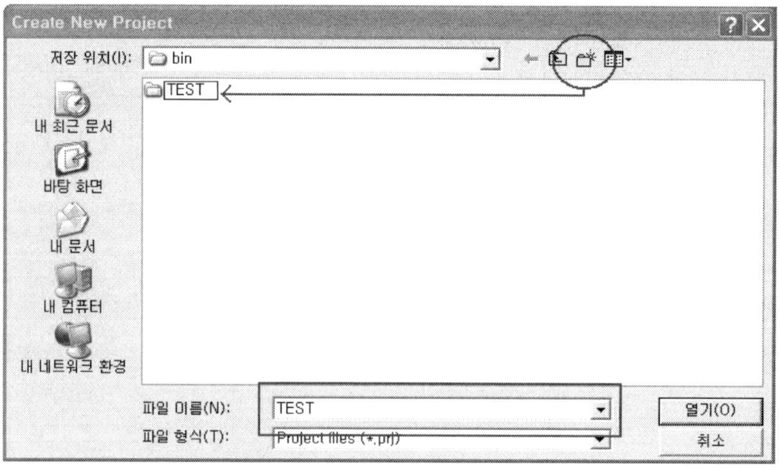

그림 5-3. Project Name 입력

“No”를 클릭하게 되면 그림 5-3과 같은 화면이 나오게 되는데 이는 작성하고자하는 프로젝트 이름을 입력하는 부분이다. 프로젝트 개념이기 때문에 파일이 하나가 아닌 복수개가 된다. 따라서 기본적은 “\bin” 폴더에 바로 생성하지 말고 가능하면 프로젝트와 같은 폴더를 생성하고 그 안에 프로젝트를 생성해보자.

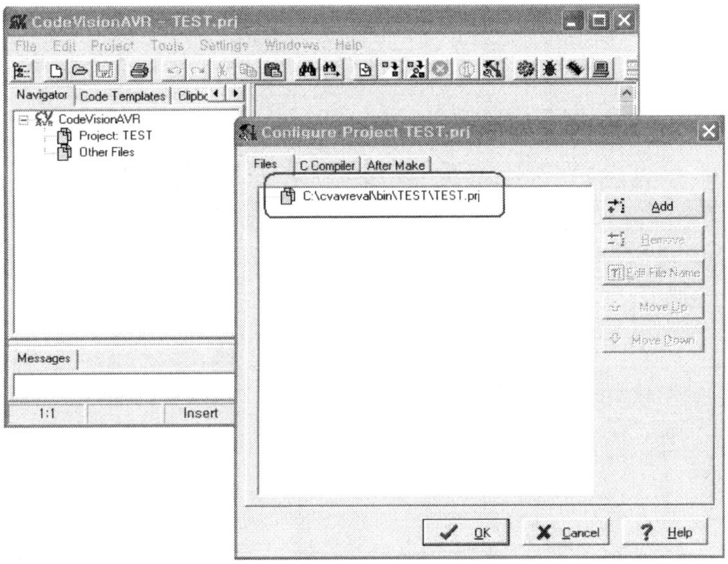

그림 5-4. 프로젝트 설정을 위한 화면

프로젝트의 경로를 확인하고 [Files/C Compiler/After Make] 세 개의 탭 중 [C Compiler]를 클릭해서 Chip 및 Clock을 설정한다.

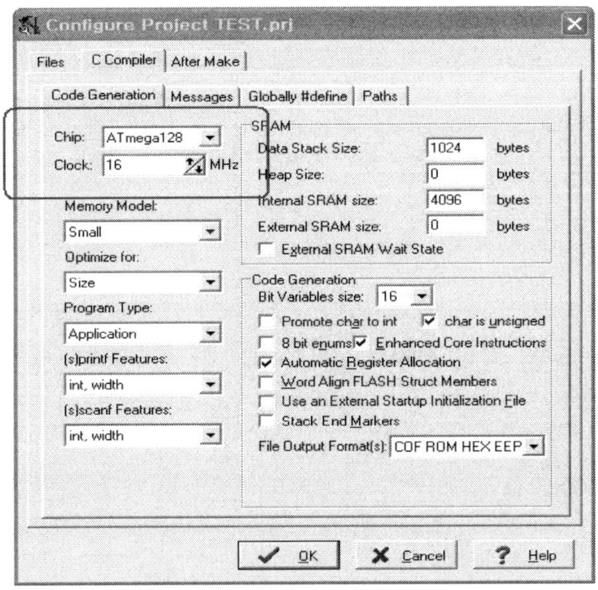

그림 5-5. Chip 및 Clock 선택

[C Compiler]에서는 사용할 AVR 칩을 선택하고 사용하는 동작 주파수를 입력하게 된다. SRAM, Memory Model 등의 다른 항목은 사용자가 사용여부에 따라 수정하면 된다. 입력을 하였으면 [After Make] 탭을 선택해보자.

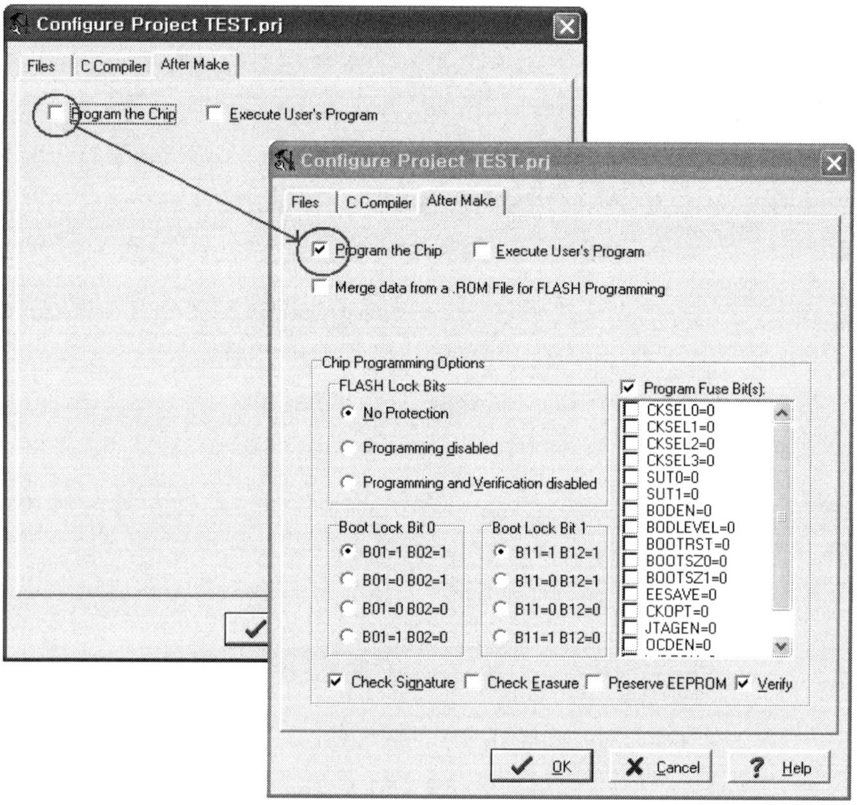

그림 5-6. Program the Chip 선택

그림 5-6은 작성된 프로그램을 컴파일 한 후에 에러가 없을시 ISP 케이블을 통해 AVR의 내부 플래시 메모리에 프로그램을 다운로드 할지 여부를 선택하는 부분이다. 만약에 "Program the Chip"을 선택하지 않으면 적성된 프로그램을 컴파일해서 에러 여부만을 알려주고 에러 없을시 다운로드할 것인지는 물어보지 않는다. 이 경우에는 생성된 기계어를 다운로드할 수 있는 기능이 따로 있지만 개발의 능률을 위해서 기본적으로 그림 5-6과 같이 선택하여 에러가 없을시 생성된 기계어를 바로 다운로딩 할 수 있도록 하자.

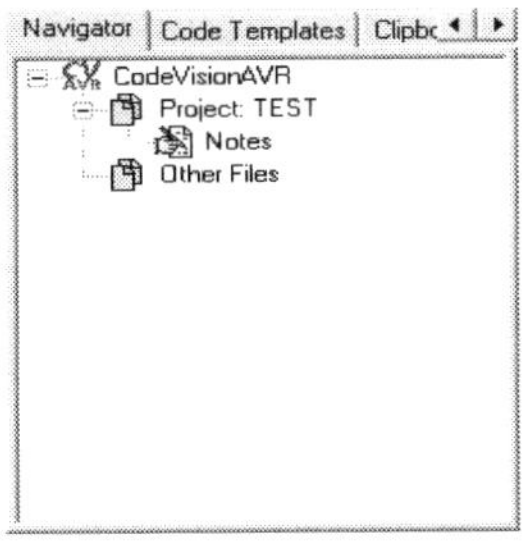

그림 5-7. 프로젝트 생성시 [Navigator] 창 모습

프로젝트가 생성이 다 되었다면 프로그램을 작성할 수 있는 Edit 창을 생성해 보자. 이 Edit 창은 프로그램의 소스가 되는 부분이다. 그림 5-2와 같이 새로운 창을 열어서 이번에는 그림 5-8처럼 "Source"를 선택해보자.

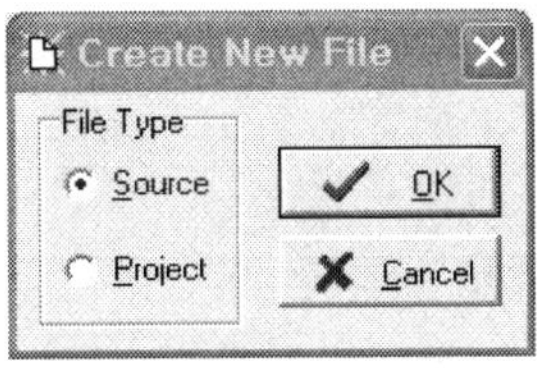

그림 5-8. 소스입력

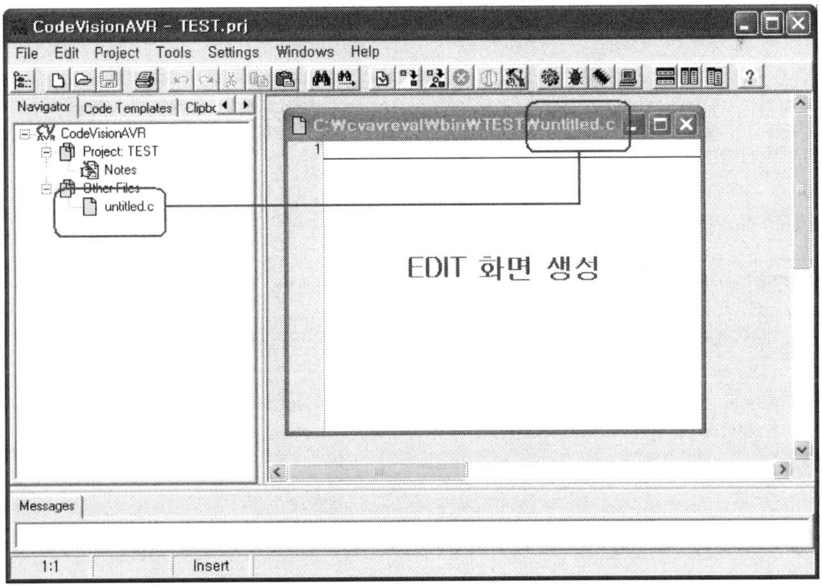

그림 5-9. 프로그램 작성용 EDIT 창 생성

그림 5-8에서 소스를 선택하게 되면 그림 5-9와 같이 프로그램을 작성할 수 있는 에디터창이 생성되며, 기본 파일 이름은 “untitled.c”이다. 확장자를 보면 C언어 파일임을 알 수 있다.

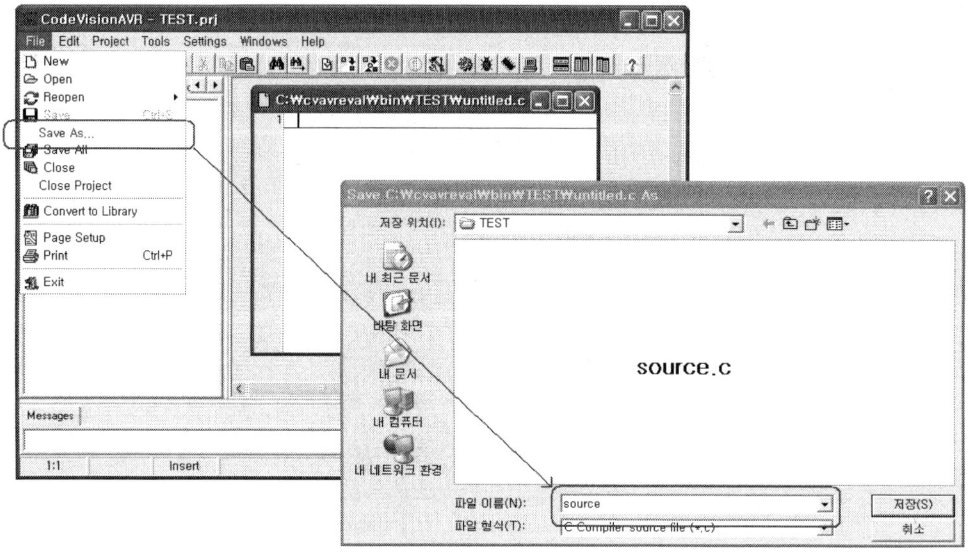

그림 5-10. 소스파일 저장

그림 5-10은 소스파일을 저장하는 부분으로 소스파일을 프로젝트 폴더에 저장하는 모습을 보이고 있다. 프로그램을 작성한 후에 저장해도 되지만, 미리 저장하고 프로그램을 작성하는 것이 컴파일 후 에러 확인하고 프로그램을 다운로드하는데 편리하다.

그림 5-10처럼 에디트 창에 작성된 소스파일을 프로젝트 폴더에 저장 되었다고 해서 프로그램이 프로젝트에 포함된 것은 아니다. 저장된 소스파일을 프로젝트에 포함시키기 위해서는 그림 5-4의 화면 즉, [Project/Configure]에서 “Add” 버튼을 이용해 저장된 소스파일을 프로젝트로 포함시켜줘야 한다. 그림 5-11은 이러한 과정을 보여주고 있다.

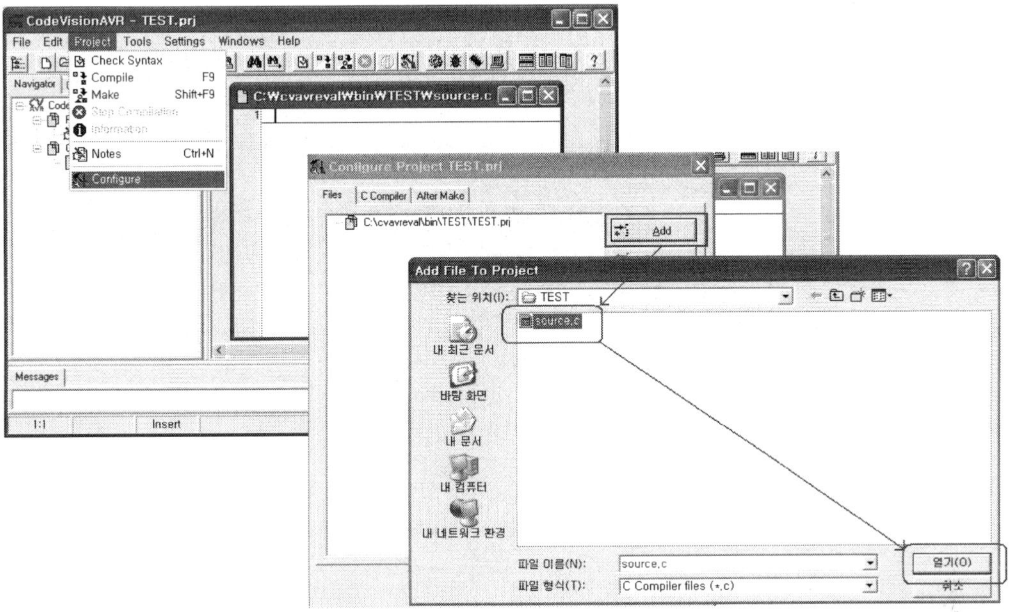

그림 5-11. 프로젝트 내 소스파일 추가

그림 5-11과 같이 "열기"를 누르게 되면 [Configure/Files]에서 프로젝트에 "source.c" 파일이 추가된 모습을 볼 수 있으며, "OK" 버튼을 클릭하게 되면 메인화면의 [Navigator]에서도 확인할 수 있다. 복잡할 것 같지만 한두 번 해보면 익숙해질 것이다.

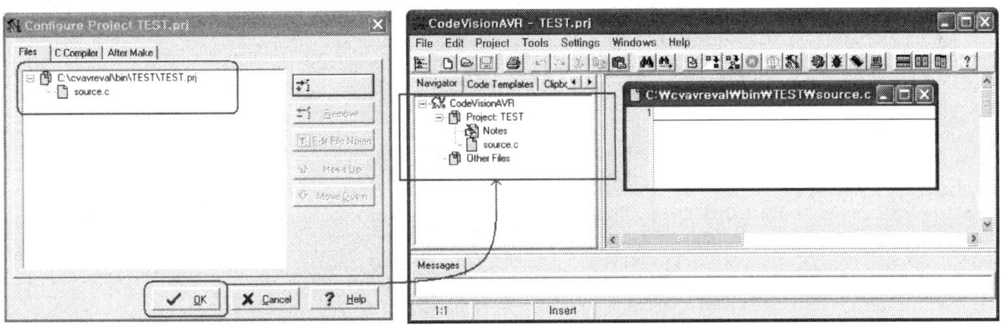

그림 5-12. 소스파일 추가된 프로젝트 경로

CodeVision AVR 컴파일러 구성은 그림 5-13과 같고, 각각의 구성요소에 대한 각각의 기능은 아래와 같다.

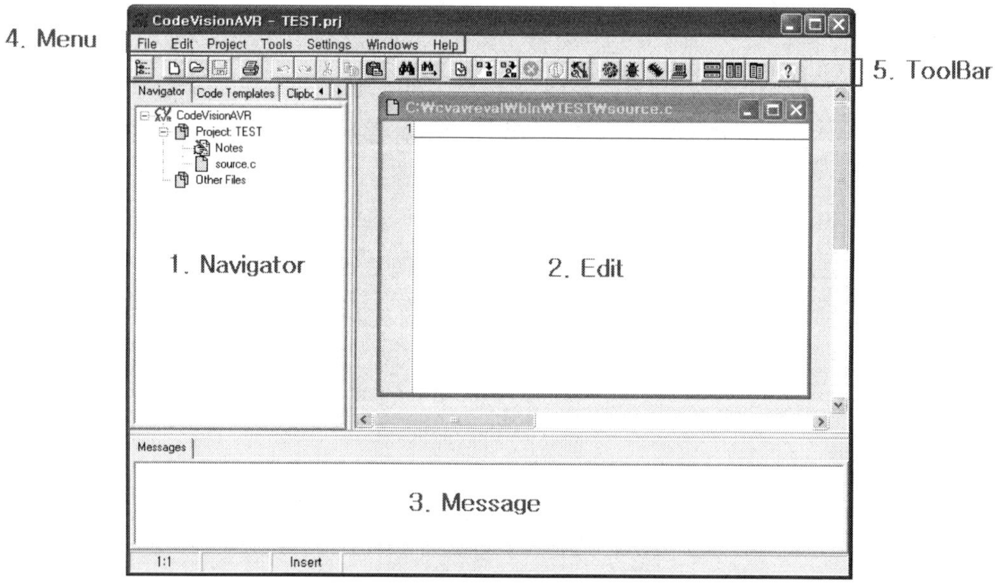

그림 5-13. CodeVision AVR 개발환경

① Navigator : 소스파일을 보다 쉽게 표시하거나 파악할 수 있고 열수 있게 한다. 또한, 프로젝트 밑에 있는 파일들은 컴파일 대상파일을 쉽게 보여주며, 컴파일 과정에서 에러나 경고가 발생하면 Navigator 윈도우에서 확인할 수 있다. Other File 밑에 있는 파일은 현재 편집 창에 오픈 되어 있는 파일명을 보여줄 뿐이며, 컴파일과 아무런 관계가 없다.

② Edit : 사용자가 C 소스 및 헤더 파일을 작성하거나 이미 존재하는 C 소스 파일을 열면 화면상에 표시되는 곳이다. Edit 화면의 좌측에는 라인 수가 표시되고, 주석, 코드, 함수, 정의어 등에 따라 각각 다른 색으로 표시되어 사용자가 이를 쉽게 구별할 수 있게 해준다.

③ Message : 컴파일 과정에서 에러나 경고가 발생 했을 경우에 메시지가 표시되는 부분으로 Navigator에 표시되는 메시지와 같다.

④ Menu : CodeVision AVR 컴파일러의 모든 기능을 사용할 수 있는 메뉴로 프로젝트 파일 및 소스 파일을 열거나 저장할 수 있으며, 컴파일이나 메이크 과정을 수행할 수도 있다.

⑤ ToolBar : 자주 사용하는 메뉴를 모아 놓은 부분으로 마우스 커서를 해당 툴바에 가져가면 기능을 보여준다.

5.3 컴파일 및 프로그램 다운로딩

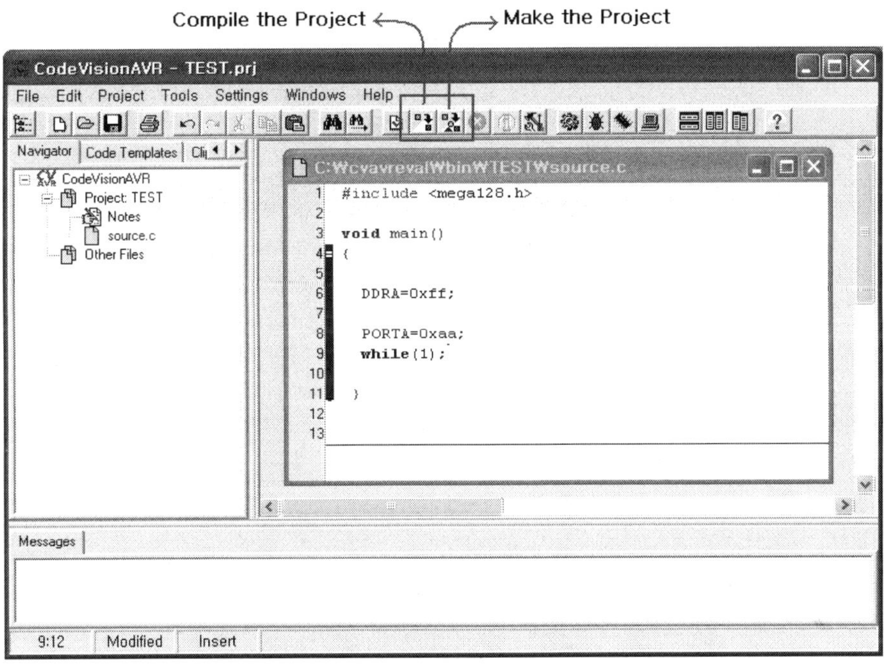

그림 5-14. 프로그램 작성

프로그램을 작성하였다면 그림 5-14의 툴바나 메뉴에서 [Compile the Project] 버튼을 클릭하게 되면 컴파일이 된다. 컴파일을 하게 되면 에러와 경고 여부를 알 수 있게 되는 것이다. 컴파일이 끝나면  [Chip Programmer]를 이용해 생성된 헥사[*.hex] 파일을 AVR의 플래시 메모리에 로딩해주면 되는 것이다. 하지만 [Make the Project]를 이용하게 되면 컴파일과 동시에 생성된 기계어인 헥사 파일을 ISP를 이용해 AVR에 바로 로딩하고 동작을 확인할 수 있다. 그림 5-15는 프로그램 작성 후 [Compile the Project]과 [Make the Project]를 이용해 컴파일한 결과를 보여주고 있다. Compile the Project를 이용해 컴파일만 하게 되면 에러와 경고의 유무만을 보여주고 있지만, Make the Project 툴바를 클릭했을 경우에는 에러와 경고 유무와 더불어 

[Program] 버튼이 생성된 것을 확인할 수 있을 것이다.

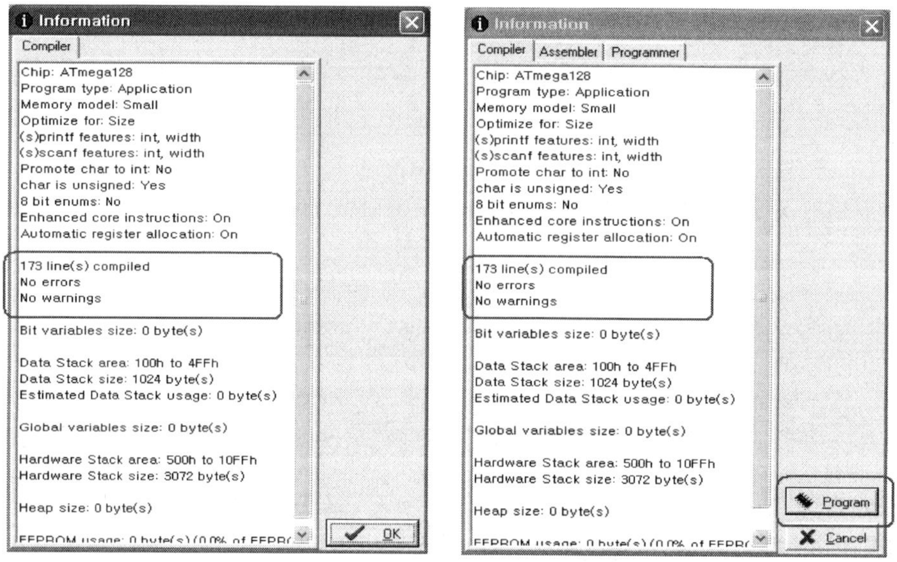

Compile the Project　　　　Make the Project

그림 5-15. 프로그램 컴파일

프로그램 컴파일 후 에러가 없을 경우에 그림 5-15에서 [Program] 버튼을 클릭하게 되면 생성된 기계어인 헥사(Hex) 파일이 ISP 통해 AVR의 플래시 메모리로 다운로딩 된다.

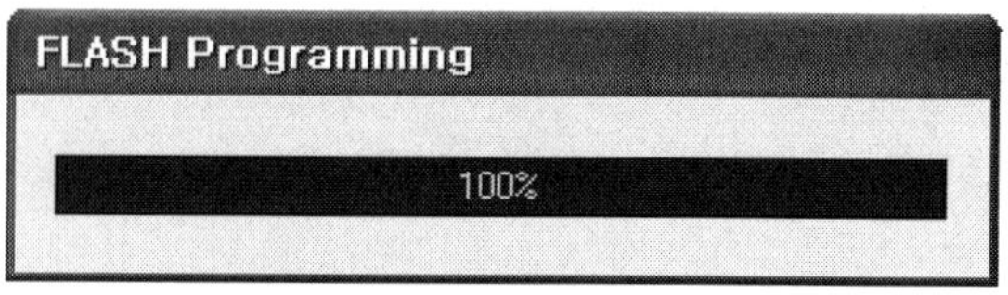

그림 5-16. 프로그램 다운로딩

그림 5-16은 프로그램이 컨트롤러의 플래시 메모리에 다운로드 되는 모습을 보여주고 있으며, 다운로드가 완료되면 "Verifying the FLASH Programming" 화면이 나오면서 다시 한 번 재확인하게 된다. 이러한 과정이 끝나면 ISP가 연결된 ATmega128 AVR 보드가 동작 실행된다.

PART

II

01 PORT 입·출력실험

PART Ⅰ에서 살펴보았던 기본적인 C언어와 CodeVision 등을 이용해 설계된 하드웨어의 기본적 개념을 가지고 실제적으로 여러 개의 PORT에 인터페이스된 입·출력 소자들을 제어해보자. 1장에서는 제작된 제어보드를 이용해 간단한 입출력을 실험한다. PORT에 인터페이스된 입·출력 소자를 제어할 수 있는 프로그램을 구현한 후에 컴파일러 및 ISP를 이용해, 기계어로 변환시켜 제어보드의 CPU인 ATmega128로 다운로딩 하면, 입출력되는 과정을 포트에 연결된 소자들을 통해 시각적으로 확인할 수 있을 것이다.

1.1 PORT 출력실험

PORT 출력 실험은 PORTA을 이용해보자. PORTA의 8비트에 LED 8개를 연결하고 프로그램으로 제어해보자.

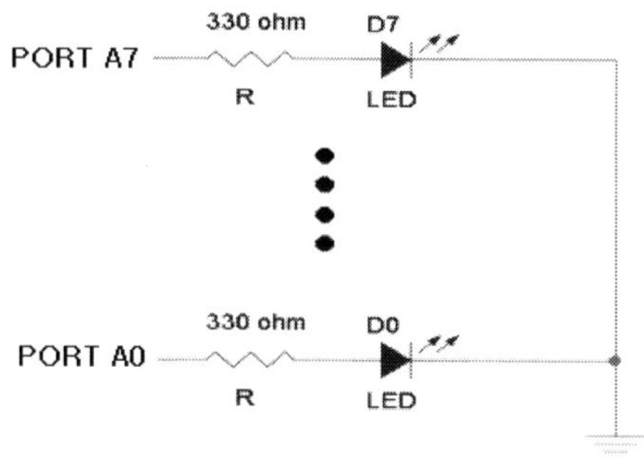

그림 1-1. PORTA에 연결된 LED

그림 1-1의 회로를 보면 LED들이 PORT A0~A7까지 애노드에 연결이 되어 있고 330Ω 저항을 통해서 연결이 되어 있으며, 캐소드는 공통 그라운드로 연결되어 있다. Data를 High로 출력하게 되면 LED가 On이 될 것이다. "High"는 디지털로 1을 의미하고, TTL 레벨에서는 아날로그로 +5V를 의미하기 때문에 LED가 점등된다. ATmega128의 경우에는 핀당 출력 가능한 전류는 40mA이기 때문에 LED 점등은 문제가 되질 않는다.

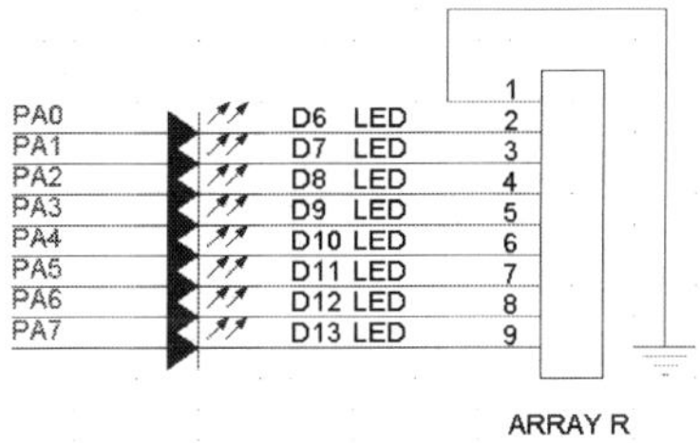

그림 1-2. 제어 회로도

□ LED1 PROJECT. LED On/Off 실험 1

LED1 PROJECT 실험은 LED 8개를 동시에 켜고(On), 끄는(Off) 것을 반복하도록 프로그램을 작성하고 동작시키는 실험이다.

프로그램 실행 개요도

PA7	PA6	PA5	PA4	PA3	PA2	PA1	PA0
☼	☼	☼	☼	☼	☼	☼	☼
●	●	●	●	●	●	●	●
☼	☼	☼	☼	☼	☼	☼	☼
●	●	●	●	●	●	●	●

```
#include <mega128.h>
#include <dealy.h>                /* 시간 지연 함수 내장 헤더파일*/

void main()
{
        DDRA=0xff;      // PORTA로 출력지정
        while(1) {

                PORTA=Oxff                /* LED On */
```

```
            delay_ms(200);

            PORTA=0x00;                    /* LED Off */
            delay_ms(200);
        }
}
```

이 프로그램은 8개의 LED를 동시에 On하고, Off하는 프로그램으로 High('1') 신호를 주면 LED가 켜지게 되므로 PORTA에 0xff(16진수)의 값을 주었고, 반대로 Low('0')신호를 주면 LED가 Off되므로 PORTA에 0x00의 값을 주었다. while() 함수를 통해서 LED가 Off되고 On되는 것을 무한 반복하도록 하였다. LED가 켜지고 꺼지는 것을 육안으로 확인하기 위해서 시간 지연 함수인 delay함수가 필요하다. On/Off 사이에 상태를 유지시켜주는 시간이 없다면 너무 빠르게 변하기 때문에 아마도 육안으론 LED가 하나의 상태(항상 켜져 있거나, 항상 꺼져있는 상태)로만 보일 것이다. 따라서 데이터 중간에 delay 함수를 사용하였는데, delay함수는 〈delay.h〉에서 지원하며 delay_ms(200)은 200ms를 의미한다.

※ LED1 PROJECT에서 사용된 레지스터는 DDRA 레지스터로 포트의 입출력을 결정짓는 레지스터이다. 레지스터에 입력 값을 0xff로 하였기 때문에 PORTA는 모두 출력으로 사용하겠다는 의미를 가지고 있다.

아래 그림은 PORT A의 상위 LED 4개와 하위 LED 4개의 On과 Off를 반복하는 것을 프로그램한 내용이다.

ProVSM 회로구성

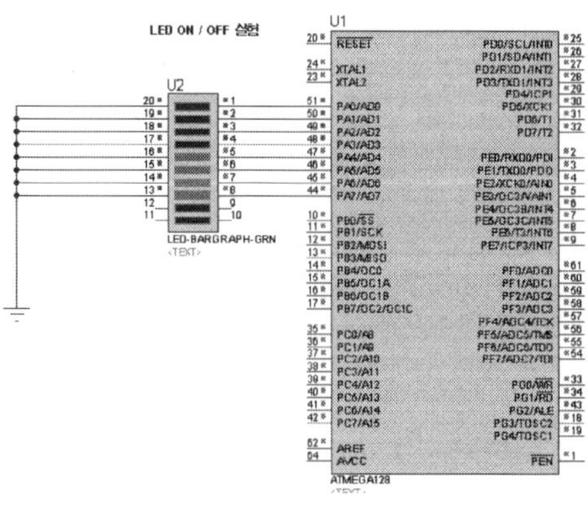

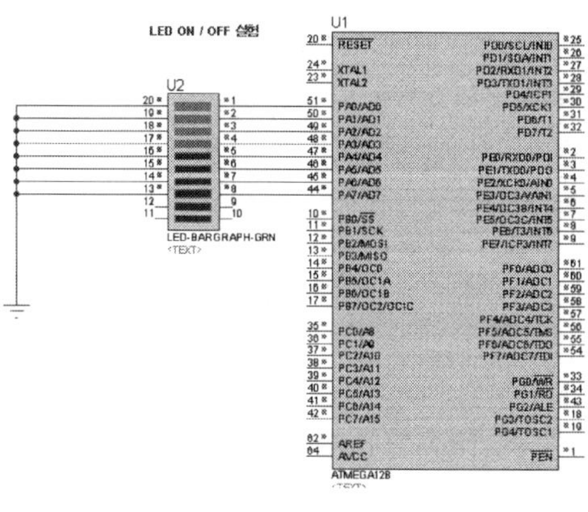

```
#include <mega128.h>
#include <delay.h>              /* 시간 지연 함수 내장 헤더파일*/

void main()
{         while(1) {

                PORTA=Ox0F;          /* 하위 4비트 LED On */
                delay_ms(200);

                PORTA=0xF0;          /* 상위 4비트 LED On */
                delay_ms(200);
              }
}
```

□ LED2 PROJECT. 비트이동 연산자를 이용한 LED 이동 실험 1

LED2 PROJECT 실험은 LED 8개 중 상위비트 하나만을 On 시키고, On되어진 LED가 하위비트 방향으로 이동하는 내용이다. 비트 이동 연산자를 이용해 한 비트씩 데이터를 이동하게 하면 된다.

```
#include <mega128.h>
#include <delay.h>              /* 시간 지연 함수 내장 헤더파일*/

void main()
{    int status=0x80;
     DDRA=0xff;

     while(1) {
            if(status==0x01)
             {
                  PORTA=status;
                  status=0x80;
             }
             else
             {
                PORTA=status;
```

```
            status=status>>1;
        }
        delay_ms(200);
    }
}
```

LED2 PROJECT는 비트 이동 연산자를 사용해서 status를 우측으로 시프트 시키는 프로그램이다. status가 1비트씩 상위비트에서 하위비트로 쉬프트 하고, 마지막 LED(status==0x01)가 켜지면 다시 첫 번째 LED가 켜지도록 if문을 사용하였다. if문에서 미리 설정해놓은 값과 비교하기 때문에 LED가 더 이상은 이동하지 못하고, 원래 초기상태로 되돌아가는 것이다. 설정 값과 다를 때만 LED는 이동한다.

프로그램 실행 개요도

	PA7	PA6	PA5	PA4	PA3	PA2	PA1	PA0	16진수
status=0x01	0	0	0	0	0	0	0	1	0x01
〈〈 1	0	0	0	0	0	0	1	0	0x02
〈〈 1	0	0	0	0	0	1	0	0	0x04
〈〈 1	0	0	0	0	1	0	0	0	0x08
〈〈 1	0	0	0	1	0	0	0	0	0x10
〈〈 1	0	0	1	0	0	0	0	0	0x20
〈〈 1	0	1	0	0	0	0	0	0	0x40
〈〈 1	1	0	0	0	0	0	0	0	0x80

if(status==0x80) status=0x01;
[만약 status 변수가 0x80의 값을 가지면
status 변수 값을 다시 0x01으로 만든다.]

이러한 과정을 무한 반복한다.

ProVSM 회로구성

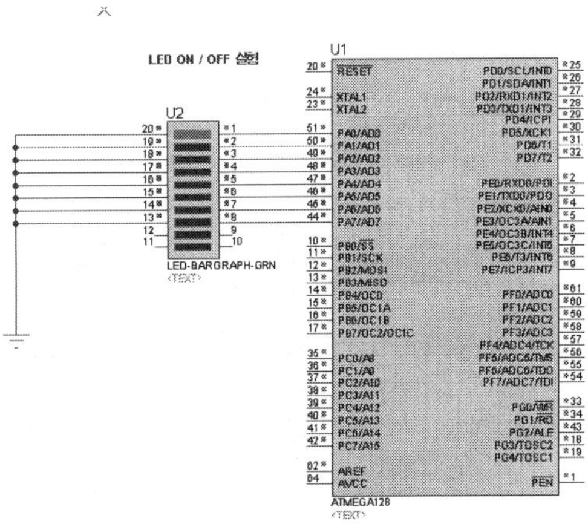
LED ON / OFF 실험
U1
U2
LED-BARGRAPH-GRN
ATMEGA128

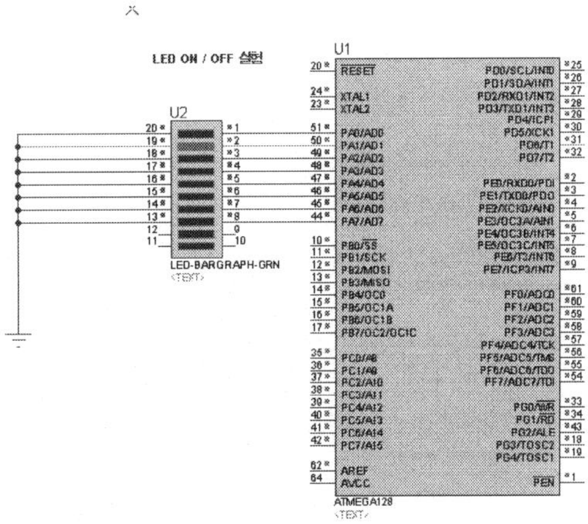
LED ON / OFF 실험
U1
U2
LED-BARGRAPH-GRN
ATMEGA128

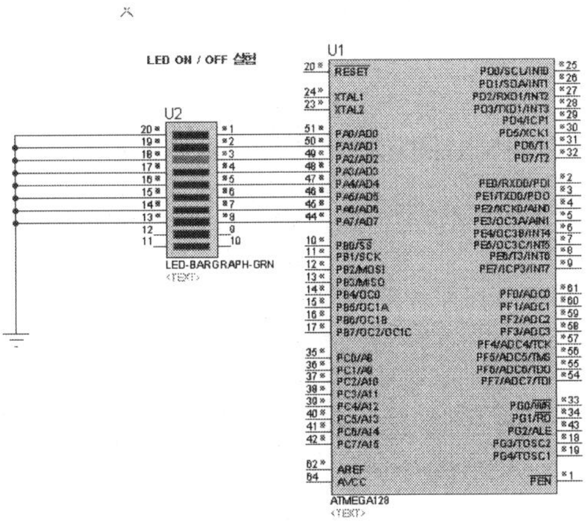
LED ON / OFF 실험
U1
U2
LED-BARGRAPH-GRN
ATMEGA128

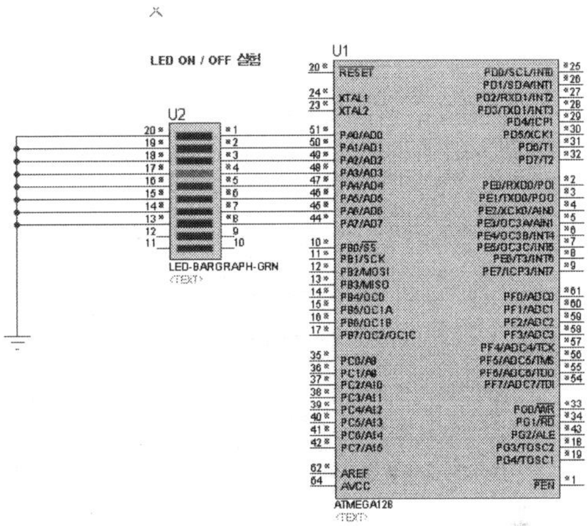
LED ON / OFF 실험
U1
U2
LED-BARGRAPH-GRN
ATMEGA128

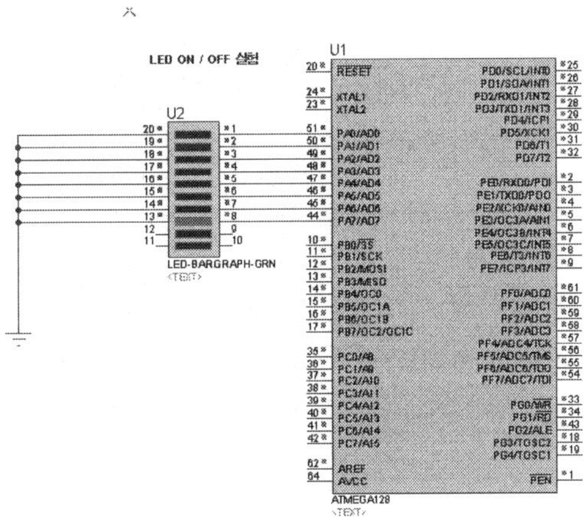
LED ON / OFF 실험
U1
U2
LED-BARGRAPH-GRN
ATMEGA128

□ LED3 PROJECT. 비트이동 연산자를 이용한 LED 이동 실험 2

LED 3PROJECT 실험은 프로그램을 다운로드하면 LED 8개 중 하위비트 하나를 On 시키고 On된 LED의 상태가 왕복으로 이동하는 프로그램이다. LED2 PROJECT는 한쪽 방향으로 이동되었다면 PROJECT3은 양 방향으로 이동하는 것이다.

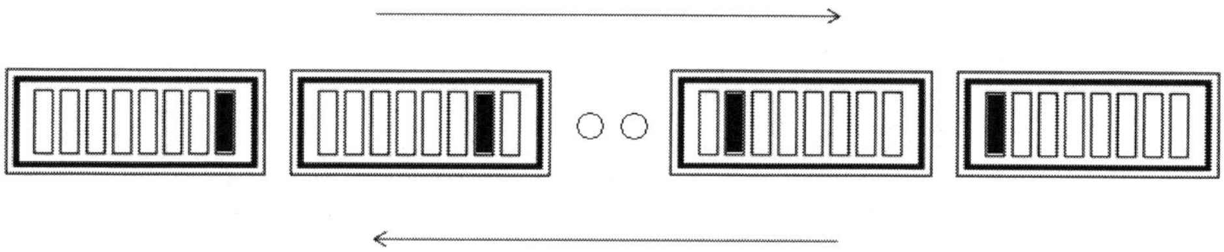

```
#include 〈mega128.h〉
#include 〈delay.h〉
void main()
{     DDRA=0xff;
      int i, status=0x01;

    while(1) {
             for(i=0;i〈7;i++)
              {
                  PORTA=status;
                  delay_ms(200);
                  status=status〈〈1;
              }
              for(i=0;i〈7;i++)
              {
                  PORTA=status;
delay_ms(100);
                  status=status〉〉1;
              }
         }
}
```

프로그램 실행 개요도

for(i=0;i〈7;i++) { status=status〈〈1; } status 변수를 좌측으로 7번 반복시킨다. 결국, 0x01 → 0x80으로 만든다.									
	PA7	PA6	PA5	PA4	PA3	PA2	PA1	PA0	16진수
status=0x01	0	0	0	0	0	0	0	1	0x01
〈〈 1	0	0	0	0	0	0	1	0	0x02
〈〈 1	0	0	0	0	0	1	0	0	0x04
〈〈 1	0	0	0	0	1	0	0	0	0x08
〈〈 1	0	0	0	1	0	0	0	0	0x10
〈〈 1	0	0	1	0	0	0	0	0	0x20
〈〈 1	0	1	0	0	0	0	0	0	0x40
〈〈 1	1	0	0	0	0	0	0	0	0x80
for(i=0;i〈7;i++) { status=status〉〉1; } status 변수를 우측으로 7번 반복시킨다. 결국, 0x08 → 0x01으로 만든다.									
	PA7	PA6	PA5	PA4	PA3	PA2	PA1	PA0	16진수
status=0x80	0	0	0	0	0	0	0	1	0x80
〉〉 1	0	0	0	0	0	0	1	0	0x40
〉〉 1	0	0	0	0	0	1	0	0	0x20
〉〉 1	0	0	0	0	1	0	0	0	0x10
〉〉 1	0	0	0	1	0	0	0	0	0x08
〉〉 1	0	0	1	0	0	0	0	0	0x04
〉〉 1	0	1	0	0	0	0	0	0	0x02
〉〉 1	1	0	0	0	0	0	0	0	0x01
이러한 과정을 무한히 반복한다!!									

※ 비트 단위 제어

앞의 PROJECT 실험에서는 입력을 바이트(8비트) 단위로 입력을 했는데, 이번에는 비트 단위로 입력을 해보자. PORT A의 8개 LED 중 A.1에 연결된 LED를 번갈아 On/Off시켜보자.

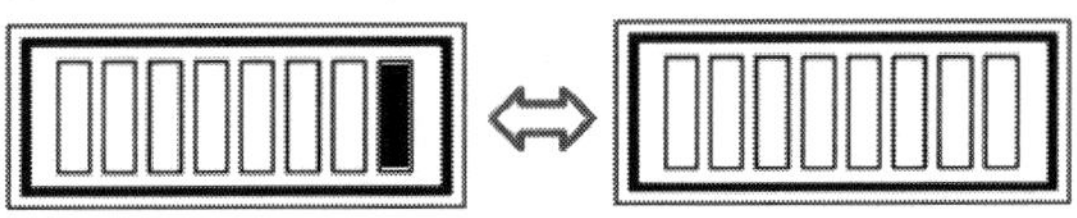

```
#include <mega128.h>
#include <delay.h>

void main()
{
    DDRA=0x01;

        while(1){
                PORTA.0=1;
                delay_ms(200);

                PORTA.0=0;
                delay_ms(200);
            }
    }
```

PORTA.1는 비트단위이기 때문에 입력 값 또한 '1', '0' 둘 중 하나이어야 할 것이다. DDRA=0x01;은 기본으로 모두 출력(DDRA=0xff;)으로 선언하여도 무방하지만 위 프로그램에서는 한 비트 PORTA.0만 출력으로 사용하겠다고 선언했다.

1.2 PORT 입력실험

앞 절 실험에서 LED를 이용해 PORT의 출력실험을 해보았는데 이번 절에서는 PORTC에 입력 장치의 대표적인 소자인 스위치를 연결해 외부의 신호를 입력받는 실험을 해보자.

그림 1-3의 회로도를 보면 PORTC에는 DIP 스위치가 연결되어 있는 것을 볼 수 있다. 초기 PORTC의 상태 값을 어레이 저항에 의해 8비트 모두 초기 값으로 '0'데이터를 가지고 있다. 이때 PORTC.0에 연결된 DIP 스위치를 올리게 되면 DIP 스위치의 PIN 1번과 PIN 16번이 연결되게 된다. 이렇게 1번과 16번이 연결되게 되면 어레이 저항을 통해 흐르던 전류는 모두 스위치를 통해 그라운드로 흐르기 때문에 ATmega128의 PORTC의 0핀에는 '0'이 아닌 '1'의 전위가 될 것이다. 그림 1-4는 DIP S/W를 On 시켰을 경우의 그림을 보여주고 있다. DIP S/W를 On 즉, 올렸을 경우에 외부의 전원은 어레이 저항을 통해 그라운드로 흐르는 것이 아니라 PORTC.7 쪽으로 향하는 것을 볼 수 있다. 그렇기 때문에 PC7은 '1'의 데이터가 입력되고, 나머지 PC6-0은 '0'의 데이터가 입력되는 것이다.

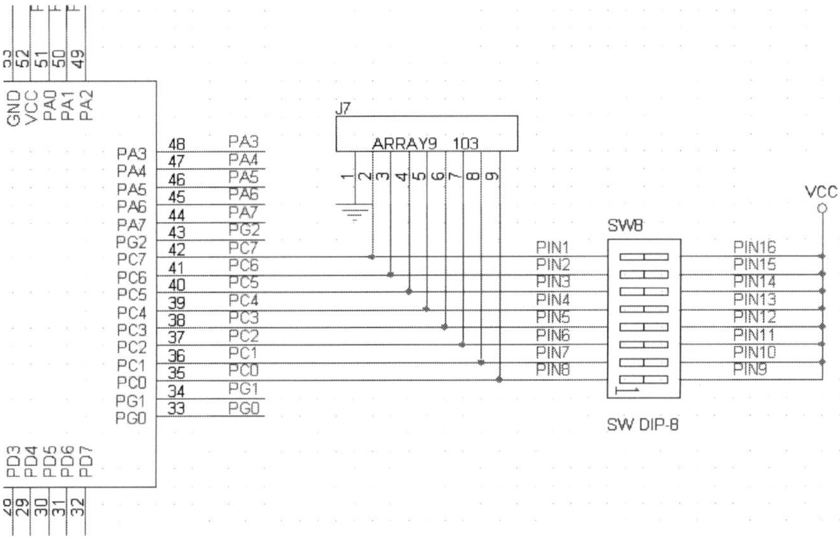

그림 1-3. PORTC 스위치 입력 회로

□ SWITCH1 PROJECT. DIP 스위치를 이용한 포트 입력실험 1

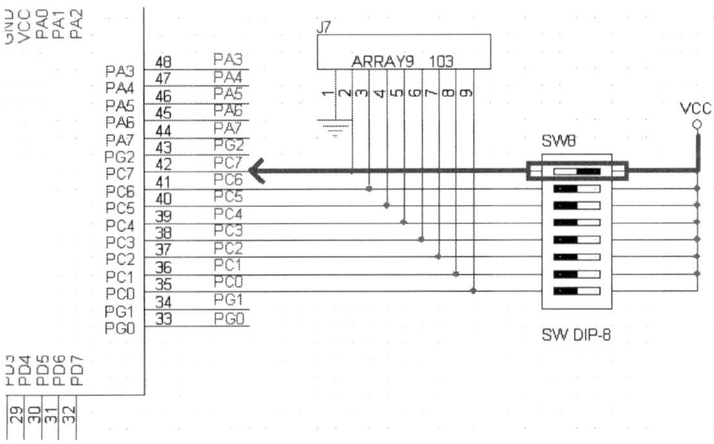

그림 1-4. DIP S/W. On/Off에 의한 입력 데이터

DIP S/W의 상태를 PORT C로 입력받고, PORT C의 상태를 그대로 PORT A의 LED로 전달하는 프로그램을 작성해 보자.

```
#include <mega128.h>
#include <delay.h>

void main()
{
    DDRA=0xff;    /*PORTA를 출력 지정*/
    DDRC=0x00;  /*PORTC를 입력 지정*/

        while(1){

            PORTA=PINC; /*PINC값을 PORTA로 출력*/
            delay_ms(200);
        }
    }
```

DDRA=0xff, DDRC=0x00; 은 PORTA는 출력으로 PORTC는 입력으로 하기 위해 설정한 레지스터 값이다. 레지스터 설정이 끝난 후에 출력은 앞의 예제와 같이 PORTA에 데이터 값을 대입하면 그 데이터가 PORTA로 출력된다. 하지만 입력은 PORTC에 값을 입력 받는 것이 아니라 새로운 PORT 입력 레지스터인 "PIN"를 이용하게 된다. PINC 레지스터는 포트 C로 입력되는 데이터 값을 보관하는 레지스터가 되는 것이다.

출력	PORT (포트이름) = 출력 데이터;
입력	PIN (포트이름) = 입력 데이터;

※ PIN(포트) 레지스터는 포트로 입력되는 데이터를 보관한다.

ProVSM 회로구성

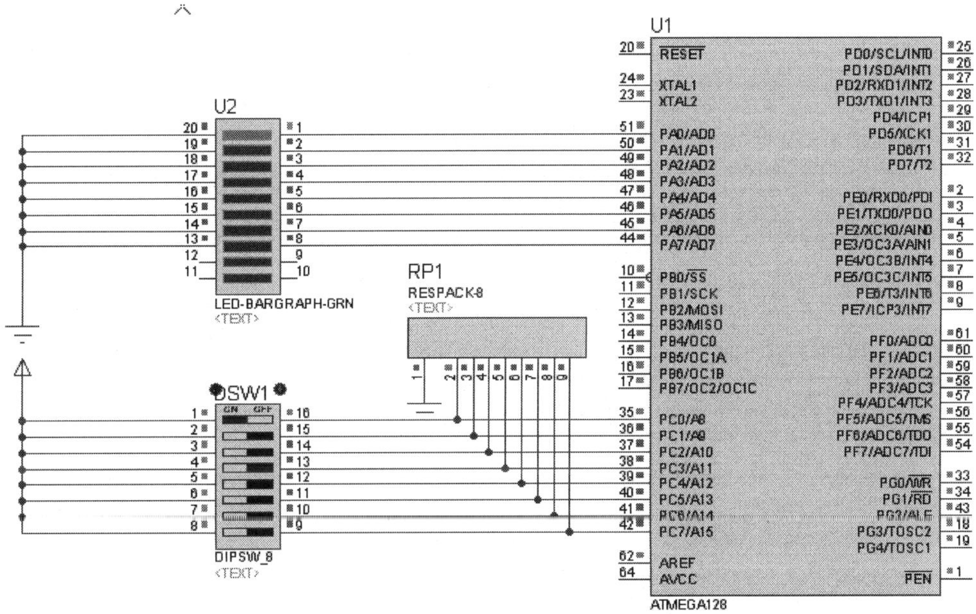
U1
U2
RP1
RESPACK-8
<TEXT>
DSW1
DIPSW_8
LED-BARGRAPH-GRN
ATMEGA128
RESET
XTAL1
XTAL2
PA0/AD0
PA1/AD1
PA2/AD2
PA3/AD3
PA4/AD4
PA5/AD5
PA6/AD6
PA7/AD7
PB0/SS
PB1/SCK
PB2/MOSI
PB3/MISO
PB4/OC0
PB5/OC1A
PB6/OC1B
PB7/OC2/OC1C
PC0/A8
PC1/A9
PC2/A10
PC3/A11
PC4/A12
PC5/A13
PC6/A14
PC7/A15
AREF
AVCC
PD0/SCL/INT0
PD1/SDA/INT1
PD2/RXD1/INT2
PD3/TXD1/INT3
PD4/ICP1
PD5/XCK1
PD6/T1
PD7/T2
PE0/RXD0/PDI
PE1/TXD0/PDO
PE2/XCK0/AIN0
PE3/OC3A/AIN1
PE4/OC3B/INT4
PE5/OC3C/INT5
PE6/T3/INT6
PE7/ICP3/INT7
PF0/ADC0
PF1/ADC1
PF2/ADC2
PF3/ADC3
PF4/ADC4/TCK
PF5/ADC5/TMS
PF6/ADC6/TDO
PF7/ADC7/TDI
PG0/WR
PG1/RD
PG2/ALE
PG3/TOSC2
PG4/TOSC1
PEN

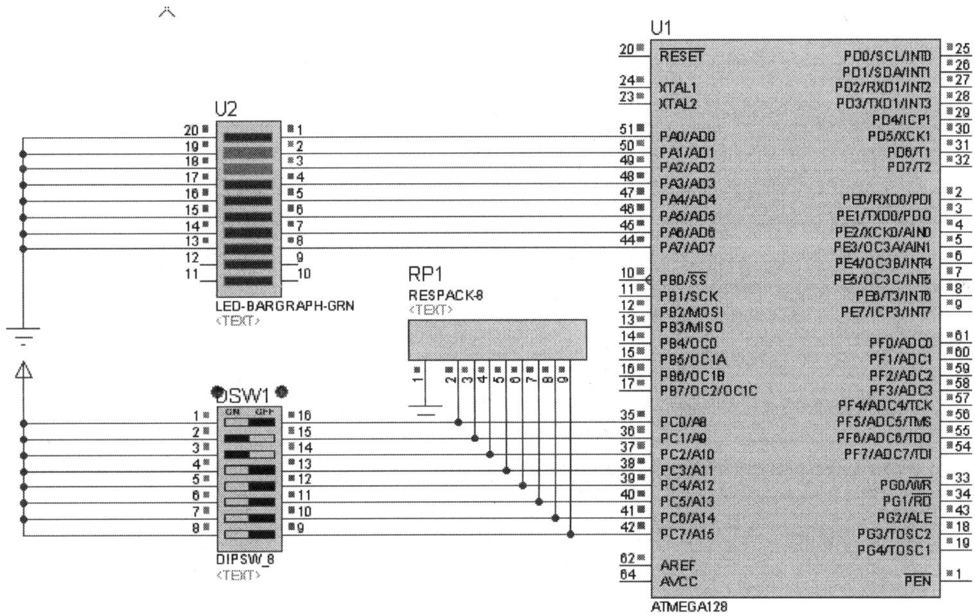
U1
U2
RP1
RESPACK-8
<TEXT>
DSW1
DIPSW_8
LED-BARGRAPH-GRN
ATMEGA128
RESET
XTAL1
XTAL2
PA0/AD0
PA1/AD1
PA2/AD2
PA3/AD3
PA4/AD4
PA5/AD5
PA6/AD6
PA7/AD7
PB0/SS
PB1/SCK
PB2/MOSI
PB3/MISO
PB4/OC0
PB5/OC1A
PB6/OC1B
PB7/OC2/OC1C
PC0/A8
PC1/A9
PC2/A10
PC3/A11
PC4/A12
PC5/A13
PC6/A14
PC7/A15
AREF
AVCC
PD0/SCL/INT0
PD1/SDA/INT1
PD2/RXD1/INT2
PD3/TXD1/INT3
PD4/ICP1
PD5/XCK1
PD6/T1
PD7/T2
PE0/RXD0/PDI
PE1/TXD0/PDO
PE2/XCK0/AIN0
PE3/OC3A/AIN1
PE4/OC3B/INT4
PE5/OC3C/INT5
PE6/T3/INT6
PE7/ICP3/INT7
PF0/ADC0
PF1/ADC1
PF2/ADC2
PF3/ADC3
PF4/ADC4/TCK
PF5/ADC5/TMS
PF6/ADC6/TDO
PF7/ADC7/TDI
PG0/WR
PG1/RD
PG2/ALE
PG3/TOSC2
PG4/TOSC1
PEN

□ SWITCH2 PROJECT. DIP 스위치를 이용한 포트 입력실험 2

LED3 PROJECT는 LED를 비트이동 연산자를 이용해 왕복으로 On 되어진 LED를 이동시키는 프로그램이었다. 이번 프로젝트에서는 LED3 PROJECT와 같이 LED가 왕복으로 이동하지만 DIP S/W를 이용해 이동되는 속도를 결정하도록 하는 프로그램을 작성해 보자.

```
#include <mega128.h>
#include <delay.h>

void main()
{
        int i, time, status=0x01;
        DDRA=0xff;
        DDRC=0x00;
              while(1){
                          time=PINC;

                    for(i=0;i<7;i++)
                    {
                            PORTA=status;
                            delay_ms(time*5);
                            status=status<<1;
                    }

                    for(i=0;i<7;i++)
                    {
                            PORTA=status;
                            delay_ms(time*5);
                            status=status<<1;
                    }
              }
}
```

1.3 산업용 입출력 디바이스

산업용에서 사용하는 다양한 입출력 장치의 제어 방식은 앞 절에서 살펴보았던 LED제어 방식과 같이 마이크로프로세서의 PORT로 'High'와 'Low'를 이용해서 쉽게 제어할 수 있다.

1.3.1 출력을 위한 산업용 디바이스

□ 램프(LAMP)

대부분의 산업용 디바이스는 DC 12~24V로 동작하게 되어있다. 산업용 기기들의 운행이나 동작 상태를 나타내는 디스플레이 소자로 많이 사용되는 램프 또한 마찬가지이다.

그림 1-5. 다양한 표시등

그림 1-5는 다양한 표시등 즉, 램프의 모양을 보여주고 있다. 원형부터 정, 직사각형의 형태를 보여주고 있다. 또한 그림 1-6처럼 둥근 형태를 보이는 램프 또한 많이 사용되고 있다.

그림 1-6. 둥근형 표시등

그림 1-5, 6의 램프는 동작전압이 DC 24V로 연결 시 극성이 바뀌게 되면 점등되지 않을 뿐만 아니라 장시간 잘못 연결되면 파손의 위험이 있다.

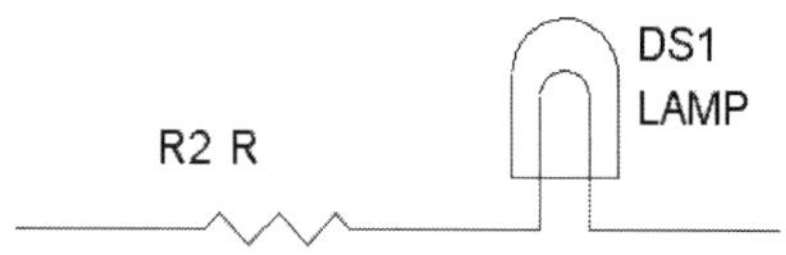

그림 1-7. LAMP 내부회로

램프의 내부는 전구가 들어있는 것이 아니라 그림 1-7과 같은 LED가 삽입되어 있다. 사용되어 지는 LED는 일반적인 LED가 아니라 좀 더 밝게 하기 위해 고휘도 LED를 사용한다. 이때 24V를 LED에 가하게 되면 LED가 파손되므로 24V의 전압을 가했을 경우 적당한 전류가 흐르게 저항도 같이 연결되어 있다. 그림 1-7의 내부회로 우측의 다이오드는 극성을 잘못 연결했을 경우 전류가 흐르지 못하게 하여 LED를 보호하는 차원에서 연결되어 있다. 램프를 구입했을 경우에는 램프의 하단에 그림 1-8과 같은 그림이 그려져 있어 +, -를 구별할 수 있게 되어있다.

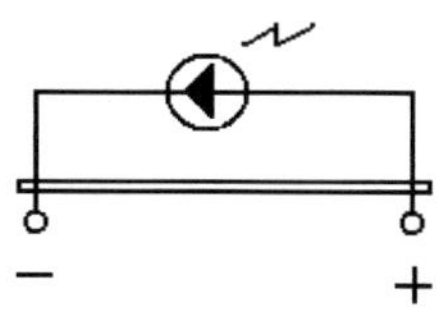

그림 1-8. 램프 극성 표시부분

하지만 램프를 제어하기 위해서는 마이크로프로세서에서 출력되는 'High'인 5V와 전류만 가지고는 램프를 점등시키기에는 역부족이다. 따라서 전압과 전류를 증폭 시킬 수 있는 회로가 있어야한다.

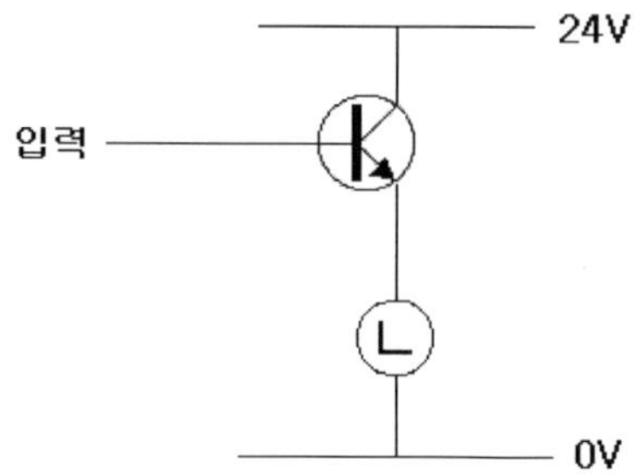

그림 1-9. 램프 점등을 위한 증폭회로

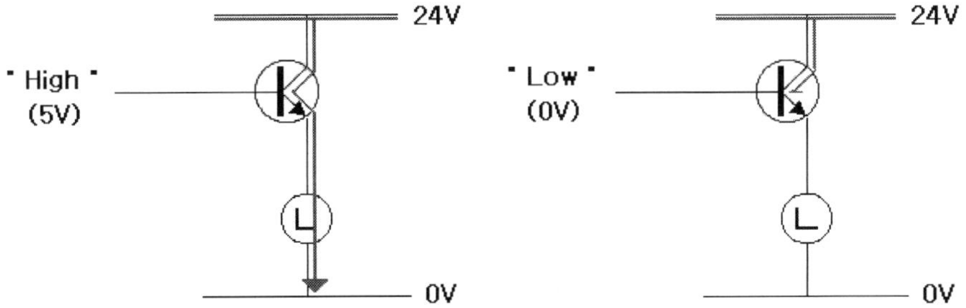

그림 1-10. 램프 On, Off 방법

그림 1-10의 입력 부분에 마이크로프로세서의 PORT를 연결해 'High'와 'Low'를 출력하는 프로그램을 작성하게 되면 그림 1-10과 같이 램프가 점등과 비점등을 반복하게 될 것이다. 원리는 간단하다. PORT에서 출력되는 5V로는 램프를 점등할 수 없기 때문에 트랜지스터를 이용해 5V가 아닌 24V가 램프에 가해지게 만드는 원리이다. 결국 마이크로프로세서의 PORT는 트랜지스터를 동작시키고, 트랜지스터가 램프를 구동하는 것이다. 하지만 트랜지스터는 아날로그 소자이고 저항 같은 소자가 추가로 연결되어야 하기 때문에 제어용 보드가 좀 더 복잡해 질것이다. 이러한 트랜지스터가 IC화 되어있는 ULN2803이라는 소자가 있다. ULN2803은 도시바에서 출시되는 전류증폭용 소자로 트랜지스터 두 개가 연결되어진 달링턴회로 구조를 가지고 있으며, 저 전류의 모터나 구동 전류가 큰 디바이스들을 제어하는데 적당하다. 또한, 한 소자 당 8개의 입출력이 있어 유용하게 사용될 수 있다. 그림 1-11은 ULN2803의 8개 달링턴 회로중 하나를 보여주고 있다.

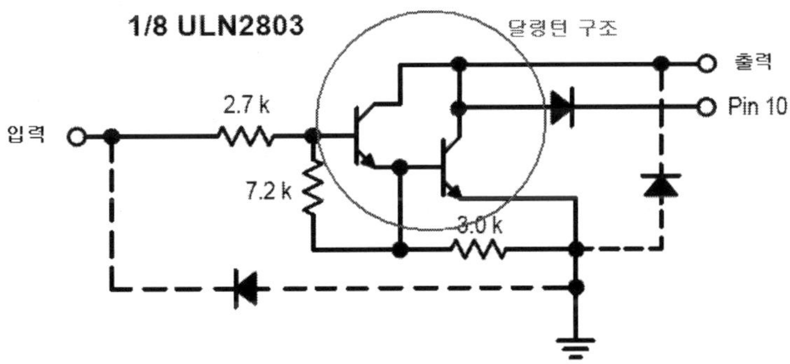

그림 1-11. ULN2803 구조

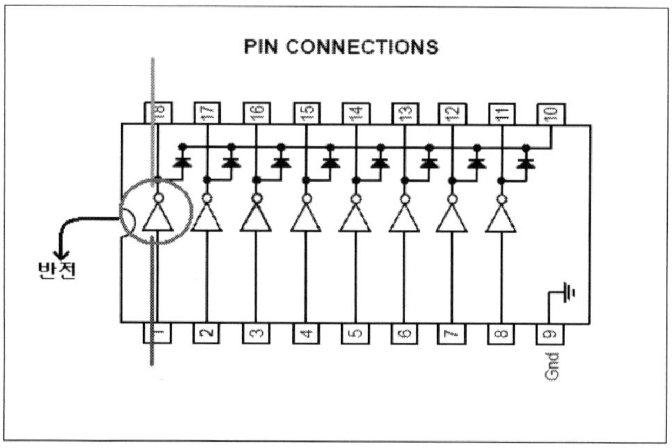

그림 1-12. ULN2803 PIN 연결도

그림 1-12에서 보면 알 수 있듯이 1-18번, 2-17번…같은 방법으로 입력과 출력이 한 쌍으로 이루어져 있다. 하지만 입력과 출력사이에는 반전기호가 있기 때문에 설계 시 유의하여야 한다. 그림 1-14는 ULN2803을 이용하여 산업용 디바이스를 제어하기 위한 설계도이다.

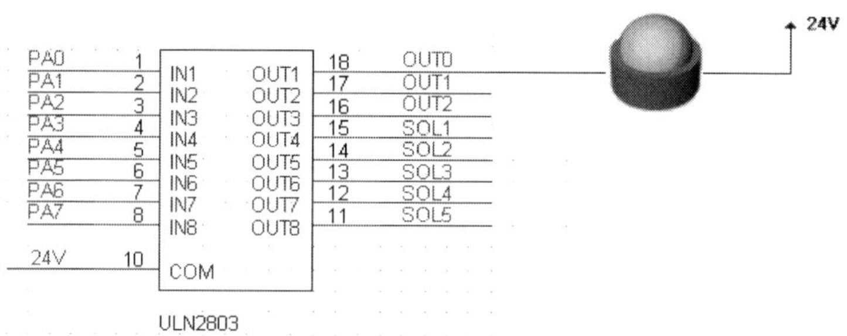

그림 1-13. 램프 점등을 위한 회로도

마이크로프로세서를 이용해 높은 전압의 디바이스를 제어하기 위한 회로도로 램프를 비롯한 다양한 기기들을 제어할 수 있다. 회로도를 살펴보면 제어하고자 하는 대상의 디바이스 "+" 부분이 미리 동작전압에 연결되어 있고 "-" 부분은 ULN2803에 연결되어 있는 모습이다. 다시 정리해보면 램프를 켜기 위해서는 ULN2803 18번 핀인 OUT0에서는 24V의 전압으로 전류가 흐를 수 있도록 'Low' 전위를 가져야한다.

```
#include 〈mega128.h〉
#include 〈delay.h〉

void main()
{
      DDRA=0x01;
            while(1)
         { PORTA.0 = 1; /*Bit제어*/
                     delay_ms(100);

               PORTA.0 =0;
                     delay_ms(100);
            }


}
```

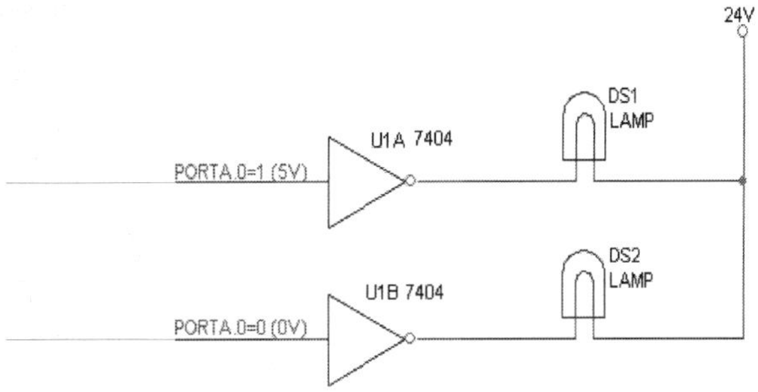

그림 1-14. LAMP 제어프로그램

그림 1-14는 램프의 상태를 On/Off 시키는 프로그램으로 PORTA.0에 '1'을 출력시키면 ULN2803의 내부 달링턴 트랜지스터를 구동시켜 출력의 전위를 0V로 만들어 이미 가해진 24V의 전위에서부터 전류가 흐릴 수 있게 해 램프를 점등시켜준다. 또한 PORTA.0의 '0'을 출력시키면 ULN2803 내부의 달링턴 트랜지스터를 구동시키지 못해 전위기 24V가 출력되어 이미 가해진 전위와 같아져 전류가 흐를 수 없게 된다. 결국 램프가 소등되는 것이다.

※ 모터와 같이 많은 전류를 필요로 하는 산업용 기기를 제외하고 12V, 24V 등의 구동 전압을 필요로 하는 디바이스들은 대부분 램프를 구동하는 방식과 같은 방법을 이용하면 마이크로 프로세서로 쉽게 산업용 디바이스들을 구동할 수 있을 것이다.

□ 솔레노이드(Solenoid) 밸브와 실린더(Cylinder)

솔레노이드 밸브는 전기적인 신호를 밸브 내부의 코일에 흘려 전자기장을 발생하여, 공기압이나 유압 등의 방향을 전자석의 힘으로 방향을 전환시키는 디바이스이다. 솔레노이드 밸브는 포트에 따라 다양한 종류로 나눌 수 있으며, 실린더 구동을 위해 많이 사용되는 소자이다. 마이크로프로세서로의 제어방법은 램프와 같은 원리로 전류증폭과 전압 레벨을 변화시킬 수 있는 소자를 이용해 구동시키면 된다. 그림 2-16과 같이 솔레노이드와 실린더가 연결되어 있다면 솔레노이드 밸브를 구동함으로써 전기적인 에너지를 실린더의 움직임인 운동에너지로 변환시킬 수 있는 것이다.

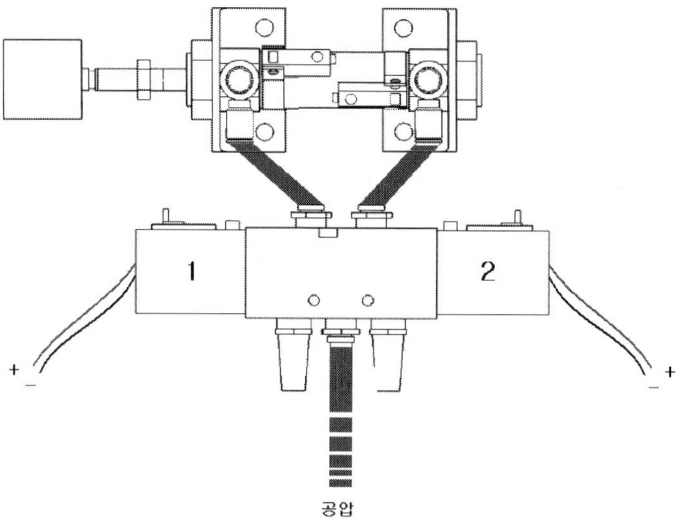

그림 1-15. 솔레노이드 밸브를 이용한 실린더 제어

그림 1-15는 복동 솔레노이드 밸브를 이용해 실린더의 축을 전, 후진하도록 한 그림이다. 복동 솔레노이드이기 때문에 1번과 2번 두 개의 밸브가 있다. 1번 밸브를 구동시키고 2번 밸브를 구동시키지 않는다면 실린더의 축은 후진하고, 반대로 구동한다면 실린더의 축은 전진할 것이다.

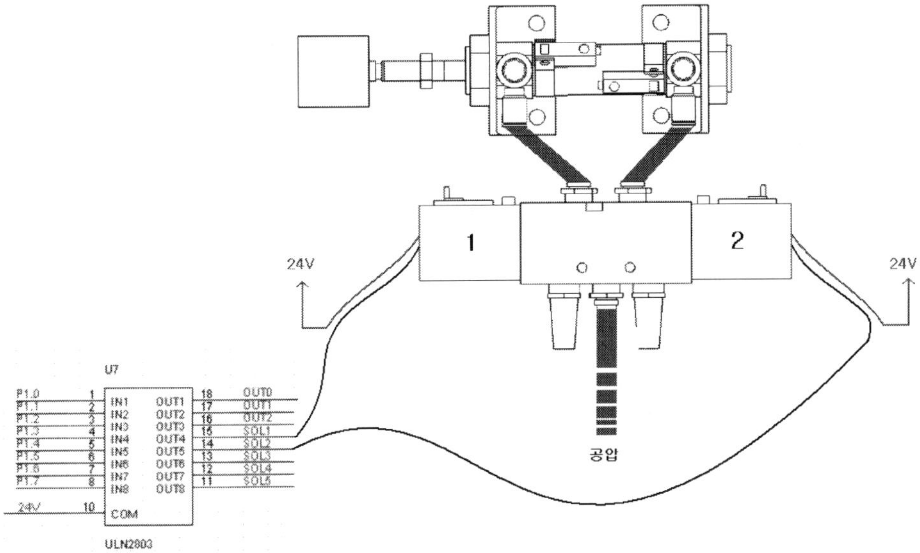

그림 1-16. 솔레노이드 밸브동작을 위한 회로도

실린더 축	솔레노이드 밸브 1	솔레노이드 밸브 2
전진	Off	On
후진	On	Off

```
#include <mega128.h>
#include <delay.h>
void main()
{
  DDRA=0xff;
        while(1){
            PORTA.3=1;
            PORTA.4=0;          실린더 전진
            delay_ms(200);

            PORTA.3=0;
            PORTA.4=1;          실린더 후진
            delay_ms(200);
            }
}
```

그림 1-17. 솔레노이드 밸브동작 프로그램

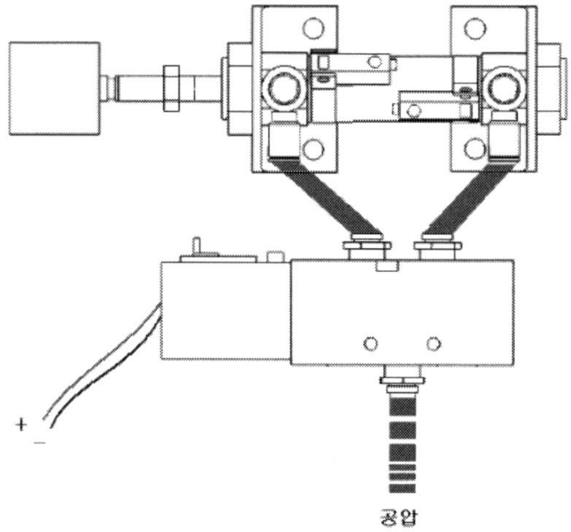

그림 1-18. 단동 솔레노이드 밸브동작

만약, 그림 1-18과 같이 솔레노이드 밸브가 단동일 경우에는 밸브가 하나이기 때문에 밸브를 구동하면 전진, 구동하지 않으면 자동으로 후진하게 된다.

1.3.2 FND(Flexible Numeric Display) or 7-SEGMENT

다양한 숫자를 표시하기 위해 LED를 숫자형태로 배열한 패키지를 FND 또는 7-세그먼트라고 부른다. FND는 7개의 LED로 0-9까지의 숫자를 표현할 수 있다.

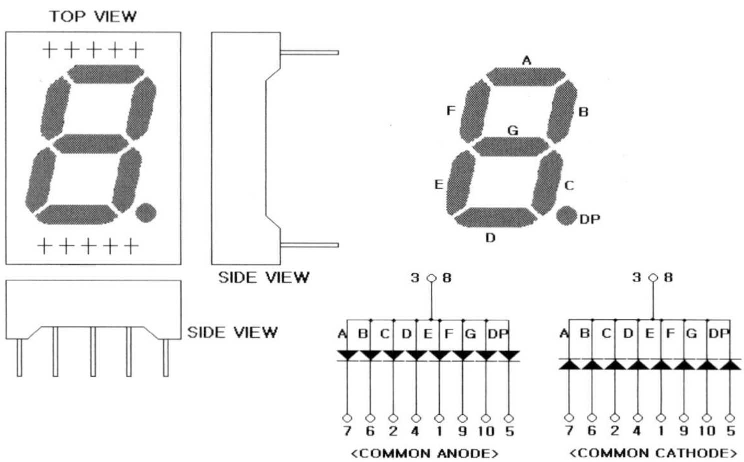

그림 1-19. FND

FND는 두 가지의 형태로 구분되어 지는데 하나는 공통(Common) 애노드(Anode)형과 공통 캐소드(Cathode) 형이 있고 대략적인 구조와 모양은 그림 1-19에 나타나 있다. 공통 애노드형은 발광 다이오드인 LED들의 애노드 쪽을 공통으로 묶은 것이고, 공통 캐소드 형은 반대로 LED들의 캐소드 쪽을 공통으로 묶은 것이다.

그림 1-20. LED 심볼

그림 1-20에서 보면 LED는 양단이 애노드와 캐소드로 이루어져있다. 이때 LED를 발광시키기 위해서는 애노드에서 캐소드로 전류가 흘러야한다. 즉, 애노드 쪽이 캐소드보다 전위가 높아야 한다는 말이다. 따라서 공통으로 애노드를 묶은 FND는 공통단자를 "+" 전위로 연결하고 상대적으로 전위가 낮은 그라운드의 전위인 0V로 신호로 가해줌으로 FND 중에서 원하는 LED를 발광시킬 수 있다. 마찬가지로 공통 캐소드 같은 경우에는 공통부분을 그라운드와 같은 낮은 전위로 연결하고, 상대적으로 높은 전위의 전압을 가해줌으로 LED를 발광할 수 있게 되는 것이다. 공통단자를 제외하면 7개의 신호로 원하는 숫자를 만들 수가 있다. 7개의 PIN에 신호를 넣어주면 원하는 숫자를 만들 수는 있지만, 계산과정이 필요하게 되고, 신호선 또한 많이 필요로 하기 때문에 이러한 단점을 보완하여 신호를 좀 더 편하게 그리고 좀 더 적은 수의 신호로 제어 할 수 있도록 하기 위해 전용 CHIP이 있다. BCD변환 IC로 대표적인 7447, 7448 등이 있다. 산업용 FND에는 BCD IC를 포함하여 하나의 제품이 되는데, 이렇게 사용되는 IC가 7447이나 7448이다. 공통 애노드 FND에는 7447을 사용하고 공통 캐소드 FND에는 7448을 사용한다.

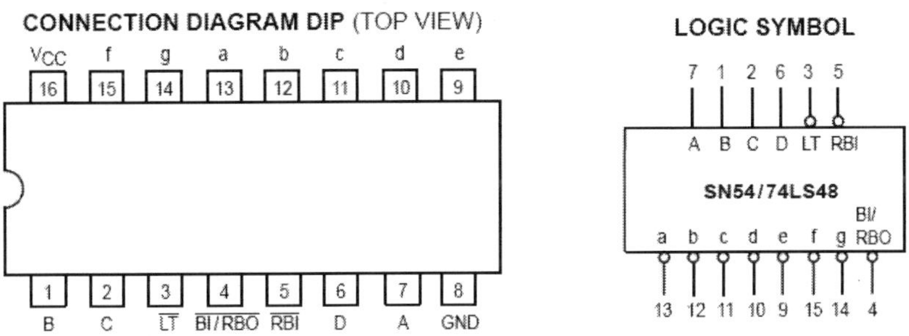

그림 1-21. 74LS48

그림 1-21보면 a~g까지는 FND를 연결하는 곳이다. 그림 1-19에 나타났듯이 FND를 보면 a~g까지의 단자가 있기 때문에 그대로 연결만 하면 된다. 이러한 FND 구동 디코더는 FND에 따라서 두 가지 종류로 나뉜다. 7447은 공통 애노드 형태의 FND를 구동하고, 7448은 같은 기능을 하지만 공통캐소드 형태의 FND를 구동한다.

그림 1-21에서 D, C, B, A의 입력부분은 그림 1-22의 진리표 중에 D, C, B, A에 해당되기 때문에 입력 값을 16진수로 준다면 입력한 데이터 값이 FND에 디스플레이 된다. 예를 들어 16진수 형태로 '8'을 입력한다면 FND에 "8"자 모양이 나타나게 되는 것이다. 다만 10 이상부터는 숫자가 디스플레이 되지는 않는다. 10진 변환 디코더이기 때문이다. 그림 1-23은 입력된 값에 따라 디스플레이 되는 FND의 모양을 보여주고 있다.

TRUTH TABLE
SN54/74LS48

	INPUTS							OUTPUTS							
DECIMAL OR FUNCTION	$\overline{LT}$	$\overline{RBI}$	D	C	B	A	$\overline{BI}/\overline{RBO}$	a	b	c	d	e	f	g	NOTE
0	H	H	L	L	L	L	H	H	H	H	H	H	H	L	1
1	H	X	L	L	L	H	H	L	H	H	L	L	L	L	1
2	H	X	L	L	H	L	H	H	H	L	H	H	L	H	
3	H	X	L	L	H	H	H	H	H	H	H	L	L	H	
4	H	X	L	H	L	L	H	L	H	H	L	L	H	H	
5	H	X	L	H	L	H	H	H	L	H	H	L	H	H	
6	H	X	L	H	H	L	H	L	L	H	H	H	H	H	
7	H	X	L	H	H	H	H	H	H	H	L	L	L	L	
8	H	X	H	L	L	L	H	H	H	H	H	H	H	H	
9	H	X	H	L	L	H	H	H	H	H	L	L	H	H	
10	H	X	H	L	H	L	H	L	L	L	H	H	L	H	
11	H	X	H	L	H	H	H	L	L	H	H	L	L	H	
12	H	X	H	H	L	L	H	L	H	L	L	L	H	H	
13	H	X	H	H	L	H	H	H	L	L	H	L	H	H	
14	H	X	H	H	H	L	H	L	L	L	H	H	H	H	
15	H	X	H	H	H	H	H	L	L	L	L	L	L	L	
$\overline{BI}$	X	X	X	X	X	X	L	L	L	L	L	L	L	L	2
$\overline{RBI}$	H	L	L	L	L	L	L	L	L	L	L	L	L	L	3
$\overline{LT}$	L	X	X	X	X	X	H	H	H	H	H	H	H	H	4

그림 1-22. 7448 구동 진리표

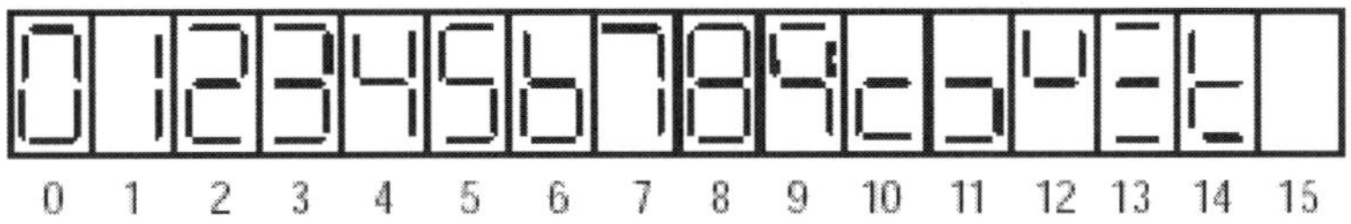

그림 1-23. FND 디스플레이 모양

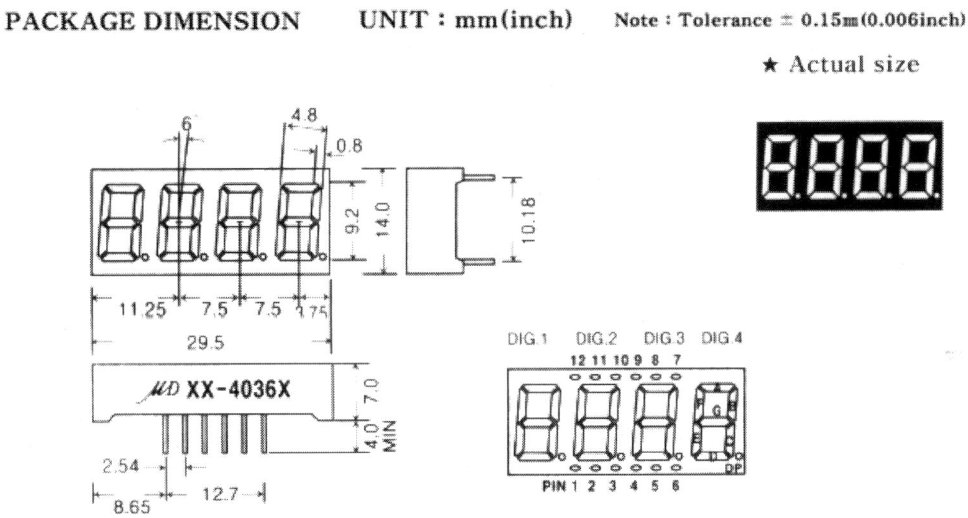

그림 1-24. 4-Digit FND

그림 1-24는 제어보드에 연결된 FND로 4개의 FND가 하나의 패키지로 이루어져 있다. 내부 회로도는 그림 1-25에 나타나 있다.

INTERNAL CIRCUIT DIAGRAM

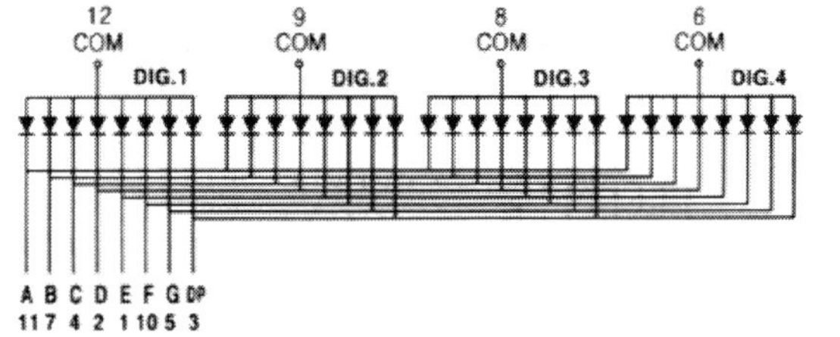

μD XX-4036A (Anode Common)
※ μD XX-4036K (Cathode Common : have a reverse polarity)

	Device No.	R-4036X*	G-4036X*	SR-4036X*	Y-4036X*	UR-4036X*
CHIP	Materials	GaP/GaP	GaP/GaP	GaAsP/GaP	GaAsP/GaP	GaAlAs
	color	RED	GREEN	ORANGE	YELLOW	ULTRA RED
	λP	700	568	630	589	660
PD (mW)	TOTAL	1,280	1,280	1,280	1,280	1,280
	SEG.	40	40	40	40	40
VF (IF : 20mA)	Typ (V)	2.25	2.25	1.80	2.10	1.80
	Max (V)	2.60	2.60	2.10	2.60	2.00
IR	Max (μA)	10	10	10	10	10
	VR (V)	5	5	5	5	5
IV (IF : 10mA)	Min (μcd)	700	800	4,000	800	10,000
	Typ (μcd)	1,000	1,300	6,000	1,300	12,000

※ REMARK : X* ⇒ A = ANODE COMMON, K = CATHODE COMMON

그림 1-25. 4-Digit FND의 내부 회로도

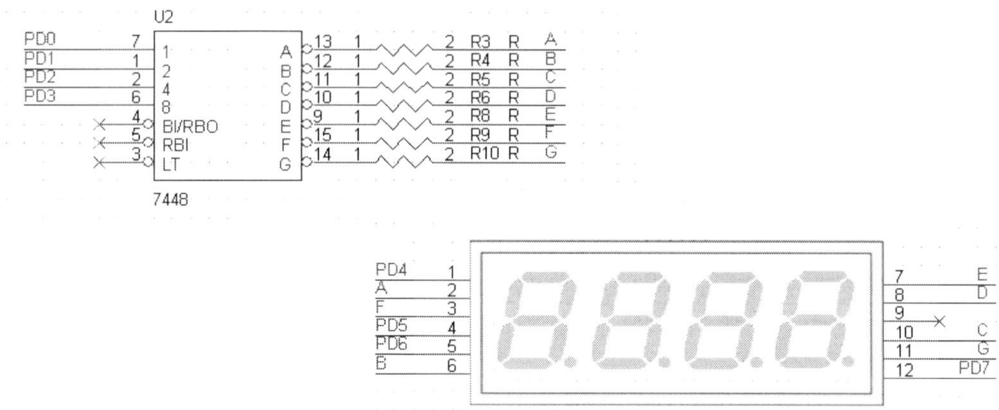

그림 1-26. FND 구동회로

그림 1-26의 회로를 살펴보면, FND 구동 IC로 7448이 사용되어지고 있고, 디스플레이로는 단일 FND가 아닌 4-Digit FND가 사용되고 있다. 또한 숫자 디스플레이를 위한 데이터 입력은 7448의 좌측에 ATmega128의 PORTD 하위 4비트가 연결되어 있으며, 4-Digit FND 중 원하는

FND를 선택할 수 있도록 선택단자에 PORTD의 상위 4비트가 연결되어 있다.

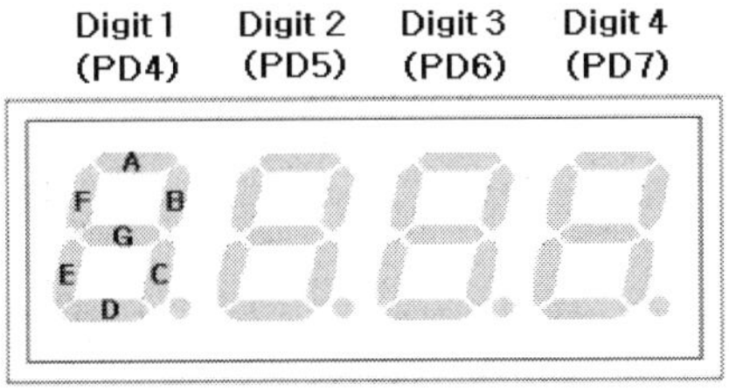

그림 1-27. FND 선택과 PORTD 연결

□ FND1 PROJECT FND 디스플레이 실험 1

그림 1-28와 같이 Digit 4번 FND에 숫자 "2"가 디스플레이 되도록 프로그램 하시오.

그림 1-28. Digit 4 "2" 디스플레이

```
#include <mega128.h>
void main()
{
        DDRD=0xff;
         while(1) {
                PORTD=0x74;
              }
}
```

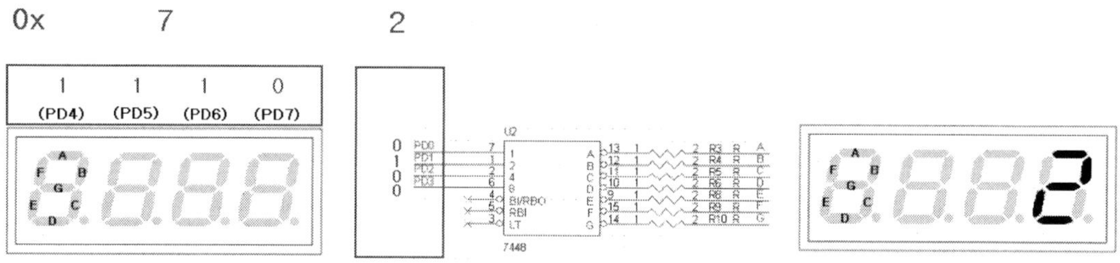

그림 1-29. Digit 선택과 숫자 디스플레이

보드에서 사용하고 있는 FND는 공통 캐소드 타입이기 때문에 공통단자를 애노드 보다 전위를 낮게 줘야한다. 디지털에서는 0과 1만이 있기 때문에 0인 GND를 인가해 원하는 FND를 선택한다. 또한, 그림의 오른쪽에 있는 숫자 디스플레이는 FND 전용 IC인 7448의 입력부분 "8, 4, 2, 1"에 원하는 데이터를 조합해서 입력한다. 원하는 숫자가 "2"이기 때문에 입력의 '2'에 해당되는 부분에만 '0'(Low)을 입력한 것이다.

□ FND2 PROJECT FND 디스플레이 실험 2

그림 1-30과 같이 4개의 FND가 동시에 "1234"를 디스플레이하는 프로그램을 작성해보자.

그림 1-30. 4개의 Digit 디스플레이

```
#include <mega128.h>
#include <delay.h>

void main()
{
        DDRD=0xff;
        while(1) {
                PORTD=0xe1;
                delay_ms(5);
                PORTD=0xd2;
                delay_ms(5);
```

```
            PORTD=0xb3;
            delay_ms(5);
            PORTD=0x74;
            delay_ms(5);
        }
}
```

동시에 네 개의 Digit에 숫자를 디스플레이 해주는 원리는 프로그램에서와 같이 각각의 Digit를 선택하고 데이터를 주는 방식이다. ATmega128이 데이터를 처리하는 속도가 빠르기 때문에 각각의 Digit 선택 후 데이터를 입력한다면 모든 FND가 디스플레이 되는 형태로 확인할 수 있을 것이다. 다만 주의할 점은 Digit 를 선택하고 데이터를 입력하고, 그 다음의 Digit를 선택할 때 시간이 길면 깜빡거림이 발생할 수 있다.

ProVSM 회로구성

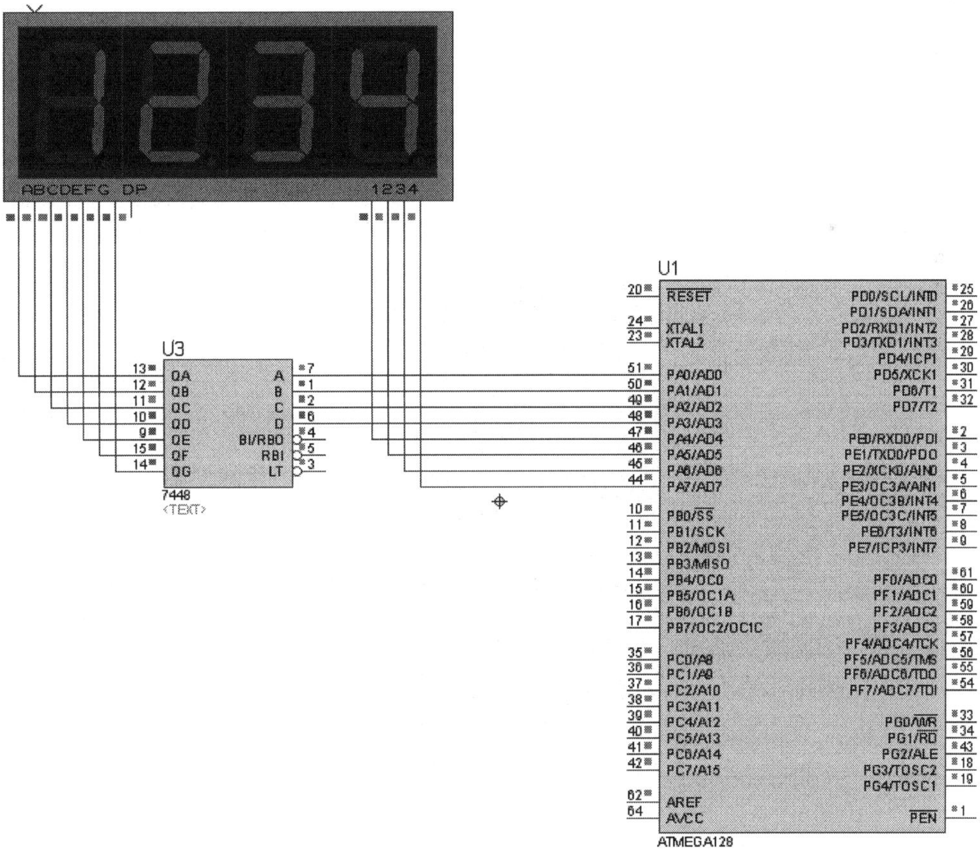

□ FND3 PROJECT FND 디스플레이 실험 3

그림 1-31과 같이 4개의 FND가 0~9999까지 순차적으로 증가하는 프로그램을 작성한다. (START를 위한 버튼은 PC.0을 이용한다.)

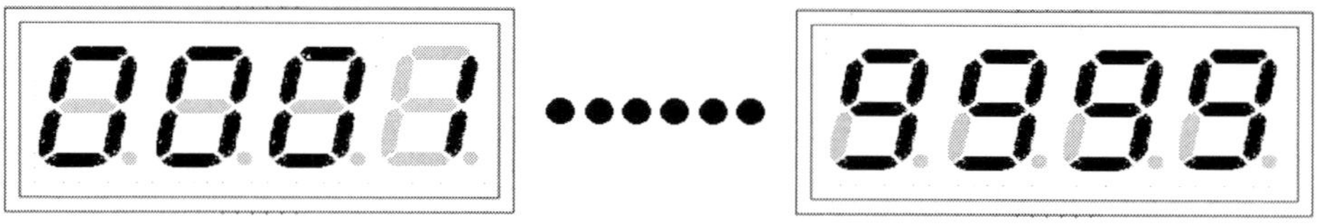

그림 1-31. FND 순차적 증가

```
#include <mega128.h>
#include <delay.h>

void main(void)
{
    unsigned int count=0, four, three, two, one;

     DDRD=0xff;
     DDRC=0x00;

     while(1){
                if(PINC.0==1){
                count++;}

                four     = (count/1000)%10;
                three    = (count/100)%10;
                two      = (count/10)%10;
                one      = (count/1)%10;
   PORTD     = 0xe0 | four;
                delay_ms(2);
                PORTD    = 0xd0 | three;
                delay_ms(2);
                PORTD    = 0xb0 | two;
                delay_ms(2);
                PORTD    = 0x70 | one;
```

```
        delay_ms(2);

        if(count>=9999)count=0;
      }
}
```

PORTC의 0번 비트의 스위치가 눌려지면, "count"라는 변수가 증가가고, 증가된 변수의 4자리 숫자를 나누기 연산자를 이용해 각각 4개의 숫자로 분리한다. 분리되어진 각각의 네자리 숫자는 4개의 FND 중 자릿수에 맞는 데이터 값과 OR연산을 한 후에 PORTD에 입력하는 방식이다. 또한, [if(count>=9999)count=0;]는 count 변수가 디스플레이 최고값은 9999가 되면 더 이상 증가하지 말고 변수를 '0'으로 초기화 시켜 다시 카운트하게 한다.

1.3.3 입력을 위한 산업용 디바이스

□ 스위치(Switch)

산업 현장에서 사용되는 스위치는 용도에 따라 많은 종류로 나눌 수 있다. 전부 설명할 수는 없지만 대표적인 스위치 종류를 알아보고, 마이크로프로세서로 제어하는 방법을 살펴보자.

가) 누름 스위치

그림 1-32. 누름 스위치

누름 스위치는 크게 복귀형과 유지형으로 나눌 수 있다. 누름 복귀형은 스위치에 압력을 가해 스위치를 눌러주면 스위치의 상태가 처음 상태로 복귀하는 형태를 말한다. 누름 유지형은 스위치를 압력을 가한 후의 상태가 원래상태로 되돌아오지 않고 그대로 유지하고 있다 다시 한번 압력을 가하게 되면 원래 상태로 복귀하는 형태를 말한다.

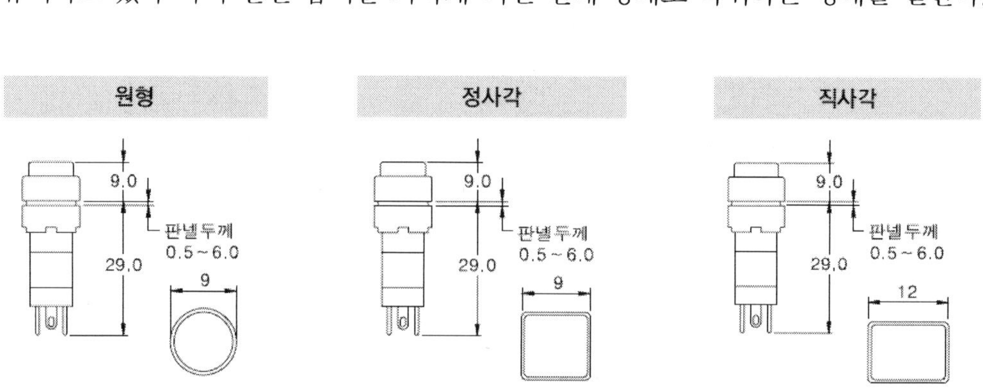

그림 1-33. 누름 스위치 모양

누름 복귀형은 한 번의 압력을 가하면 스위치가 On 되었다 처음 상태인 Off 상태로 되돌아오는 것이고, 누름 유지형은 스위치는 첫 번째 압력을 가해지면 On, 두 번째 압력을 가하면 처음 상태인 Off로 되돌아가는 형태이다. 그림 1-35는 누름 스위치의 모양에 따른 종류를 보이고 있다.

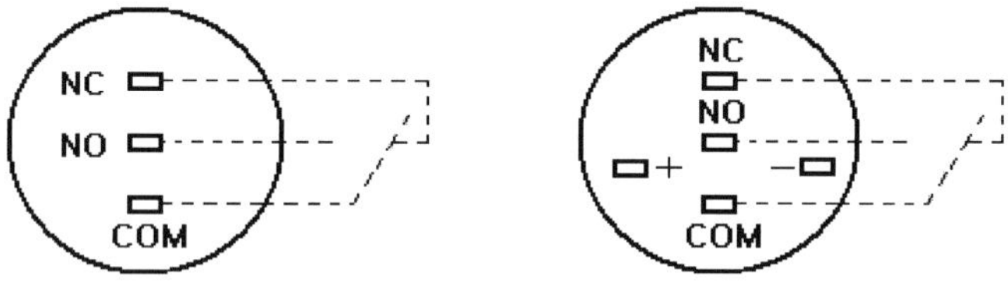

그림 1-34. 누름 스위치 결선도

그림 1-34는 누름 스위치의 결선도를 보여주고 있다. 좌측의 결선단자가 3개인 것은 스위치의 역할만 하는 것이지만, 우측의 결선단자가 5개인 스위치는 스위치에 램프가 포함되어 있어 스위치의 눌림 여부에 따라 점등과 소등을 해준다. 램프가 포함되어 있기 때문에 일반 유저가 스위치의 눌림 여부를 가시적으로 확인할 수 있어 편리하다.

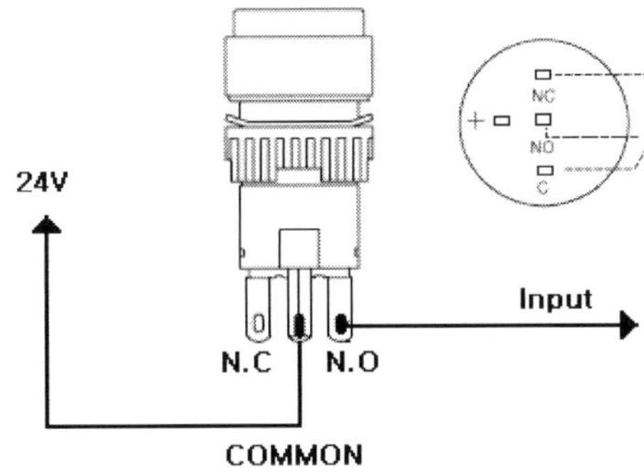

그림 1-35. 스위치 배선도

산업용 기기에서 사용하는 전압은 주로 DC 24V이기 때문에 스위치를 통해서 제어기에 입력되는 전압도 24V이다. 그렇기 때문에 TTL 레벨인 마이크로프로세서의 입력전압으로 사용하기에는 적합하지 않다. 그림 1-36은 전위 레벨을 변화시키기 위해서 사용하는 방법이다.

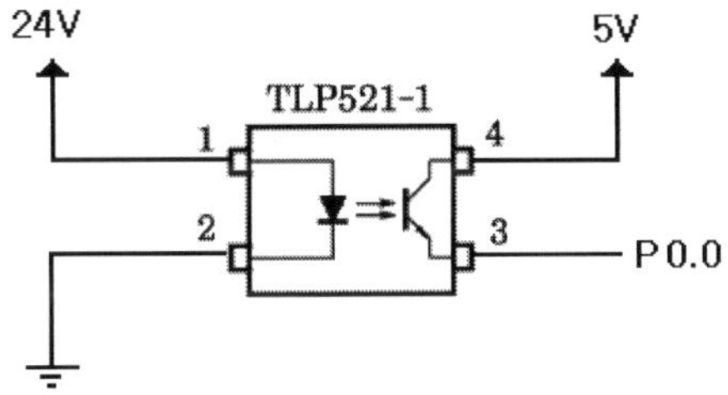

그림 1-36. 포토커플러를 이용한 레벨 변환방법

일반적인 트랜지스터는 B(베이스)에 전압을 가하면 C(콜렉터)로부터 전류가 E(이미터)방향으로 흐르게 되어 스위칭 소자로 많이 사용되어진다. 하지만 포토커플러는 전기적인 신호가 아니라 베이스를 빛의 신호로 스위칭 하는 소자이다. 이러한 소자를 포토트랜지스터라고 불린다. 그림 1-36은 포토커플러로 하나의 IC화된 소자 안에 LED와 포토트랜지스터가 같이 내장되어있는 형태를 가지고 있다. LED가 빛을 발산하고, 그 빛에 의해 트랜지스터가 동작되는 원리이다. 결국, 1번과 2번에 연결되어 있는 LED를 On 시키면 3번으로는 4번에 연결된 5V의 전위가 출력된다. 따라서 TTL레벨의 마이크로프로세서에 입력이 가능하게 된다.

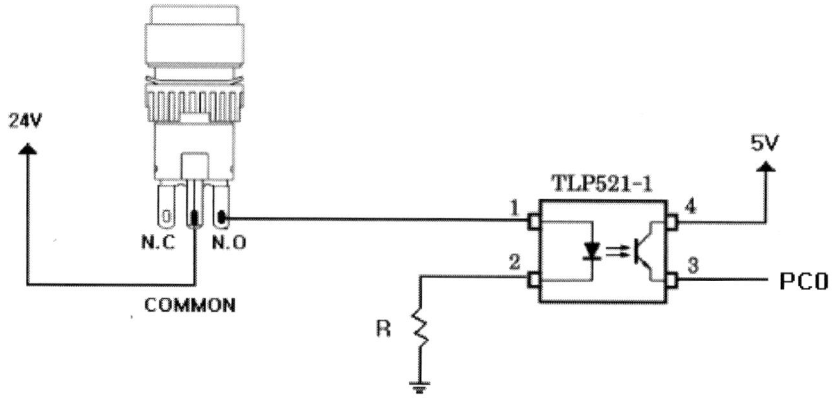

그림 1-37. 스위치 입력 인식 회로

그림 1-37에 사용된 회로를 보면 스위치가 눌렸을 경우에 24V의 전압이 포토커플러로 가해지고 포토커플러에 의해 전위가 5V로 바뀌어 PORTC의 0번 비트로 데이터가 입력 되게 되어있다.

그림 1-38과 같이 회로에 누름유지 스위치가 연결되었을 경우에 한번 눌러 스위치가 On되면 PORTA에 연결된 LED 8개가 켜지고, 다시 한번 눌러 눌림이 유지되고 있는 스위치가 원상태로 복귀해 Off되면 PORT1에 연결된 LED가 꺼지는 프로그램을 작성해 보시오.

```
#include <mega128.h>

void main()
{
    DDRA=0xff;
    DDRC=0x00;

            while(1) {

                        if(DDRC.0==1)  PORTA=0xff;
                        else               PORTA=0x00;

                        }
}
```

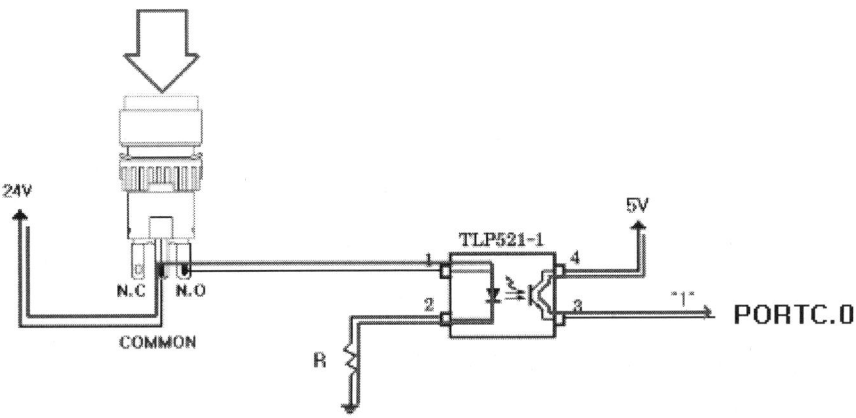

그림 1-38. 스위치 ON

나) 로터리(Rotary) 스위치

로터리 스위치는 선택 스위치로 로터리 방식으로 동작하고, 돌아가는 단에 따라 2단, 3단 등의 형식으로 부르게 된다.

그림 1-39은 로터리 스위치들을 보여주고 있는데, 돌리는 형식에 따라 셀렉타, 키스위치 등으로 불리기도 한다. 전선을 연결할 수 있는 단자는 선택할 수 있는 단에 따라 다르다.

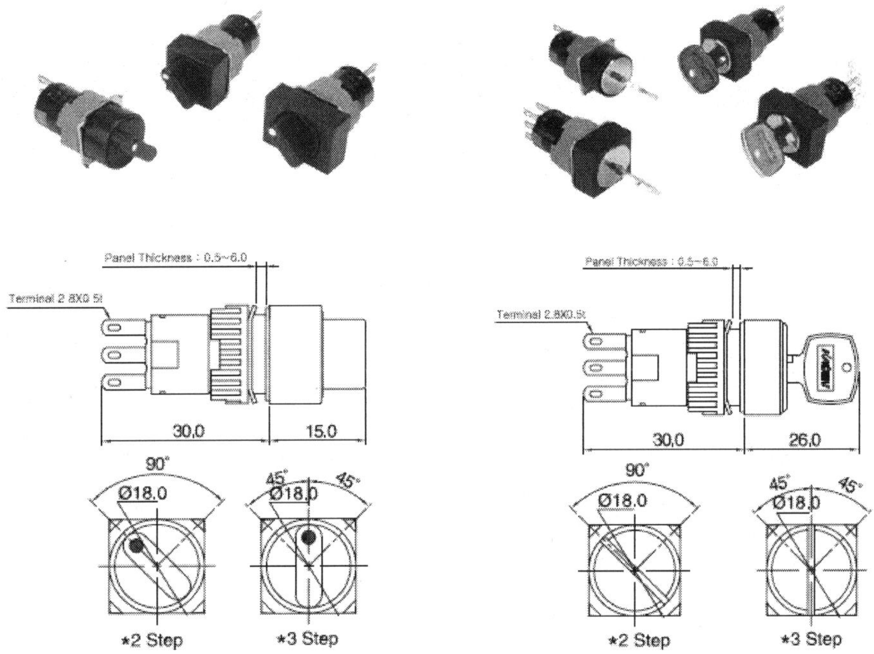

그림 1-39. 로터리 스위치

다) 비상(Emergency) 스위치

비상 스위치는 기기들이 이상이 있을 경우 동작을 멈추게 하기위한 스위치를 말한다. 따라서 스위치를 급히 동작시키기 위해 동작은 누름스위치와 같은 푸시 방식이다. 하지만 비상 상황 해제할 때는 스위치를 돌려서 스위치 상태를 Off 시킨다.

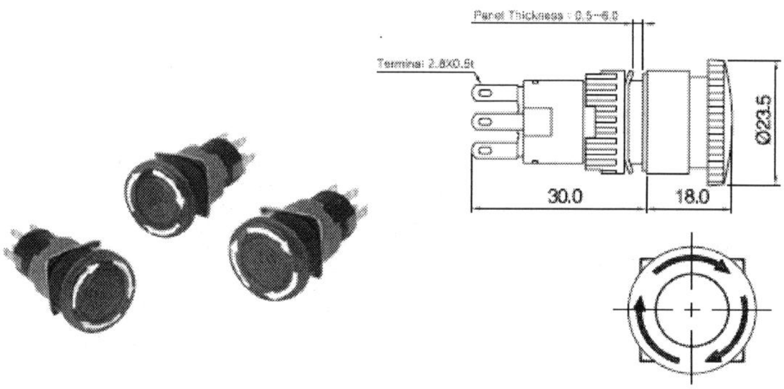

그림 1-40. 비상 스위치

라) 마이크로, 리밋(Limit) 스위치

마이크로스위치나 리밋스위치는 의미는 다를 수 있으나 동작원리는 같다. 마이크로 스위치는 이송되어지고 있거나 정지되어 있는 물체를 접촉해서 파악하는 방식이고, 리밋 스위치는 물체가 일정한 범위 이상을 넘어서는지를 파악하기 위해서 사용되는 스위치이다. 어떠한 상태를 파악한다는 의미에서 마이크로 센서나 리밋 센서라고 부르기도 하지만 스위치처럼 힘이 가해져서 동작시키기 때문에 스위치이다.

그림 1-41. 마이크로, 비상 스위치

그림 1-41의 좌측은 마이크로 스위치이고, 우측은 리밋 스위치이다. 모양이 흡사한 경우도 많다.

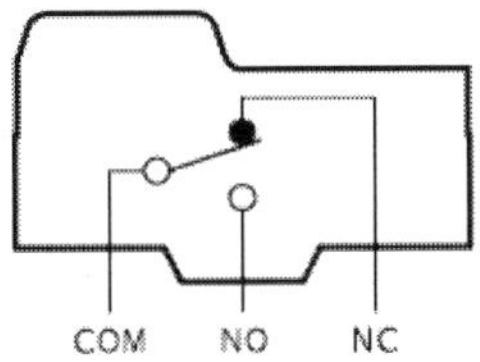

그림 1-42. 마이크로, 비상 스위치 내부 회로

내부 구조는 누름 스위치나 일반적인 스위치와 같이 COM, NO(Normal Open), NC (Normal Close)로 이루어져 있다.

□ 센서(Sensor)

앞에서 살펴본 스위치를 비롯해 산업용 기기에 사용되는 입력장치로 센서가 있다. 센서는 어떠한 상태나 상황을 파악해 신호를 발생하는 소자로 다양한 센서들이 있지만 본 교재에서는 대표적인 센서로 근접센서와 포토센서에 대해 알아본다. 일반적인 센서라고 하면 화학적, 물리적 변화를 저항이나 전류 등의 전기적 변위로 나타내주는 소자를 말하지만, 산업용 센서는 대부분이 설정된 상황을 벗어났는지 그렇지 않은지 만을 파악하는 것이 대부분이다. 일반적인 센서의 변화를 알기 위해서는 A/D(Analog/Digital) 변환 소자를 사용하지만, 공장자동화나 산업용 기기에 사용되는 센서는 내부에 회로가 내장되어 있어 디지털 표현으로 "1", "0"만을 파악할 수 있게 되어 있다.

가) 근접센서

검출 대상 물체가 검출면 가까이 근접했을 때 검출 신호를 출력하는 비 접촉식 센서로서, 검출 물체의 전자유도 현상을 이용한 고주파 발진형 근접센서와 검출 물체와 대지간의 정전용량 변화를 이용한 정전 용량형 근접센서로 나누어지며, 반도체 소자를 이용한 반영구적인 수명으로 산업 자동화 현장에서 광범위하게 사용되고 있다.

A. 고주파 발진형 근접센서

검출 코일에서 발생하는 고주파 자계 내에 검출 물체가 접근하면 전자유도 현상에 의해 근접 물체 표면에 유도전류가 흘러 검출 물체 내에 에너지 손실이 발생하게 된다. 이러한 유도전류에 의해 에너지 손실이 발생하게 되면 검출코일에서 발생하는 발진

진폭이 감쇠 또는 정지하게 되는데 이 진폭의 변화량을 이용하여 검출 물체의 유무를 판별하게 된다. [오토닉스]

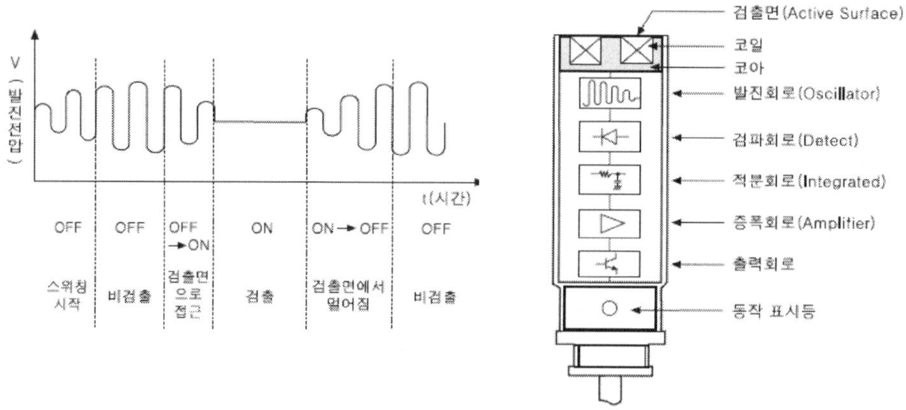

그림 1-43. 고주파 발진형 근접센서 원리 및 구성

B. 정전 용량형 근접센서

검출 극판에 +전압을 인가하면 극판 면에는 +전하가 대지 쪽에는 -전하가 발생하면서 극판과 대지 사이에 전계가 생긴다. 물체가 극판 쪽으로 접근하면 정전유도를 받아서 물체 내부에 있는 전하들이 극판 쪽으로는 -전하가, 반대쪽으로는 +전하가 이동하게 되는데 이것을 분극현상이라고 한다. 물체가 극판에서 멀어지면 분극현상이 약해져서 정전용량이 적어지고, 반대로 극판 쪽으로 접근하면 분극현상이 커너 극판면의 +전하가 증가하여 정전용량이 커지는데 이 변화량을 검출하여 물체의 유무를 판별한다.

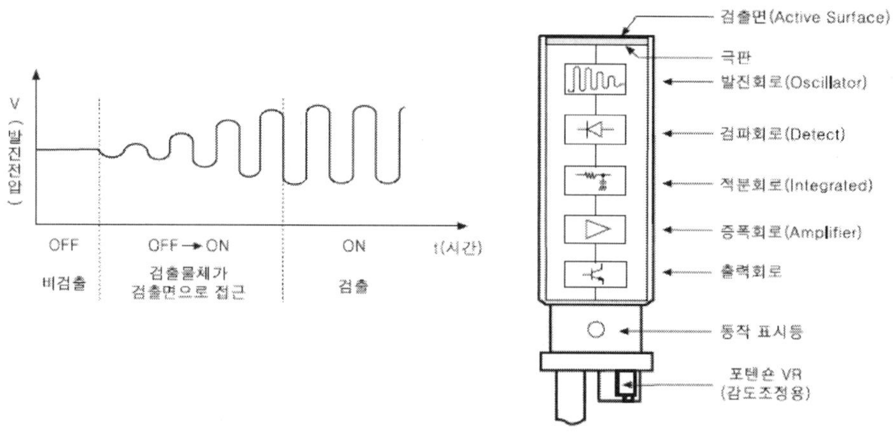

그림 1-44. 정전 용량형 근접센서 원리 및 구성

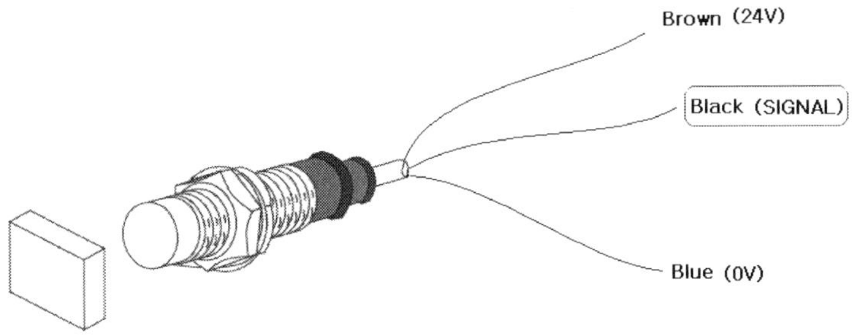

그림 1-45. 정전 용량형 센서의 배선

※ 3선식 센서 연결 방법

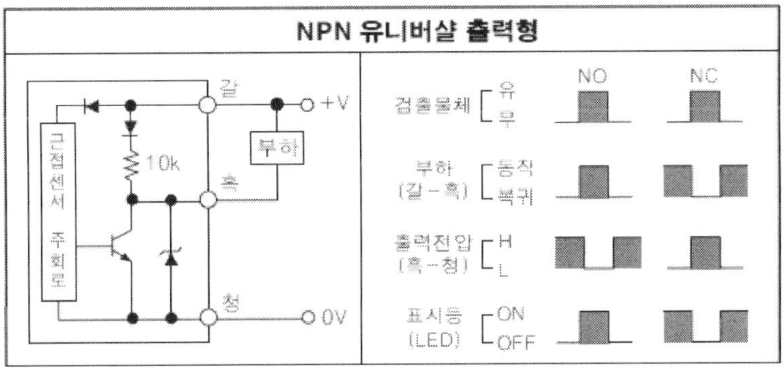

그림 1-46. 3선식 NPN 출력형 연결도

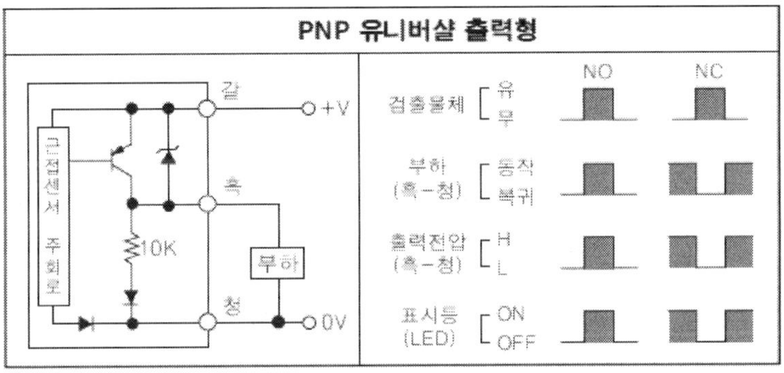

그림 1-47. 3선식 PNP 출력형 연결도

대부분의 산업용 센서는 센서내부에 회로가 내장되어있는 것이 대부분이다. 이러한 내부 회로에 어떠한 타입의 트랜지스터를 사용하고 있냐에 따라 NPN와 PNP 타입의 출력 형으로 나눌 수 있다. NPN 출력 형태를 가지는 센서는 동작시키고자하는 부하의 "+" 부분을 공급전압에 연결하고 나머지 "-" 부분을 센서의 출력 라인에 연결하는 것이다. 반대로 PNP 출력 형태를 가지는 센서는 동작시키고자하는 부하의 "-" 부분 공급전압의 그라운드에 연결하고, "+"부분에 센서의 출력 라인을 연결하면 센서의 동작 여부에 따라 부하가 동작할 것이다.

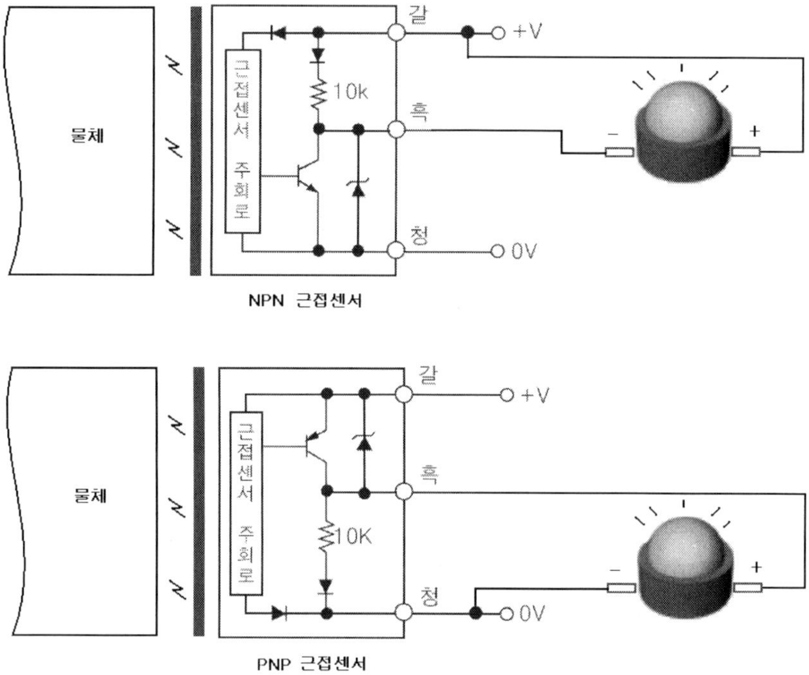

그림 1-48. 3선식 센서의 출력 연결도

하지만 센서의 동작전압이 24V이고, 센서에서 출력되는 전압도 24V의 전위를 가지고 있기 때문에 물체를 감지한 데이터를 마이크로프로세서에 연결하기에는 마이크로프로세서 입장에서는 부담이다. 따라서 스위치에서 사용되었던 포토커플러 소자를 이용해 센서 신호를 마이크로프로세서가 인식할 수 있게 TTL레벨로 변환하여 입력해준다.

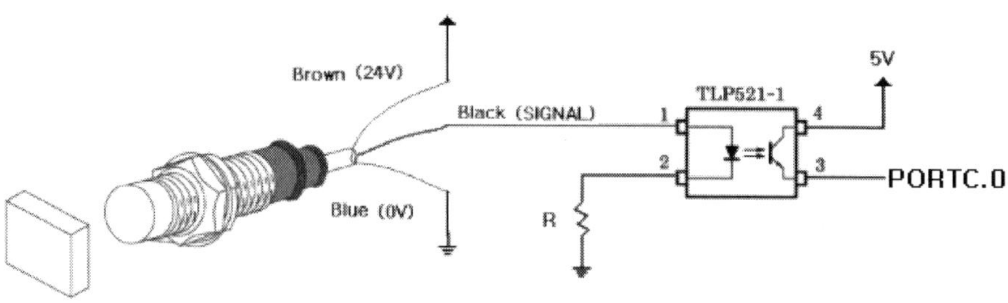

그림 1-49. PNP 3선식 센서 신호의 마이크로프로세서 입력

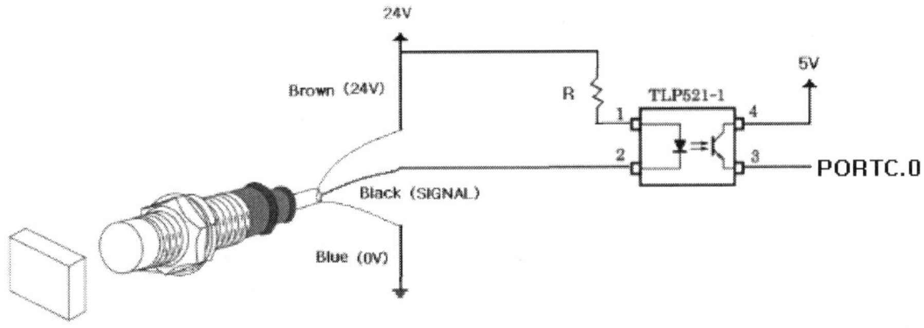

그림 1-50. NPN 3선식 센서 신호의 마이크로프로세서 입력

나) 포토센서

빛을 이용하여 물체의 유,무를 검출하는 센서로서, 물체의 유, 무나 통과 여부 뿐만 아니라 물체의 대소, 명암 등의 판별이 가능하다. 이러한 기능들을 이용하여 자동화 라인, 엘리베이터, 주차설비, 물류시스템, 반도체 장비, 포장기계, 건설 등 산업 전반에 걸쳐 폭 넓게 사용되고 있다. 대표적인 종류로는 포토마이크로센서, 말굽형 센서, 원주형 센서가 있다. 포토마이크로나 말굽형 센서는 수광과 발광부가 일체형인 투과형으로 동작원리는 같지만 크기와 모양에 따라 형태가 나누어지고, 원주형 센서는 투과형과 직접 반사형 두 가지가 있다.

A. 포토 마이크로 센서와 말굽형 센서

포토 마이크로 센서는 초소형이며 발광부와 수광부가 각각 존재하며, 사이에 빛이 통과하는 경우와 통과하지 못하는 경우에 따라 출력이 결정된다.

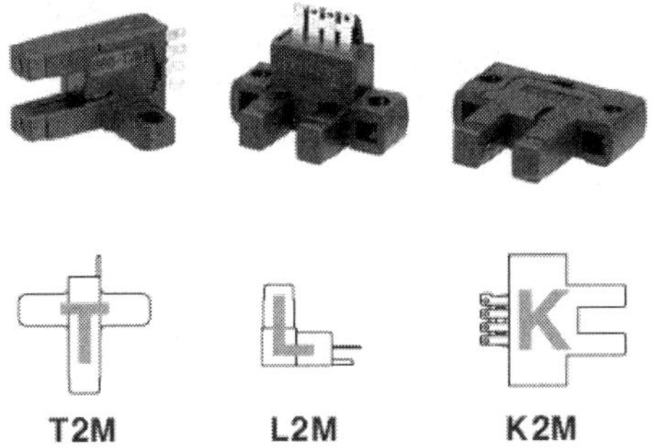

그림 1-51. 포토 마이크로 센서의 종류

포토 마이크로 센서는 생긴 모양에 따라 그림 1-52와 같이 나눌 수 있다. Dark On과 Light On의 동작모드 전환이 가능하며, 앰프가 내장되어 있고, NPN 오픈 콜렉터 출력의 특징을 가지고 있다.

그림 1-52. 말굽형 센서

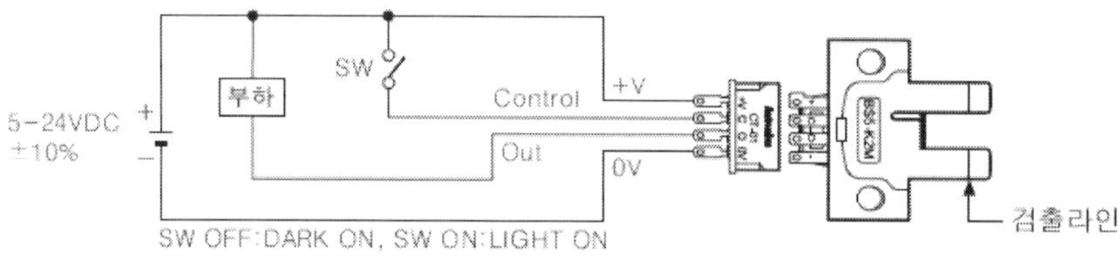

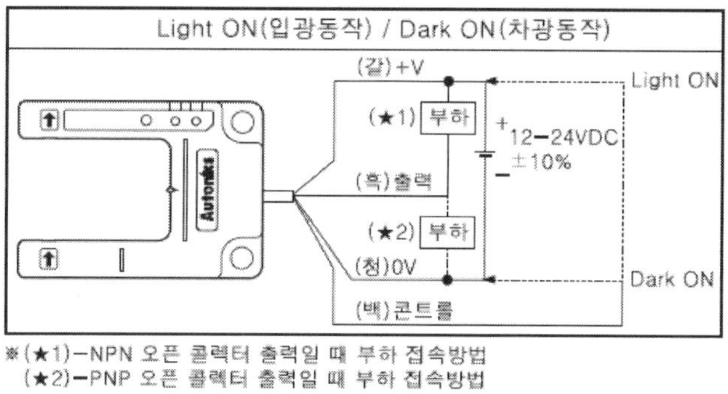

그림 1-53. 포토마이크로 센서와 말굽형 센서의 연결도

B. 원주형 센서

원주형 센서는 크게 수광부와 발광부(투광부)로 나누어져 있는 형태와 센서하나에 수광 및 발광이 같이 있는 형태로 나눌 수 있다. 그림 1-54는 포토 마이크로 센서나 말굽형과 같이 발, 수광부가 따로 있지만 일체형은 아니다.

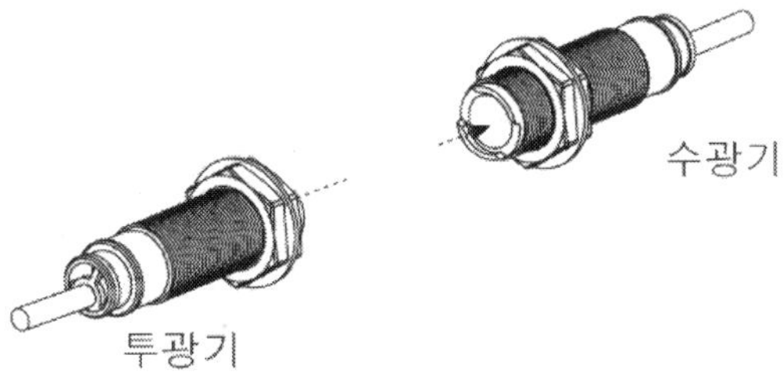

그림 1-54. 원주형 센서

그림 1-55는 원주형 센서 중에 직접반사형 센서를 보이고 있다. 일체형이지만 다른 센서들과는 달리 투과형이 아니다. 수광부와 발광부가 한 방향으로 되어 있어 발광부가 빛을 발산하면, 반사되어온 빛을 수광부가 받아 동작하는 형태이다.

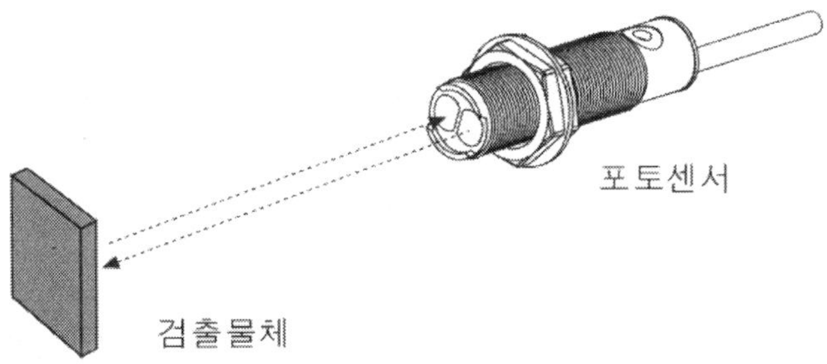

그림 1-55. 직접반사에 의한 원주형 센서

1.3.1절에서는 산업용 디바이스들은 동작전위가 24V이기 때문에 전위 레벨을 통한 디바이스들의 제어 방법에 대해 알아보았다. 이러한 방법은 대부분의 산업용 디바이스들을 제어하는데 사용된다. 물론 PLC 또한 같은 방법을 사용하고 있다. 출력은 TR을 통해 레벨을 높이고, 입력은 포토커플러를 사용하여 레벨을 낮춰 마이크로프로세서로 이들을 제어한다.

1.3.3절에서는 산업용 기기의 입력으로 사용되는 스위치나 센서에 대해 알아보았다. 결국, 중요한 것은 출력과 마찬가지로 입력되는 전압이 TTL레벨이 아니라는 것이다. 때문에 전위레벨을 TTL 레벨로 변위시키기 위하여 포토커플러를 사용하였다. 또한 센서는 내장된 회로에 따라 NPN, PNP형태로 나눌 수 있는데, 각각에 따라 배선 및 연결도가 다르니 주의해야 한다.

※ 진수관련 참고내용

2진수의 변환

디지털 소자의 동작은 2진수로 이루어지는 것처럼 89X51를 비롯한 CPU 또한 2진수를 이용하여 연산을 하고 동작하게 된다. 하지만 앞 장에서 살펴본 프로그램에서는 2진수 보다는 CPU의 명령에 16진수를 사용하는 것을 봤을 것이다. 16진수 또한 2진 구조를 가지고 있기 때문에 문제가 되지 않기 때문이다. 그렇다면 진수끼리의 상관관계는 어떤 것인지 살펴보도록 하자.

가) 10진수와 2진수

통상적으로 우리가 일상생활에서 사용하고 있는 모수 수 체계는 10진수이다. 10진수 말 그대로 10가지의 수로 이루어져있으며 0, 1, 2, 3, 4, 5, 6, 7, 8, 9이 10가지 수로 모든 수를 나타낼 수 있다. 하지만 2진수는 0과 1로 이루어져 있으며 이 두 개의 숫자를 가지고 모든 수를 표현하는 것이다.

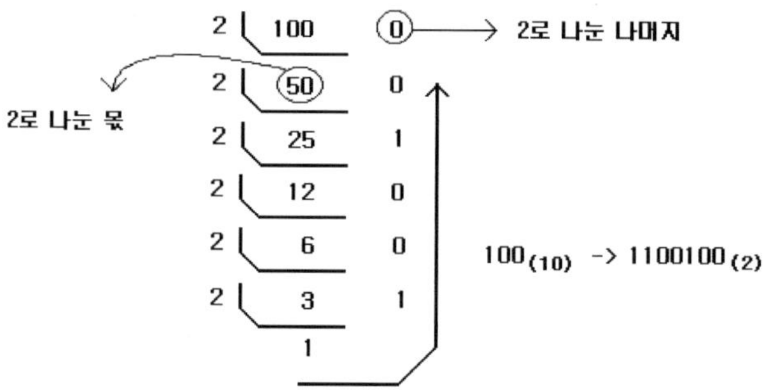

10진수 100을 2진수로 변환 시켜보면 11000100(2)라는 값이 나온다. 변환하고자 하는 값(100)을 원하는 진수의 값(2)로 나누어서 나머지 값들을 거꾸로 읽으면 되는 것이다. 만약에 100을 16진수로 변환하고 싶다면 2가 아닌 16으로 나눈 후에 나머지 값을 역으로 읽으면 16진수 값이 나오게 되는 것이다. 그렇다면 2진수를 다시 10진수로 바꿔보자.

$$1\ 1\ 0\ 0\ 1\ 0\ 0 = 1\times2^6 + 1\times2^5 + 0\times2^4 + 0\times2^3 + 1\times2^2 + 0\times2^1 + 0\times2^0$$

2진수를 10진수로 변환하고 싶다면 위의 식처럼 각각의 2진 값에 자리 승수를 한 후에 각각을 더하면 되는 것이다.

나) 16진수와 2진수

16진수는 10진수와는 다르게 0부터 15까지의 수로 이루어져 있으며, 표현은 0, 1, 2, 3, 4, 5, 6, 7, 8, 9, A, B, C, D, E, F 까지 16가지로 표현한다. 2진수를 16진수로 표현하는 방법은 4비트(Nibble)씩 나누어 표현한다. 이렇게 나누어 표현하는 이유는 16진수를 표현하기 위해서는 2진 자리수가 4개가 필요하기 때문이다.

$$2^4 = 16$$

관계식에서도 볼 수 있듯이 16가지를 표현하려면 2진수가 4자리 있어야 만족할 수 있기 때문이다.

2진수, 10진수, 16진수 관계

16진수	2진수	10진수	16진수	2진수	10진수
0	0000	0	8	1000	8
1	0001	1	9	1001	9
2	0010	2	A	1010	10
3	0011	3	B	1011	11
4	0100	4	C	1100	12
5	0101	5	D	1101	13
6	0110	6	E	1110	14
7	0111	7	F	1111	15

계산은 1에 해당하는 2의 승수만 더해서 읽으면 된다. 그래서 이를 8 4 2 1 코드라 하기도 한다. $2^3 = 8$, $2^2 = 4$, $2^1 = 2$, $2^0 = 1$이기 때문이다. 예를 들어보면,

2^3	2^2	2^1	2^0		합계
1	0	0	0	=	8
1	0	1	0	=	A(10)
1	1	1	1	=	F(15)

앞 절에서도 보았듯이 포트에 값을 넣을 때는 8비트이기 때문에 16진수의 값을 두 개씩 입력했다.

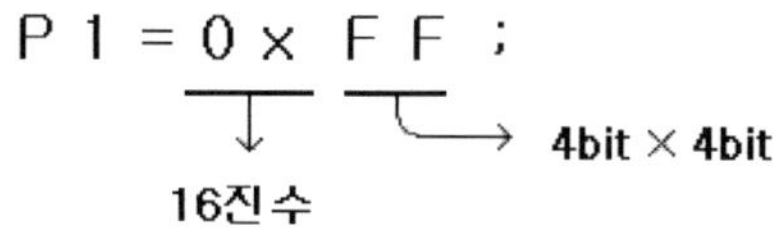

0x는 16진수로 입력한다는 것을 의미하고, ff는 4비트씩 두 개 즉, 8비트를 입력한다는 말이다. 또한, 입력순서는 앞의 F가 상위의 4비트(7, 6, 5, 4)를 의미하고, 뒤의 F는 하위 4비트(3, 2, 1, 0)를 의미한다.

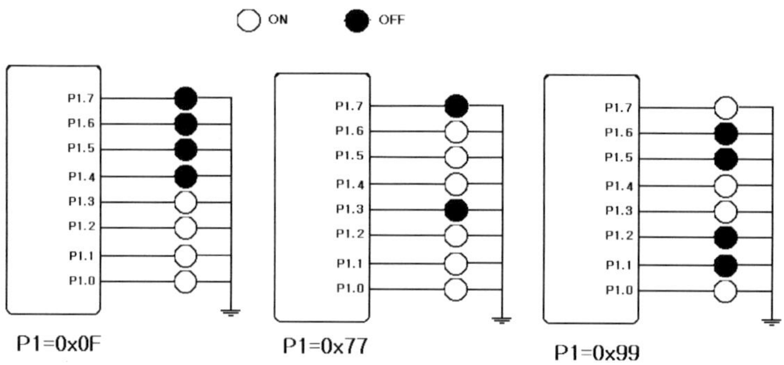

16진수를 2진수로, 2진수를 16진수로 변환하는 것은 원하는 데이터를 출력하기 위해서는 반드시 알아야하는 기본이기 때문에 많은 연습을 하는 것이 좋다.

02 모터(DC, STEP) 제어 실험

모터에는 다양한 종류와 그에 따른 제어 방법이 있다. 이 장에서는 다양한 모터 중 대표적인 DC 모터와 STEP 모터의 구동 방법을 알아보고, 이러한 방법을 프로그램으로 구현해 동작시켜 보자.

2.1 DC MOTOR

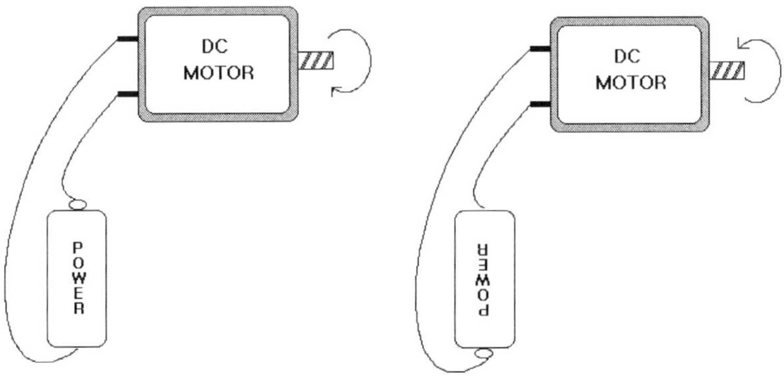

그림 2-1. 모터 회전

DC 모터는 누구나 한번쯤은 살펴봤을 것이다. 완구류, 자동차, 가전제품 같은 곳에는 어김없이 사용되기 때문에 많이 봤을 것이다. 그림 2-1은 건전지에 모터를 연결했을 경우에 모터가 돌아가는 모습이다. 모터는 건전지를 연결하면 회전하듯이 전압을 인가하면 회전하게 된다.

또한 극성이 바뀌게 되면 모터의 회전방향은 반대방향으로 회전하게 된다. 그렇다면 CPU를 통해서 모터를 회전시킨다면 어떨까? 쉬울 것 같은 생각이 든다.

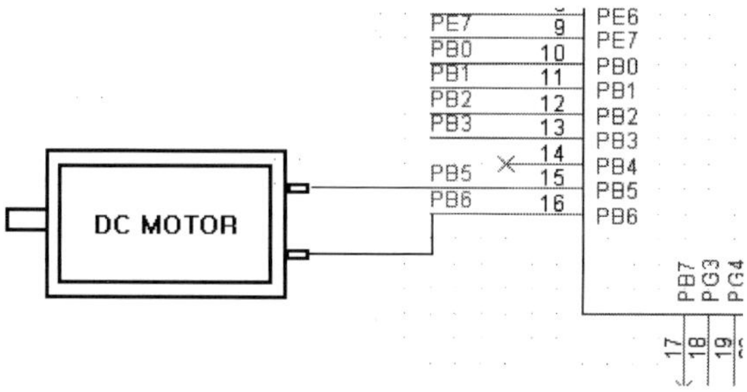

그림 2-2. CPU와 DC 모터 결선도

그림 2-2는 CPU에 모터를 직접 연결한 그림이다. 어차피 DC 모터는 한쪽이 다른 한쪽보다 전위가 높으면(TTL 레벨이기 때문에 "High"인 경우 5V) 돌아가니깐 문제가 없을까? 프로그램을 다음과 같이 구현해보자.

PB6	PB5	모터 방향
0	0	정지
1	0	정방향
0	1	역방향
1	1	정지

이상적으로는 별 문제가 없는 것 같다. PORTB.4와 PORTB.5의 입력 값이 같으면 전위차가 없기 때문에 모터가 회전을 하지 않을 것이고, 둘 중 하나는 0, 하나는 1이게 되면 전위차가 발생하여 모터는 회전할 것이다. 하지만 그림 2-2와 같이 회로를 꾸미면 모터는 회전하지 않는다. 왜 그럴까? 모든 CPU는 각각의 핀에서 출력으로 내보낼 수 있는 전류가 작고 한정되기 때문에 전류소모를 많이 필요로 하는 모터를 회전시키기에는 역부족이기 때문이다. 이러한 문제를 해결하기 위해서는 핀에서 나오는 작은 전류를 증폭시켜야한다!!

2.1.1 DC Motor 구동방법

일반적으로 마이크로프로세서를 사용하여 로봇을 만들 때는 기본적으로 ON/OFF 방식으로 모터를 제어한다. 모터를 ON/OFF 제어할 때의 기본회로는 다음과 같다.

① 트랜지스터 구동 - 에미터 부하(Emitter Load)

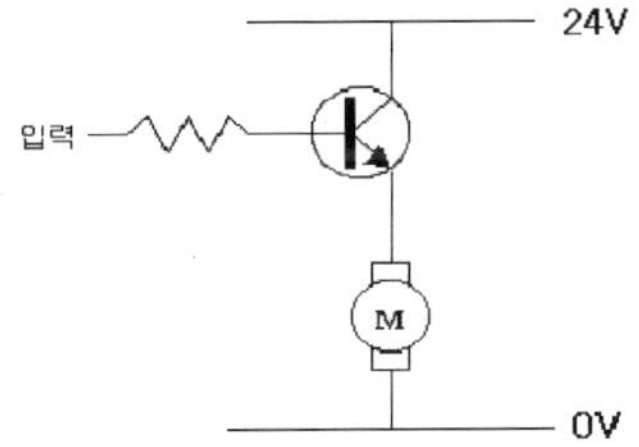

베이스에 전압을 가하여 트랜지스터를 On/Off함으로써 모터를 ON/OFF 한다. 이 회로는 동작이 안정적이나, 트랜지스터에서의 전력손실이 그대로 열화 되기 때문에 트랜지스터의 열 대책은 충분히 고려할 필요가 있다.

② 트랜지스터 구동 - 컬렉터 부하(Collector Load)

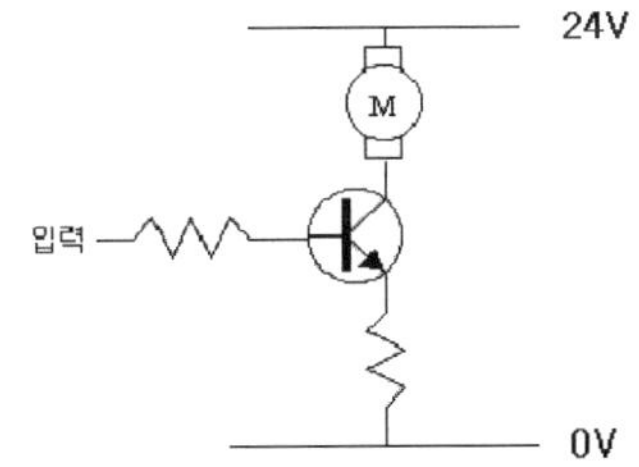

이 회로 역시 베이스에 전압을 가하여 트랜지스터를 On/Off함으로써 모터를 On/Off 한다. 이 회로는 에미터 부하회로에 비해 전류 드라이브 능력이 크고 전압손실도 적게 할 수 있다. 따라서 일반적으로는 이 회로가 많이 사용되고 있다. 트랜지스터가 On으로 되어 모터가 회전하고 있는 동안에는 모터의 코일에 에너지가 축적되어 있다. 그리고 트랜지스터가 Off로 되면 그 에너지를 방출하려고 하기 때문에, 모터 코일의 양단에는 플러스, 마이너스의 역기전력이 발생한다. 이 전압은 매우 크기 때문에 그대로는 트랜지스터가 파괴되어 버리는 경우도 있다. 이를 방지하기 위해서는 코일을 쇼트(Short)시켜 남아 있는 에너지를 순간적으로 전류로서 흘려 버리는 식으로, 역기전력을 억제하도록 한다. 이때 다이오드를 사용하며 역기전력만 쇼트시키고, 통상적인 전압에 대해서는

고 저항으로 되어 전류가 흐르지 않도록 하는 것이다. 이 회로는 아날로그 소자편의 다이오드를 설명하는 절에서 이미 언급하였다.

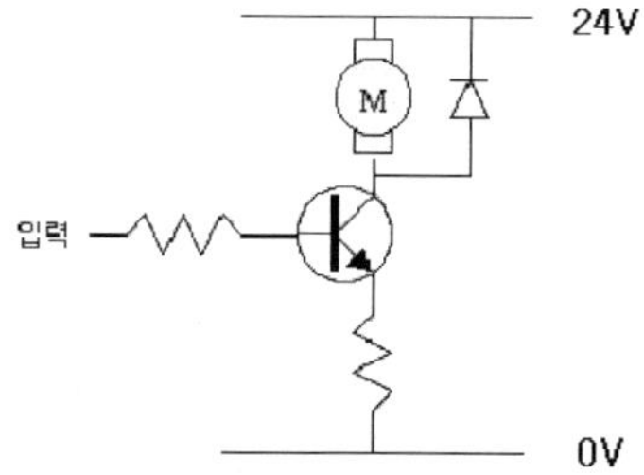

③ 트랜지스터 구동 - H 브리지 제어회로

모터의 On/Off 제어는 위의 회로를 사용해도 문제없이 할 수 있다. 그러나 회전의 방향을 바꾸고 정지는 못한다. 모터에 가하는 전압의 플러스, 마이너스를 반대로 하면 모터는 역회전하지만 위의 회로에서는 모터의 한쪽 단자가 9V에 연결되어 있으므로 불가능하다. 모터는 정지하거나 한쪽 방향으로만 돌게 된다. 하지만 H 브리지 회로를 사용하면 단일전원으로 모터에 가하는 전압의 방향을 바꿀 수 있다.

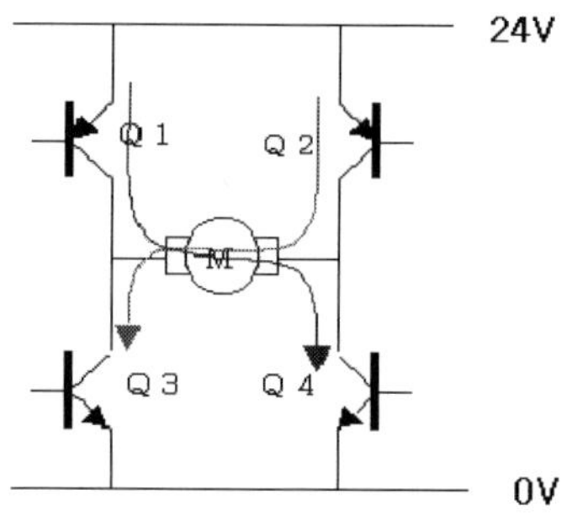

기본동작은 Q1과 Q4의 트랜지스터만 동시에 On으로 하면 Q1 → 모터 → Q4로 전류가 흐르고, 모터는 정회전 한다. 반대로 Q2와 Q3만 On으로 하면 Q2 → 모터 → Q3으로 전류가 흐르고, 모터는 역회전하게 된다. 하지만, Q3과 Q4만 동시에 On으로 하면 모터는 갑자기 정지하게 된다.

④ DC 모터의 속도 제어 - 펄스 폭 변조 방식

PWM(Pulse Width Modulation) 변조라고도 부르는 이 제어방법은 DC Motor의 속도를 제어하는 방법이다. 일반적으로 DC 모터를 제어할 때 H 브지리 회로를 사용하여, PWM 변조 방식으로 속도제어를 한다.

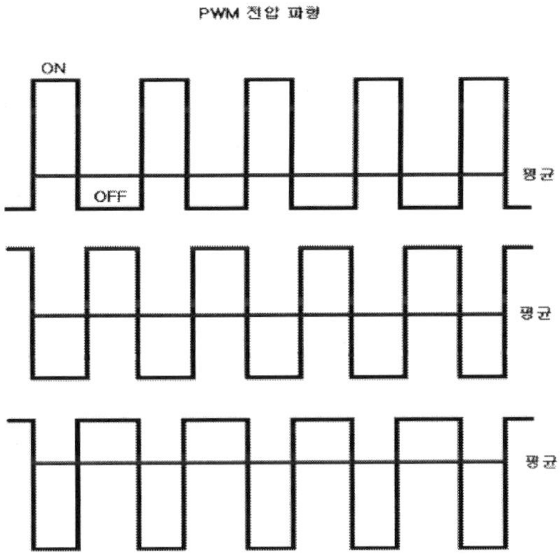

트랜지스터의 베이스에 다음과 같이 일정 주기로 On/Off 하는 펄스를 인가한다. 그리고 모터의 속도는 펄스의 듀티(Duty)비(On 시간과 Off 시간의 비)를 변화시켜서 구현한다. DC모터는 인가되는 전류에 대하여 빠른 주파수에서 기계적인 반응을 하지 않기 때문에 인가하는 펄스의 평균 전압이 모터에 인가되는 형태가 된다.

2.1.2 DC 모터구동 IC 및 구동 회로설계

가. DC 모터구동 IC

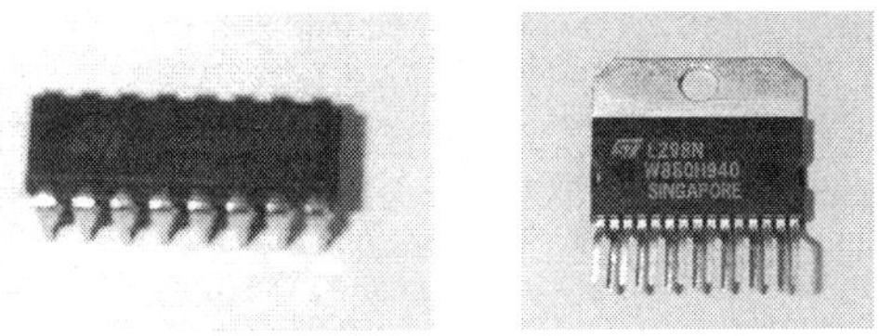

L293 L298

그림 2-3. 소형 DC모터 구동IC

H 브리지 회로를 하나의 칩 안에 내장시킨 여러 모터 구동 IC가 있다. 가격도 저렴하며, 전력 소비가 그다지 크지 않은 DC모터를 제어할 때는 L293, L298을 자주 사용한다. L293, L298의 내부구조와 응용회로는 아래와 같다. Vs에는 5V를 인가하고 Vss에는 모터의 구동 전압을 인가한다. 모터를 정, 역전 방향으로 회전시키기 위해서는 두 개의 INPUT 단자와 두 개의 OUTPUT 단자를 이용하면 된다. 하나의 채널 당 최대 1A를 흘려보낼 수 있으며, 순간적으로 2A를 흘릴 수 있다. 또한 모터를 구동하지 않는다면, Chip Enable 단자를 0V로 하여 칩을 비활성화 시켜야 한다. 만일 모터를 구동하려 한다면, Chip Enable 단자를 꼭 5V에 연결하여 활성화 시켜야 한다.

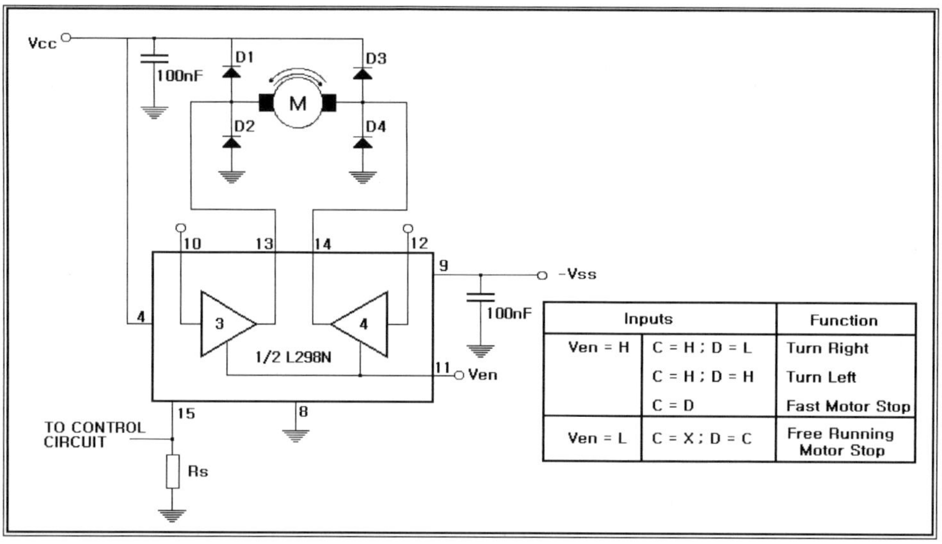

그림 2-4. L293 내부구조

나. DC 모터 구동 회로 설계

그림 2-5는 DC모터 제어기인 L298을 이용한 모터 제어부로 PORTB의 상위 비트 중 PB.4, PB5와 PB6, PB7에 두 개의 모터가 연결되어 있으며, 모터의 회전 유무를 결정짓는 Enable에는 바로 VCC(5V)에 연결하였다. 즉, 입력 값에 따라 모터를 회전하고 정지시킨다는 의미다.

□ L298

L298은 바이폴러 구동을 위한 두 개의 브리지 드라이버가 내장되어 있는 모터구동 전용 칩이다. 특징은 다음과 같이 몇 가지로 요약할 수 있다.

① 회로가 간단하고 크기가 작다.

② 구하기 쉬운 칩이다.

③ 최대 전류로 2.5A까지 흘릴 수 있다.

④ 평균 200 ~ 250mA 정도의 전류 소모가 일어난다.

⑤ 2000 ~ 4000pps 이상의 고속구동이 가능하다.

또한, L298은 모터를 두 조를 사용할 수 있으며 1조당 2A까지 전류를 흘릴 수 있다. 2조를 병렬로 연결하면 4A까지도 가능하다. 또한 L298은 L297과 함께 스테핑 모터 드라이버로 사용되기도 한다. 역기전력 흡수를 위한 다이오드는 아래 그림처럼 배열되어 있다.

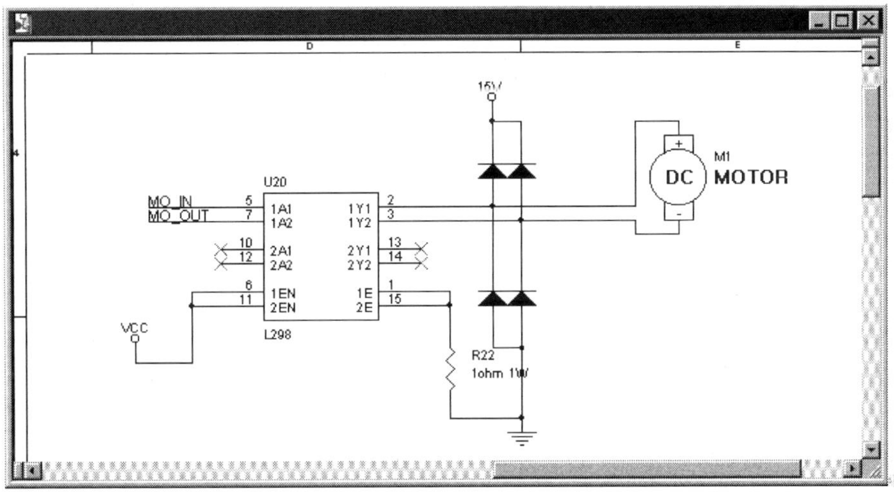

그림 2-5. L298 사용 회로도

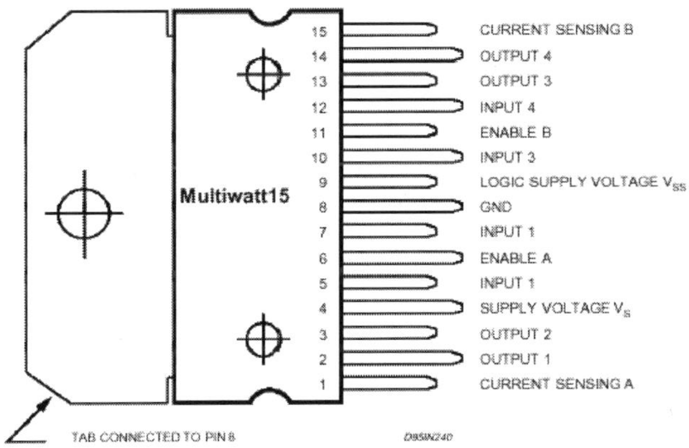

그림 2-6. L298의 외형도

L298의 핀의 기능에 대해서 알아보면 5, 7, 10, 12번 핀은 입력 단자이고, 2, 3, 13, 14번 핀은 출력 단자이다. L298을 사용하면 모터 2개까지 제어할 수 있기 때문에 6, 11번 핀은 각각의 Enable 단자로서 H('1') 신호를 주면 L298이 On 되어 동작하게 된다. 8, 9번 핀은 전원 단자이고 4번 핀은 모터 Power 단자로서 모터 특성에 맞게 5~46V 사이의 전압을 인가해 주면 된다.

모터의 회전 방향은 입력 단자의 입력 신호에 의해서 결정된다. 출력 단에 다이오드는 모터에 과전류가 흐르는 것을 방지하기 위해서 사용된다.

표 2-1. L298 사용 표

입 력	기 능	
Enable1 = 5V	Input1=5V, Input2=0V	정방향 회전
	Input1=0V, Input2=5V	역방향 회전
	Input1=Input2=0V 또는 5V	빠른 정지
Enable1 = 0V	입력에 관계없이	천천히 정지
Enable2 = 5V	Input3=5V, Input4=0V	정방향 회전
	Input3=0V, Input4=5V	역방향 회전
	Input3=Input4=0V 또는 5V	빠른 정지
Enable2 = 0V	입력에 관계없이	천천히 정지

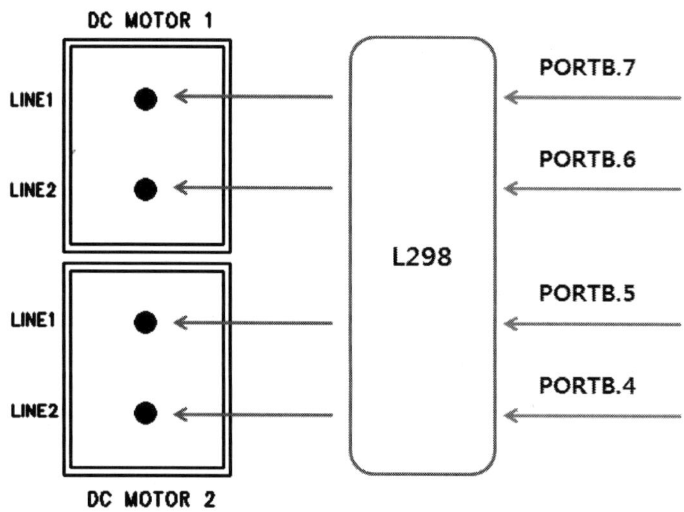

그림 2-7. DC 모터 신호 흐름도

2.1.3 DC 모터구동 실험

□ MOTOR1 PROJECT DC 모터회전 실험 1

그림 2-5의 회로도를 기준으로 모터를 +회전시켜보자. 모터 제어기에는 한 개의 DC모터가 연결되어 있는데, 이 모터를 정방향으로 일정시간동안 회전 후 정지하는 실험이다.

표 2-2. 입력 신호에 따른 회전방향

INPUT			회전방향(16진수)
EN	IN2 (PB5)	IN1 (PB4)	
1	1	0	정방향 (PORTB=0x20)
1	0	1	역방향 (PORTB=0x10)
1	0	0	정 지 (0x00, 0x03)
1	1	1	

프로그램은 두 가지 형태로 가능하다. 표 2-2와 같이 포트에 바이트(byte) 단위로 데이터를 입력시켜 회전하는 방법과 비트 단위로 제어하는 방법이다. 이번 예제에서는 표 2-2와는 달리 비트단위 제어 방법으로 프로그램을 구현해보자.

```
#include <mega128.h>

void main()
{
    DDRB=0xff;
      while(1)
      {
        PORTB.5=1;  /*PORTB의 5번 비트에 "0"*/
        PORTB.6=0;  /*PORTB의 6번 비트에 "0"*/
      }
}
```

ProVSM 회로구성

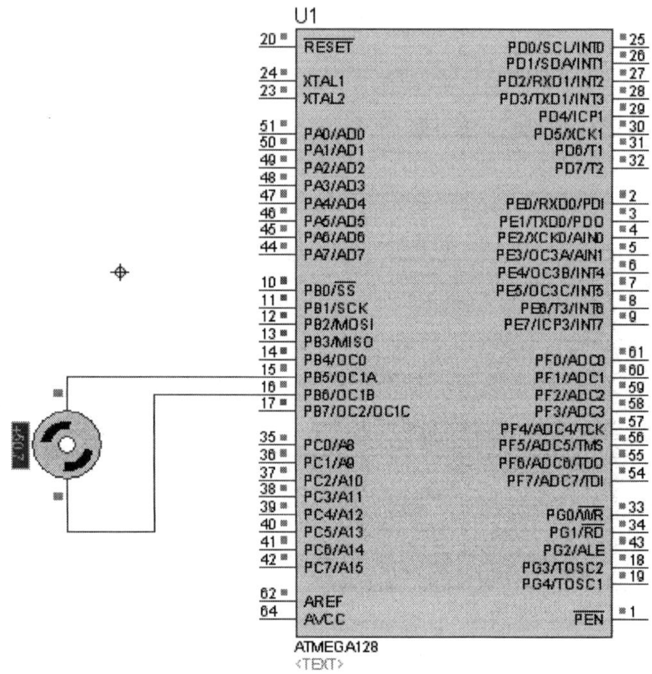

□ MOTOR2 PROJECT DC 모터회전 실험 2

MOTOR1 프로젝트에서는 정방향으로만 모터를 회전하도록 한 프로그램이다. 이번 프로젝트에서는 모터가 정방향과 역방향을 반복적으로 회전하는 프로그램을 작성해보자.

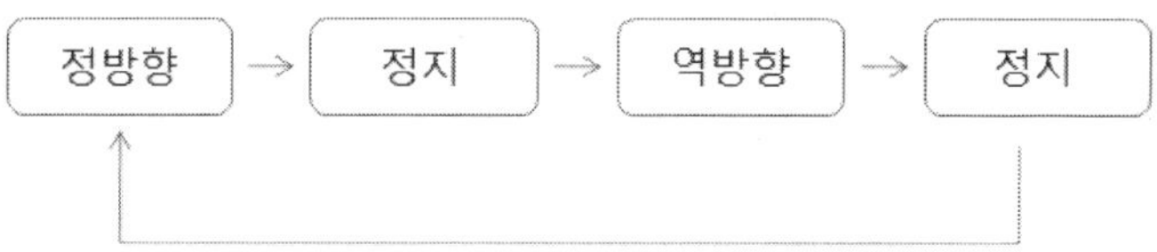


```
#include <mega128.h>
#include <delay.h>

void main()
{
 DDRB=0xff;
```

```
    while(1)
    {   PORTB.5=1;
        PORTB.6=0;
        delay_ms(3000);

        PORTB.5=0;
        delay_ms(1000);

        PORTB.5=0;
        PORTB.6=1;
        delay_ms(3000);

        PORTB.6=0;
        delay_ms(1000);
    }
}
```

※ 정지 없이 바로 정. 역 회전을 하게 되면 모터에 무리가 전달될 뿐만 아니라 순간 전류 또한 많이 소비가 이루어진다.

□ MOTOR3 PROJECT DC 모터회전 실험 3

MOTOR1. 2 프로젝트는 DC모터의 구동과 방향을 제어하였다. 이번 실험에서는 DC 모터의 속도를 제어하는 프로그램을 구현해 보자. 모터의 속도제어는 앞에서도 언급한 바와 같이 PWM 방식을 이용한다. PWM를 프로그램으로 구현하려면 포트 출력 신호의 "HIGH"와 "LOW" 길이를 조절하면 되고, 길이는 delay_ms()를 사용하면 될 것이다. 하지만 ATmega128을 비롯한 AVR 시리즈의 마이크로컨트롤러는 대부분이 PWM 기능을 가지고 있어 관련 레지스터 제어를 통해 PWM를 쉽게 구현할 수 있다.

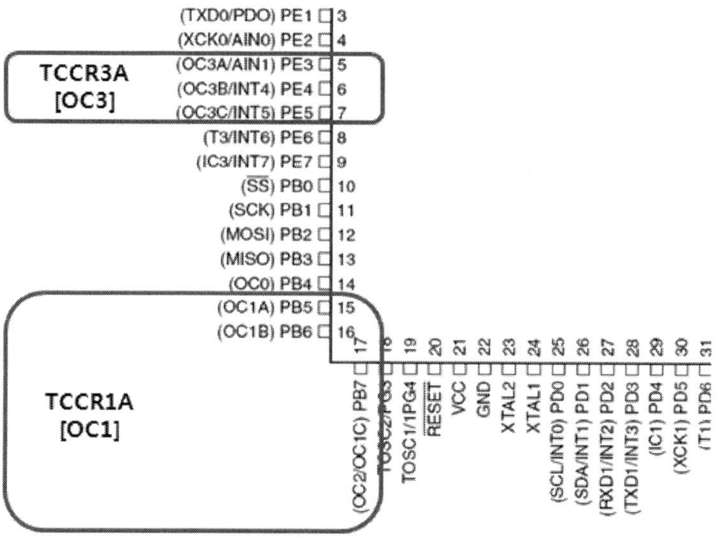

그림 2-8. PWM 관련 핀

ATmega128 컨트롤러에는 6개의 PWM이 내장되어있으며, 이 PWM들은 타이머/카운터 레지스터에서 관리한다. OC1A, OC1B, OC1C는 타이머/카운터1 제어 레지스터를 이용해 설정하고, OC3A, OC3B, OC3C은 타이머/카운터3 제어 레지스터를 이용해 설정하여 제어할 수 있다.

이번 실험은 PORTC에 연결된 DIP 스위치의 상태 값에 따라 OC1A(PORTB.5)핀으로 PWM 파형을 출력시켜 연결된 모터를 제어하는 실험이다.

※ PWM 관련 레지스터

- TCCR1A, TCCR3A 레지스터

TCCR1A (Timer/Counter1 Control Register A)

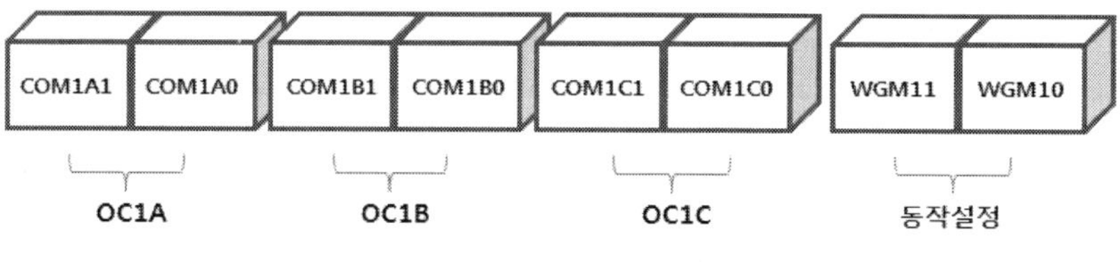

TCCR3A (Timer/Counter3 Control Register A)

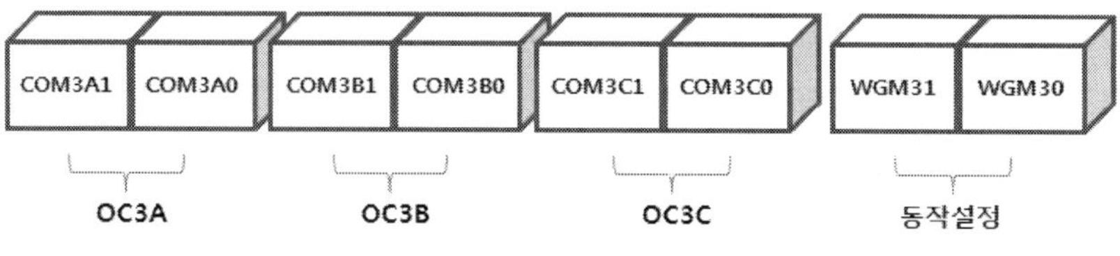

타이머/카운터 제어 레지스터는 6개의 PWM 기능 중 어떠한 PWM를 사용할 것이며 어떠한 동작을 가지도록 설정할 것인가를 결정하는 부분이다. OCnX(n=123) (X=ABC)는 6개의 PWM를 선택하는 비트이고, WGM10.11.30.31은 동작모드를 선택하는 비트이다. 자세한 레지스터 설명은 부록의 레지스터 부분을 참고한다.

- TCCR1B, TCCR3B 레지스터

TCCR1B (Timer/Counter1 Control Register B)

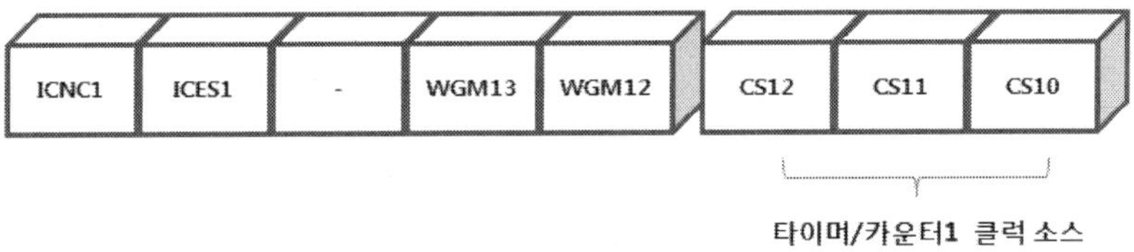

이 레지스터의 가장 큰 기능은 클럭소스를 결정하는 부분으로 카운트할 때 사용하는 클럭을 결정하는 부분이다. 자세하고 부가적인 기능은 레지스터 부분을 확인해보자.

- TCNT와 OCR 레지스터

TCNT1 (Timer/Counter1 Register)

비트	15	14	13	12	11	10	9	8	
0x2D /0x4D	MSB								TCNT1H
0x2C /0x4C								LSB	TCNT1L
	7	6	5	4	3	2	1	0	

TCNT1이나 3은 16비트 레지스터 값을 저장하는 부분으로, I/O 영역에 각기 다른 어드레스를 가지고 있는 8비트 레지스터 TCN1H와 TCNT1L, TCN1H와 TCNT1L 2개로 각각 구성되어 있다.

OCR1A (Output Compare Register A)

비트	15	14	13	12	11	10	9	8	
0x2B /0x4B	MSB								OCR1AH
0x2A /0x4A								LSB	OCR1AL
	7	6	5	4	3	2	1	0	

OCR1A나 OCR3A 레지스터는 출력비교 레지스터로, TCNT1과 계속적으로 비교되는 레지스터이며 TCNT1와 OCR1A 레지스터 값이 일치될 경우에 OC1A로 출력파형이 발생하게 되는 것이다.

※ TCNT1은 OCR1A, OCR1B, OCR1C와 비교대상이 되며, TCNT3은 OCR3A, OCR3B, OCR3C과 비교대상이 된다. 비교시 일치하였을 경우에 PWM은 OC1A.B.C, OC3A.B.C 측으로 출력되는 것이다.

```
#include 〈mega128.h〉
#include 〈delay.h〉

unsigned int speed;
void main()
{

    DDRB=0xff;
    DDRC=0x00;

    TCCR1A=0x81; /*0b10000001; Timer counter control Register A*/
    TCCR1B=0x05; /*0b000011001 Timer counter control Register B*/
    TCNT1=0x0000;          /*Timer counter값을 저장하는 Register*/

    SREG=0x80;

    while(1) {
              OCR1AL=speed;
```

```
            PORTA=OCR1AL;

            speed=PINC;
            }
}
```

※ 프로그램을 다운로드하게 되면 모터의 회전은 PORTC에 연결된 스위치에 의해 속도가 결정된다. 만약에 PORTC의 스위치가 모두 Off 되어 있다면 모터는 회전하지 않을 것이다. DIP 스위치를 On 시켜보면, On 데이터가 OCR1AL 레지스터로 입력되고, 카운트되는 값과 비교해 PWM 파형을 발생하여 모터가 회전하는 것을 확인할 수 있다. 스위치를 모두 On 시킨다면 모터는 최대속도로 회전하게 된다.

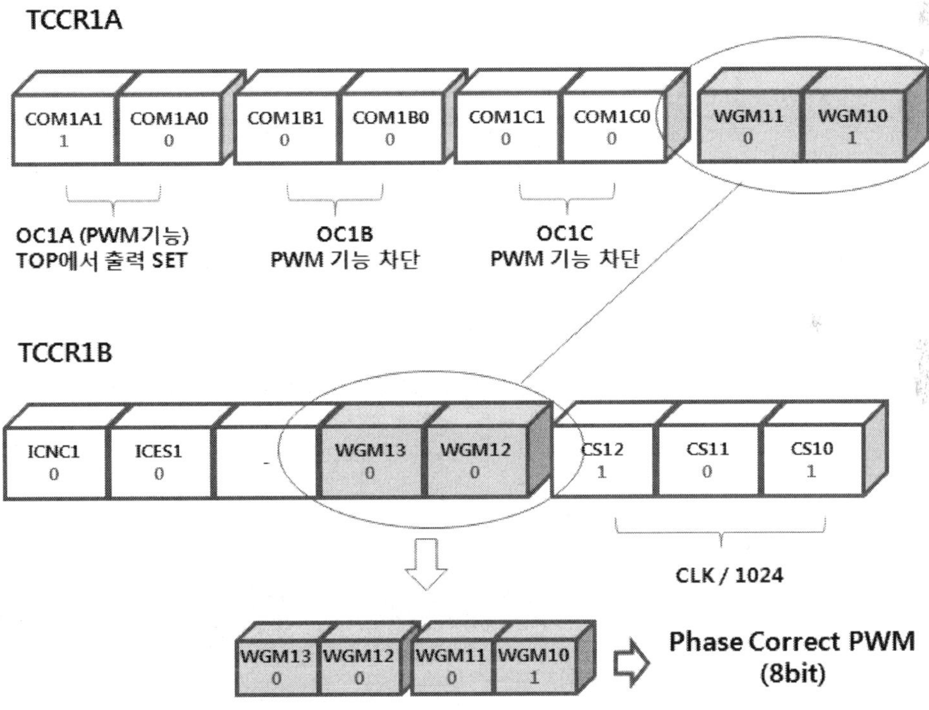

위 그림을 보면 알 수 있듯이 레지스터 설정 내용은 PWM 발생 방식은 8비트를 가지는 Phase Correct PWM 방식이고 OC1A 핀으로 PWM 파형이 출력된다.

※ PWM은 타이머/카운터 기능으로 만들기 때문에 타이머/카운터 인터럽트 부분에서 레지스터에 대한 내용을 좀 더 자세히 알아보자.

ProVSM 회로구성

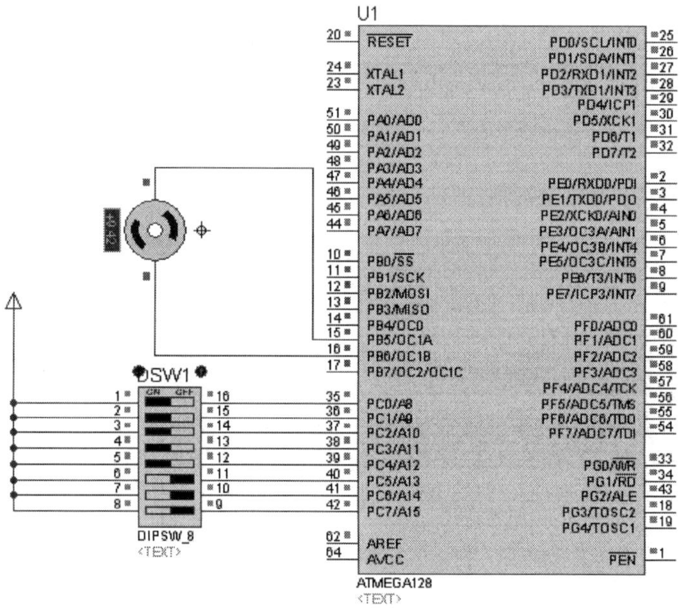
U1
RESET
XTAL1
XTAL2
PA0/AD0
PA1/AD1
PA2/AD2
PA3/AD3
PA4/AD4
PA5/AD5
PA6/AD6
PA7/AD7
PB0/SS
PB1/SCK
PB2/MOSI
PB3/MISO
PB4/OC0
PB5/OC1A
PB6/OC1B
PB7/OC2/OC1C
PC0/A8
PC1/A9
PC2/A10
PC3/A11
PC4/A12
PC5/A13
PC6/A14
PC7/A15
AREF
AVCC
PD0/SCL/INT0
PD1/SDA/INT1
PD2/RXD1/INT2
PD3/TXD1/INT3
PD4/ICP1
PD5/XCK1
PD6/T1
PD7/T2
PE0/RXD0/PDI
PE1/TXD0/PDO
PE2/XCK0/AIN0
PE3/OC3A/AIN1
PE4/OC3B/INT4
PE5/OC3C/INT5
PE6/T3/INT6
PE7/ICP3/INT7
PF0/ADC0
PF1/ADC1
PF2/ADC2
PF3/ADC3
PF4/ADC4/TCK
PF5/ADC5/TMS
PF6/ADC6/TDO
PF7/ADC7/TDI
PG0/WR
PG1/RD
PG2/ALE
PG3/TOSC2
PG4/TOSC1
PEN
ATMEGA128
<TEXT>
DSW1
DIPSW_8
<TEXT>

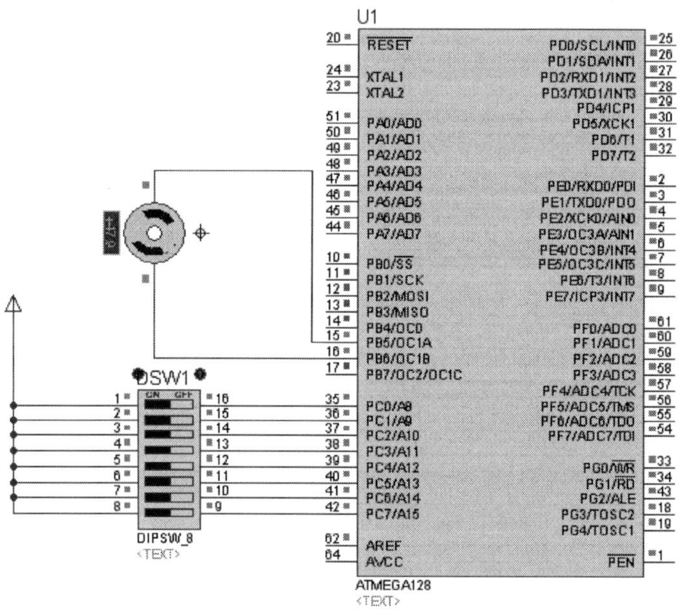
U1
RESET
XTAL1
XTAL2
PA0/AD0
PA1/AD1
PA2/AD2
PA3/AD3
PA4/AD4
PA5/AD5
PA6/AD6
PA7/AD7
PB0/SS
PB1/SCK
PB2/MOSI
PB3/MISO
PB4/OC0
PB5/OC1A
PB6/OC1B
PB7/OC2/OC1C
PC0/A8
PC1/A9
PC2/A10
PC3/A11
PC4/A12
PC5/A13
PC6/A14
PC7/A15
AREF
AVCC
PD0/SCL/INT0
PD1/SDA/INT1
PD2/RXD1/INT2
PD3/TXD1/INT3
PD4/ICP1
PD5/XCK1
PD6/T1
PD7/T2
PE0/RXD0/PDI
PE1/TXD0/PDO
PE2/XCK0/AIN0
PE3/OC3A/AIN1
PE4/OC3B/INT4
PE5/OC3C/INT5
PE6/T3/INT6
PE7/ICP3/INT7
PF0/ADC0
PF1/ADC1
PF2/ADC2
PF3/ADC3
PF4/ADC4/TCK
PF5/ADC5/TMS
PF6/ADC6/TDO
PF7/ADC7/TDI
PG0/WR
PG1/RD
PG2/ALE
PG3/TOSC2
PG4/TOSC1
PEN
ATMEGA128
<TEXT>
DSW1
DIPSW_8
<TEXT>

□ MOTOR4 PROJECT DC 모터회전 실험 4

MOTOR3 프로젝트는 PORTC에 연결된 스위치에 따라 0~255의 값이 PWM의 파형을 만들어 모터를 회전하였다. 이번 프로젝트 또한 스위치에 따라 모터가 회전하지만 DIP 스위치에 새겨진 번호에 따라 모터 속도를 결정하도록 한다.

```
#include <mega128.h>

unsigned int speed;
void main()
{
    DDRA=0xff;
    DDRB=0xff;
    DDRC=0x00;

    TCCR1A=0b10000001;
    TCCR1B=0x05;
    TCNT1=0x0000;

    SREG=0x80;

    while(1) {
              OCR1AL=speed;
              PORTA=OCR1AL;

                   if(PINC==0x01) {speed=40;}
              else if(PINC==0x02) {speed=80;}
              else if(PINC==0x04) {speed=110;}
              else if(PINC==0x08) {speed=140;}
              else if(PINC==0x10) {speed=170;}
              else if(PINC==0x20) {speed=200;}
              else if(PINC==0x40) {speed=230;}
              else if(PINC==0x80) {speed=255;}
              else                {speed=0;}
              }
}
```

단계	On S/W 번호	포트 번호	PWM Value
고속	1	PORTC.7	255
	2	PORTC.6	230
↓	3	PORTC.5	200
	4	PORTC.4	170
	5	PORTC.3	140
	6	PORTC.2	110
	7	PORTC.1	80
저속	8	PORTC.0	40
정지	모든 S/W Off, 두 개 이상의 On	설정데이터 外 입력 데이터	0

2.2 STEP MOTOR

그림 2-9. STEP MOTOR 외형

스텝모터는 외부의 DC전압 또는 전류를 모터의 각 상에 스위칭 방식으로 입력시켜 줌에 따라 일정한 각도의 회전을 하는 모터이다. 따라서 이는 일종의 디지털 제어방식의 기기로서 일반적인 아날로그 전원보다는 디지털 펄스형식의 제어에 적합하다. 즉, 디지털펄스 1개에 한번의 스텝에 해당하는 회전각만큼 정확한 회전운동을 하게 되며, 입력펄스의 수와 단위시간당 펄스입력속도에 정확히 비례하여 연속운동을 하게 된다.(단, 이때 연속운동이란 불연속운동이 펄스입력속도가 증가함에 따라 마치 연속운동의 효과를 내는 것처럼 보일 뿐이다.) 따라서 사용자가 원하는 위치를 컨트롤하고 싶다면 그 위치에 대한 펄스의 수를 내보내줌으로서 위치제어가 가능하다. DC모터가 전압으로 속도제어를 한다면 스텝모터는 스텝을 얼마나 빨리 가해 주는가에 따라 달린 것이다. 스텝모터를 본 독자도 있지만 못 본 독자도 있을 것이다. 스텝모터는 DC모터와 구조적으로 다르다는 것은 알고 있을 것이다. 스텝모터를 보면, 어떤 것은 선이 4개고, 어떤 것은 6개이다. 색깔도 가지각색이고 우선 막막한 느낌이 들 것이다. 스텝모터가 있는 사람은 손으로 한번 돌려보자. 무언가 딸각딸각 하면서 걸리는 느낌이 올 것이다. 여기서 딱딱 걸리는 느낌이 바로 한 스텝이다.(괜히 스텝모터가 아니다.) 쉽게 말하면 50스텝이면 딱딱 걸리는 느낌이 50번 느껴지는 것이다. 따라서 정확한 위치제어가 가능하기 때문에 많이 들어본 마이크로마우스나 프린터의 종이출력장치, 플로피디스켓의 head, 팩시밀리, 산업용 로봇의 팔 등 많은 곳에 쓰이고 있다.

2.2.1 STEP Motor 원리

단순화된 스텝모터를 살펴보면 그림 2-9와 같다. 여기서 그림 2-9(a)와 같이 Φ1의 코일에 전류를 흘려주면 고정자의 아래 부분이 N극으로 여자 되고, 따라서 회전자의 S극이 자성에 의해 끌려 시계 방향 90도만큼 회전하고 정지한다. 다시 그림 2-9(b)에서와 같이 Φ2 코일에 전류를 흘려주면 회전자의 극은 또 다시 같은 방향으로 90도 만큼 회전하고 정지하게 된다. 마찬가지로 계속해서 코일 Φ3, Φ4에 차례대로 전류를 흘려주면 회전자는 한 스텝씩(이 경우는 단순히 90도) 돌아가게 되는 것이다.

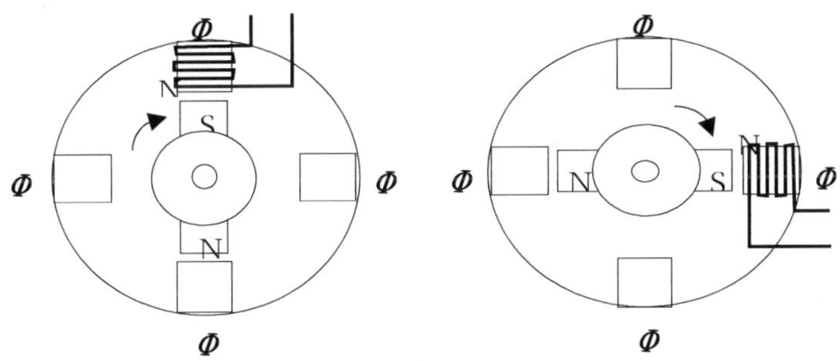

(a) (b)

그림 2-10. 스텝모터 원리

그렇다면 그림 2-9에서 한 스텝의 각도는 얼마일까? 아래 식처럼 쉽게 계산되어 구할 수 있다.

360° / 4 = 90° (스텝 각 = 360° / (상수 × 회전자의 톱니 수))

따라서 톱니 수가 많을수록 스텝 각은 작게 되며, 더 정밀한 위치제어가 가능하다는 것이다.

그림 2-9에서와 같이 회전자가 영구자석으로 PM(Permanent Magnet)형이라 하고 회전자의 단면이 톱니모양인 것은 VR(Variable Reluctance)형이라고 한다. 일반적으로 VR+PM의 혼합형인 HB(Hybrid)형이 가장 많다.

□ 유니폴라(Unipolar)와 바이폴라(Bipolar)

유니폴라와 바이폴라를 쉽게 설명하자면 한 상을 기준으로 전류가 유니폴라는 한쪽방향으로만 흐르고, 반대로 바이폴라는 양방향으로 흐른다는 것을 의미한다. 그림 2-10은 스텝모터를 간결화 시킨 것이다. (a) 그림을 보면 스텝모터를 중심으로 총 6개의 선이 있고 각각의 중심은 전원과 연결되어있다. 각 상에는 Ground를 주어야 전류가 흐른다. 전류의 방향을 잘 생각해보면 모든 상이 같은 방향의 전류로만 흐른다. 이를 유니폴라 방식이라 한다.

다음 (b) 그림을 보자. (b) 그림에서는 센터 선을 쓰지 않고 4선으로만 쓴다. 그림 상에서는 전류방향이 나타나있지만 어느 쪽으로 주던지 상관은 없다. 즉 A상에 1을 주고 /A상에 0을 주던가 A상에 0을 주고 /A상에 1을 주던지, 그러면 전류가 양방향으로 흐르게 된다. B나 /B상도 마찬가지이다. 이 방식을 바이폴라 방식이라 한다.

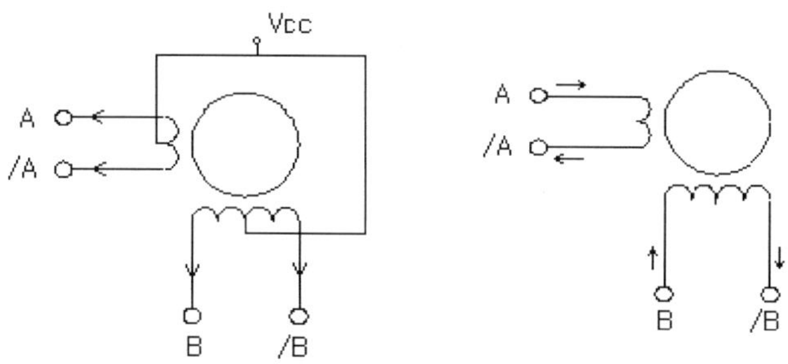

(a) 유니폴라 방식　　　　(b) 바이폴라 방식

그림 2-11. 유니폴라 방식과 바이폴라 방식

따라서 유니폴라 방식을 쓸 경우 외부 선은 전원2선과 신호선 4개가 되어 총 6개가 되며, 바이폴라 방식을 쓸 경우 4개의 선만 필요하게 된다.

2.2.2 STEP Motor 구동 방법

□ 구동방식에 따른 분류

스텝모터의 구동 방식은 1상여자 방식, 2상여자 방식, 1-2상 여자방식 이렇게 크게 3가지로 나눌 수 있다.

- 1상 여자 방식

1상 방식은 스텝모터의 각 신호에 하나의 펄스를 상 순서에 맞게 순차적으로 가하여 회전시키는 방법으로 다음 그림과 같다.

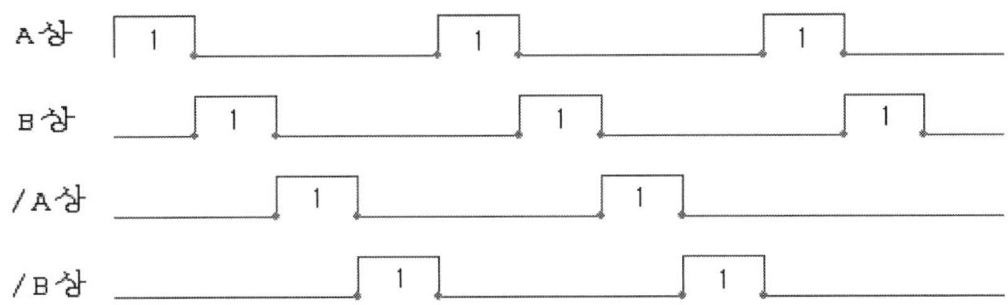

그림 2-12. 1상 여자방식

스텝모터의 고정자의 1개 코일만을 차례로 여자하여 회전 자계를 만드는 방법이다. 이 여자 법에서는 회전자가 정지하는 위치(안정점)가 고정자와 회전자가 일치하는 점이 된다. 이 방법은 효율은 좋으나 Damping 특성이 나쁘기 때문에 일정한 펄스 비로 사용할 때에는 진동이 발생하기 쉽다. 상은 위부터 A, B, /A, /B상이다.

- 2상 여자 방식

2상 여자 방식은 말 그대로 2개의 펄스를 가해 회전시키는 방법으로 다음 그림과 같다.

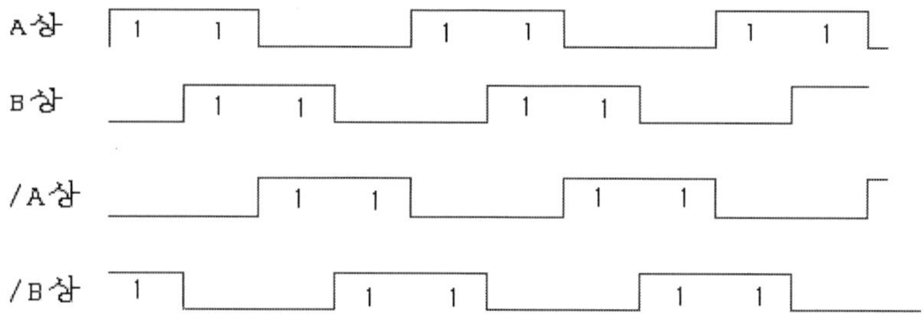

그림 2-13. 2상 여자방식

모터에 있는 2개의 고정자가 코일을 동시에 여자하고 각 권선 사이에 발생한 자계를 이용하여 회전시키는 방법이다. 이 여자법에서 회전자의 안정점은 고정자의 사이에 있게 된다. 이 방법은 1상 여자에 비해 2배의 입력신호를 필요하게 되어 효율은 저하되지만 Damping 특성이 양호하므로 가장 널리 이용되는 방식이다.

- 1-2상 여자 방식

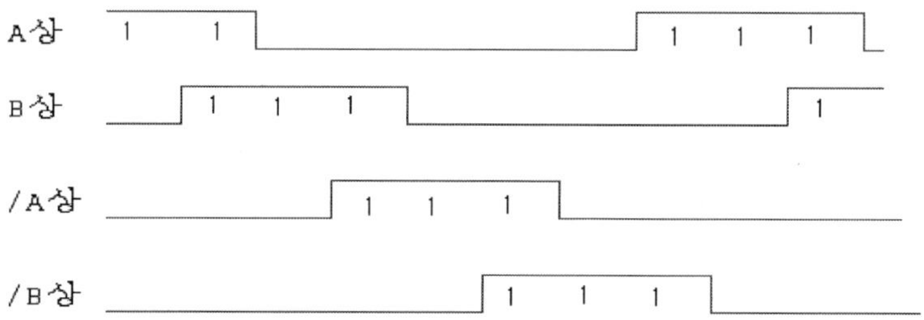

그림 2-14. 1-2상 여자방식

1상 여자와 2상 여자를 교대로 행하는 것으로 1펄스에 대한 스텝 각은 1상 여자와 2상 여자에 의한 스텝 각의 반이 된다. 이를 하프스텝이라 하며 만일 스텝 각이 3.6° 의 모터를 1-2상 여자 법으로 구동시키면 1.8° 의 스텝 각을 얻을 수 있는 것이다. 이 여자 법은 고 분해능을 요구하는 위치결정 제어에 사용될 수 있으며 진동과 소음을 줄일 수 있으나 스텝의 정확도는 떨어진다.

□ 스텝모터 구동 IC

교재에서는 SANYO사의 SLA7024 (SLA7026)를 사용했다. 일반적으로 널리 알려진 L297, L298에 비해 우수하다고 알려져 있다. SLA7024는 N CHANNEL MOSFET로 되어 있어 DRAIN과 BODY사이에 구조적으로 DIODE가 생성되므로 모터의 인덕터(INDUCTOR)에서 발생하는 역기전압 제거용 DIODE가 필요 없어서, 외부에서 달아 줘야 하는 TTL구조의 L298에 비해 유리하다. 작동 원리는 L298과 같이 쵸핑(CHOPPING) 구동을 한다. 내부적으로는 1 OHM의 저항에서 측정된 전류의 양을 피드백 시켜 PWM(PULSE WIDTH MODULATION)을 해서 고속회전시 전류를 충분히 공급할 수 있게 한다. 이런 회로를 사용하는 이유는 모터가 인덕터로 되어있기 때문이다. 외형도와 내부 회로도는 그림 2-15, 그림 2-16에 나타나 있다.

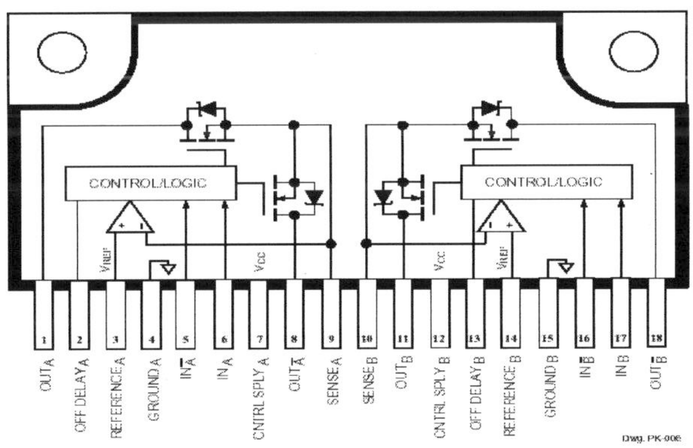

그림 2-15. SLA7024 (SLA7026) 외형도

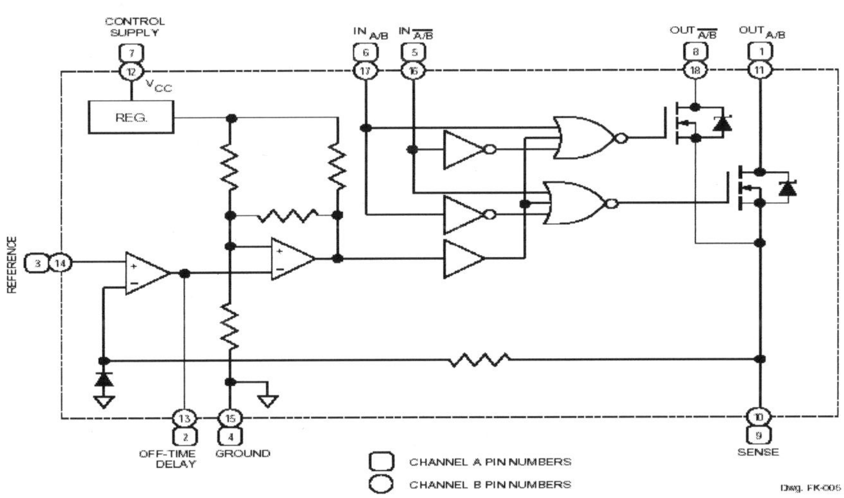

그림 2-16. SLA7024 내부 구조

2.2.3 STEP Motor 구동 회로설계

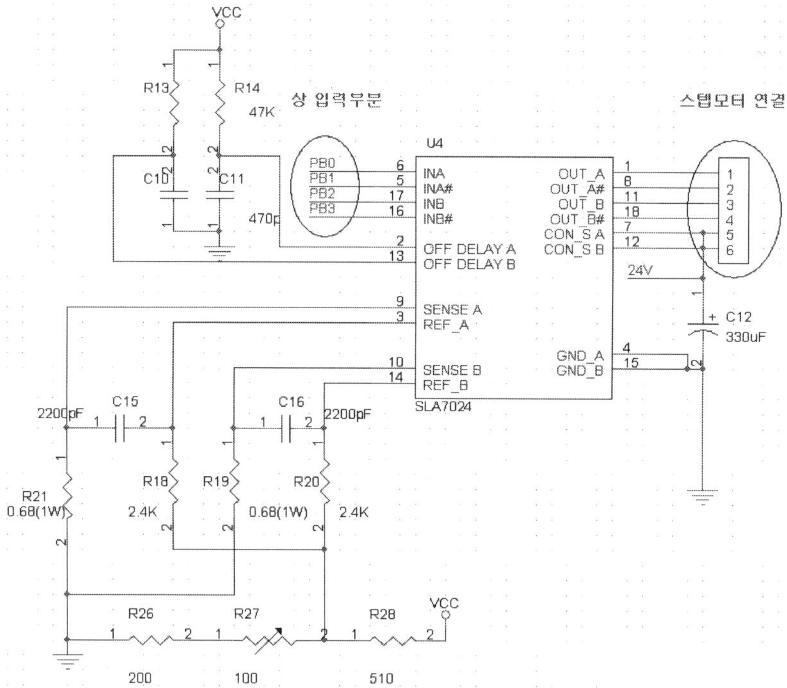

그림 2-17. SLA7024를 이용한 STEP 모터 제어회로도

그림 2-17은 SLA7024 입력부에 PORTB의 하위 4비트가 연결된 회로이다. 입력부에서 스텝모터 구동 데이터를 주면 출력부분의 증폭된 신호가 컨넥터에 연결된 스텝모터에 전달되어 모터가 회전하게 된다.

표 2-3. SLA7024 입출력 핀 번호

입 력	ATmega128 배선	출 력
IN A (6번)	PORTB.0	OUT A (1번)
IN A# (5번)	PORTB.1	OUT A# (8번)
IN B (17번)	PORTB.2	OUT B (11번)
IN B# (16번)	PORTB.3	OUT B# (18번)
24V		COMMON 단자 (7번)
		COMMON 단자 (12번)

2.2.4 STEP Motor 구동 실험

□ STEP1 PROJECT 1상 방식을 이용한 스텝 모터 구동

첫 번째 스텝모터 실험은 1상 여자 방식으로 스텝모터를 구동시키는 프로그램을 작성하고 실험한다. 1상 여자 방식은 각 신호에 하나의 펄스만 가하여 회전시키는 방법이다.

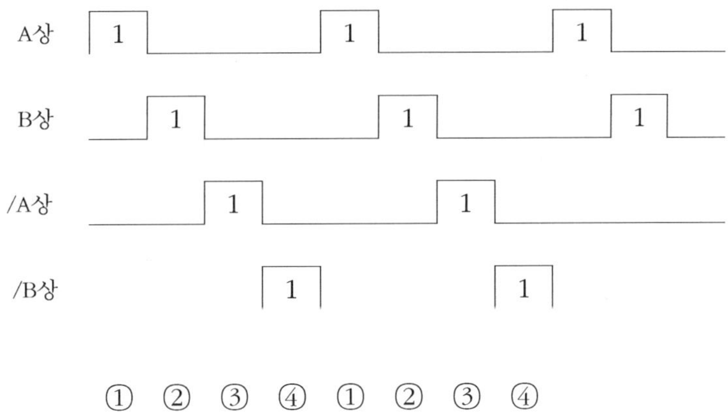

① 구간에서 A상에 H('1')의 값이 들어간다. A상은 PORTB.0에 연결되어있다. 그러므로 이 구간의 펄스 신호 값은 16진수 값인 0x01이 된다. 다른 구간도 위 그림을 참고하여 각 구간의 펄스 신호 값을 계산하면 된다. 스텝모터의 상이 맞지 않거나 펄스 신호 값이 틀리면 스텝모터는 동작하지 않거나 진동을 하게 된다. 프로그램에서 스텝을 4번 가해주었기 때문에 스텝모터는 정해진 각도로 4번 움직인다. 하지만 계속 반복해서 값을 입력한다면 한 주기인 4개의 스텝을 반복적으로 입력해 회전시킬 수 있다.

ProVSM 실험회로

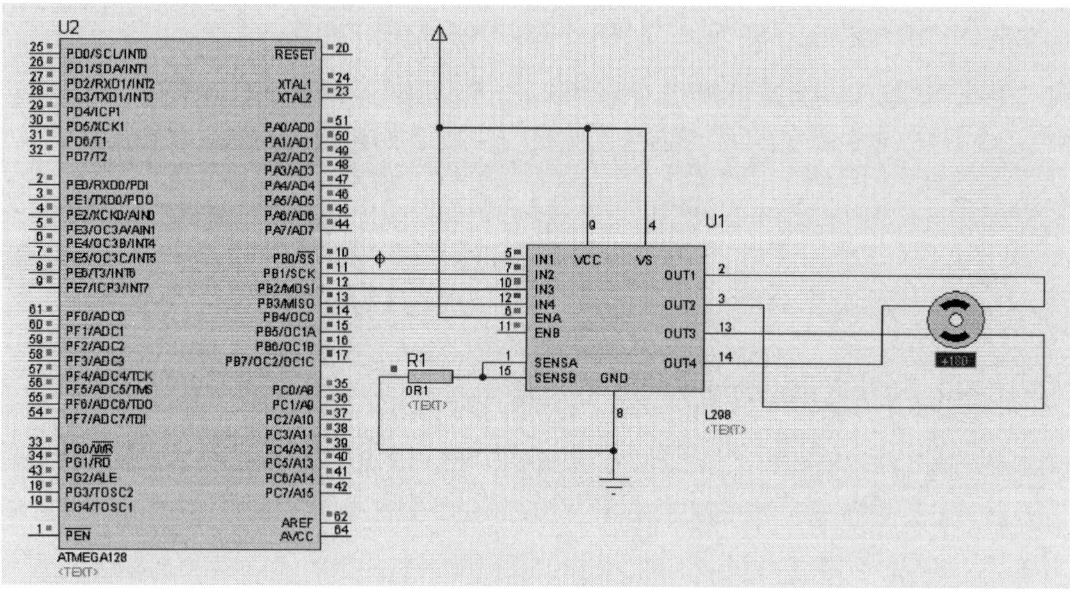

```
#include <mega128.h>
#include <delay.h>

 void main()
  {

     DDRB=0xff;

     while(1)
     {

              PORTB=0x01;                /* ① 구간 펄스 신호 */
              delay_ms(10);

         PORTB=0x04;                /* ② 구간 펄스 신호 */
              delay_ms(10);

         PORTB=0x02;                /* ③ 구간 펄스 신호 */
              delay_ms(10);
```

```
            PORTB=0x08;                  /* ④ 구간 펄스 신호 */
            delay_ms(10);
      }
}
```

※ 2상 방식을 이용한 스텝 모터 구동

2상 여자 방식은 2개의 펄스를 동시에 가해 회전시키는 방법으로, 2상 여자 방식은 1상 여자에 비해 2배의 입력신호를 필요로 하게 되어 효율은 저하되지만 Damping 특성이 양호하므로 가장 널리 이용되는 방식이다.

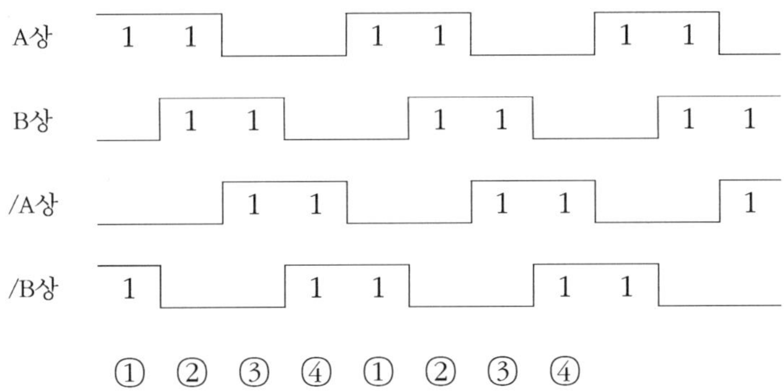


```
#include <mega128.h>
#include <delay.h>

 void main()
  {

    DDRB=0xff;

    while(1)
   {

            PORTB=0x09;                  /* ① 구간 펄스 신호 */
            delay_ms(10);

      PORTB=0x054;                 /* ② 구간 펄스 신호 */
            delay_ms(10);
```

```
        PORTB=0x06;                /* ③ 구간 펄스 신호 */
                delay_ms(10);

                PORTB=0x0a;                /* ④ 구간 펄스 신호 */
                delay_ms(10);
        }
}
```

※ 1-2상 방식을 이용한 스텝 모터 구동

1-2상 여자 방식은 1상 여자와 2상 여자를 교대로 행하는 것으로 1펄스에 대한 스텝 각은 1상 여자와 2상 여자에 의한 스텝 각의 반이 된다. 이를 하프스텝이라 하며 만일 스텝 각이 3.6°의 모터를 1-2상 여자 법으로 구동시키면 1.8°의 스텝 각을 얻을 수 있는 것이다.

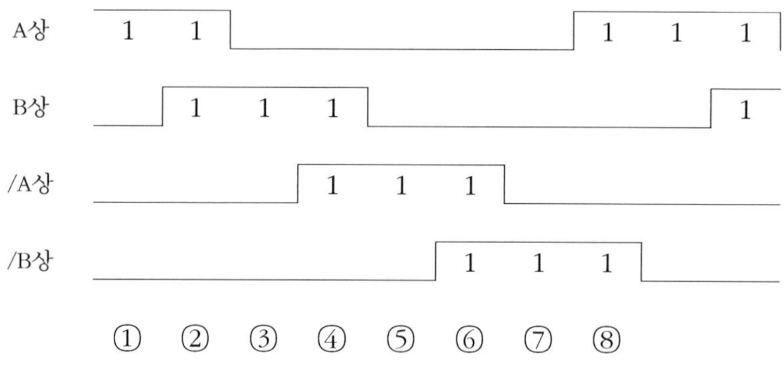

이 여자 법은 고 분해능을 요구하는 위치결정 제어에 사용될 수 있으며 진동과 소음을 줄일 수 있으나 스텝의 정확도는 떨어진다.

```
#include <mega128.h>
#include <delay.h>

unsigned char STEP[8]={0x01, 0x05, 0x04, 0x06, 0x02, 0x0a, 0x08, 0x09};

void main()
{
```

```
 unsigned char a=0;
 DDRB=0xff;

  while(1)
        {
PORTB=STEP[a];
            delay_ms(10);

            if(a==7)
            { a=0; }

            else { a++; }
        }
}
```

□ STEP2 PROJECT 1상 방식을 이용한 스텝 모터 정역회전 실험

STEP2 프로그램은 스텝모터를 정방향과 역방향으로 회전하도록 하는 실습으로, 정방향으로 정확히 한 바퀴 회전 후 다시 역방향으로 한 바퀴 회전을 반복하는 프로그램이다. 스텝모터의 스텝 각이 1.8도이고, 제어 방식이 1상 방식이라면 프로그램은 4개의 스텝인 한 주기를 얼마나 반복시켜야 할까?

한 주기가 끝날 때마다 모터는 [1.8 X 4 =7.2]도씩 회전하게 된다. 그렇기 때문에 모터가 한 바퀴 회전하기 위해서는 1상 구동 방식의 1주기를 50번 반복하게 되면 360도 회전이 되어 모터 축이 한 바퀴 회전하게 될 것이다.

```
#include <mega128.h>
#include <delay.h>

void main()
{
  unsigned char i;
  DDRB=0xff;

  while(1)
  {
    for(i=0;i<50;i++)          // 1.8 * 4 * 50 =360
```

```
        {
            PORTB=0x01;
            delay_ms(10);
            PORTB=0x04;
            delay_ms(10);
            PORTB=0x02;
            delay_ms(10);
            PORTB=0x08;
            delay_ms(10);
        }
      for(i=0;i<50;i++)          // 1.8 * 4 * 50 =360
      {
            PORTB=0x08;
            delay_ms(10);
            PORTB=0x02;
            delay_ms(10);
            PORTB=0x04;
            delay_ms(10);
            PORTB=0x01;
            delay_ms(10);
      }
    }
}
```

□ STEP3 PROJECT S/W 입력을 이용한 스텝모터 속도제어 실험

PORTC에 연결된 DIP S/W의 입력 값을 "time" 변수에 대입하게 되면 8개의 비트이기 때문에 0~255까지의 데이터가 입력된다. 이러한 값을 스텝각과 스텝각 사이에 삽입하게 되면 각에서 다음 각으로 전달되는 제어 신호를 조절할 수 있기 때문에 스텝모터의 속도를 제어할 수 있게 된다.

```
#include <mega128.h>
#include <delay.h>

void main()
{
```

```
    unsigned char time;
    DDRB=0xff;
    DDRC=0x00;

    while(1)
    {
        time=PINC;

            PORTB=0x01;
            delay_ms(time);
            PORTB=0x04;
            delay_ms(time);
            PORTB=0x02;
            delay_ms(time);
            PORTB=0x08;
            delay_ms(time);
     }
}
```

03 인터럽트(Interrupt)

인터럽트란 주된 일을 수행하다가 어떠한 요청 신호가 들어오면 수행하던 일을 잠시 멈추고 요청신호의 일을 해결한 후에 원래 하던 일을 다시 수행하는 것이다. 예를 들어 설명하자면, 도서관에서 시험공부를 하고 있는데 친구가 다가와서 "야! 커피한잔 하러가자!!" 하고 옆구리를 쿡 찌를 것이다. 그렇다면 잠시 자판기에 가서 커피를 한잔 마시고 돌아와서 다시 시험공부를 한다. 여기서 수행하는 일은 시험공부, 인터럽트 요청은 옆구리를 쿡 찌른 것이고 인터럽트 걸렸을 때의 일은 커피마시는 것이다.

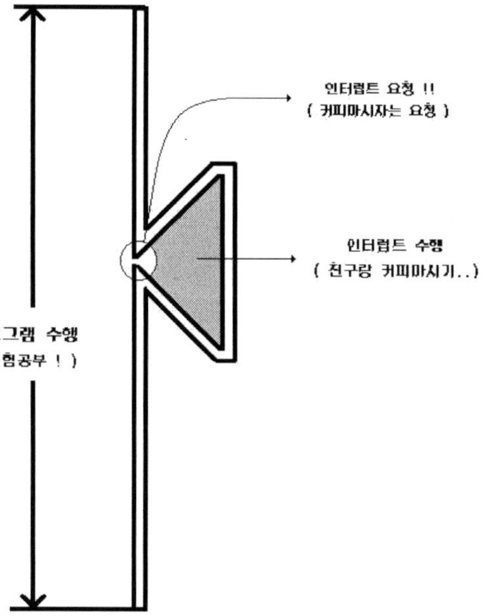

그림 3-1. 인터럽트 개념

인터럽트라는 것은 그림 3-1과 같이 현재 수행중인 작업을 잠시 멈추고 요청이 들어온 일을 끝낸 다음에 다시 작업을 수행하는 것이다. 인터럽트 요청이 들어와서 수행하는 곳을 인터럽트 벡터(Vector)라고 한다. ATmega128에는 다양한 인터럽트가 존재하는데 이러한 인터럽트 기능을 사용하기 위해서는 인터럽트와 관련된 레지스터들을 잘 설정하는 것이 매우 중요한다. 이번 장에서는 다양한 인터럽트 중 외부인터럽트와, 타이머/카운트 인터럽트를 이용해서 몇 가지 실험을 해본다.

3.1 인터럽트 레지스터(Register)

인터럽트를 직접 프로그램화 하려면 정의 외 한 가지 더 알아야한다. 바로 레지스터들이다. 특별한 것은 아니고 인터럽트를 어떻게 사용할 것인지를 정의하는 부분으로, 예를 들자면 카운트/타이머 인터럽트를 이용해 시간을 맞추어 그 시간마다 인터럽트가 걸리게 하려한다면 시간을 맞추는 방법을 알아야할 것이다. 또한, 외부 인터럽트를 사용하기 위해서는 외부에서 자극을 주워야하는데 어떠한 형태의 신호를 받았을 경우에 인터럽트가 걸리게 할 것인가를 결정해주는 즉, 설정할 수 있도록 내장된 메모리의 일부분이다.

3.1.1 외부인터럽트 관련 레지스터

ATmega128의 외부인터럽트는 INT0 ~ INT7 8개의 인터럽트 핀을 가지고 있으며, 그림 3-2의 INT0 ~ INT7 핀에 외부 신호를 가해주게 되면 외부 인터럽트 요청이 이루어지게 되는 것이다.

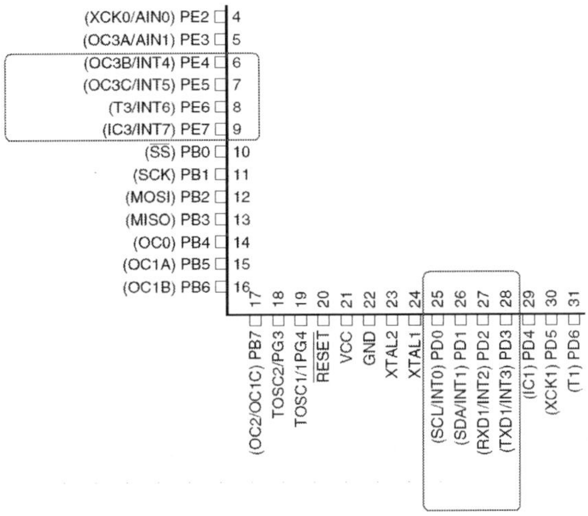

그림 3-2. 외부 인터럽트 INT0 ~ INT7

EICRA (External Interrupt Control Register A)

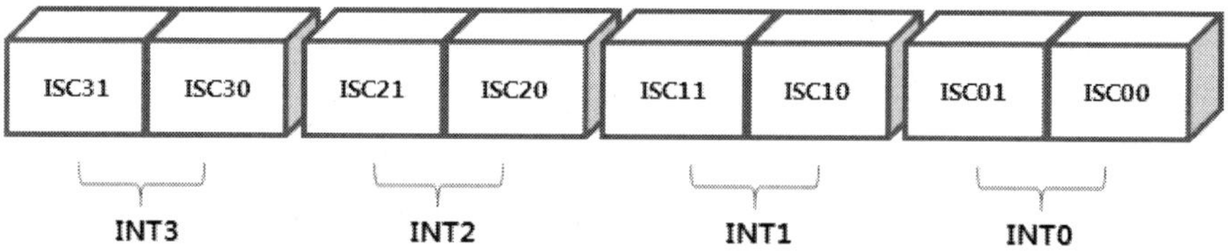

ISCn1	ISCn0	기 능
0	0	LOW Level에서 인터럽트 요청
0	1	-
1	0	하강(Edge)에서 인터럽트 요청
1	1	상승(Edge)에서 인터럽트 요청

EICRB (External Interrupt Control Register B)

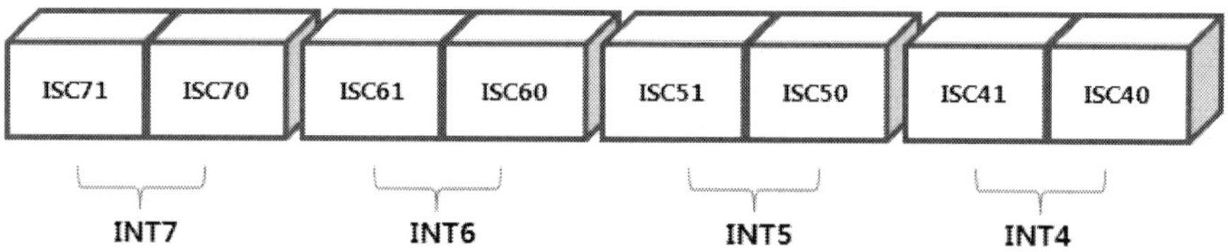

ISCn1	ISCn0	기 능
0	0	LOW Level에서 인터럽트 요청
0	1	논리적 변화가 있을 시 인터럽트 요청
1	0	하강(Edge)에서 인터럽트 요청
1	1	상승(Edge)에서 인터럽트 요청

외부에서 가해지는 신호는 스위치이든 센서신호이든 TTL 레벨을 가지는 신호일 것이다. 이때 가해지는 구형파의 신호 중에 어떠한 부분에서 인터럽트를 발생하게 할 것인지를 결정하는 레지스터이다.

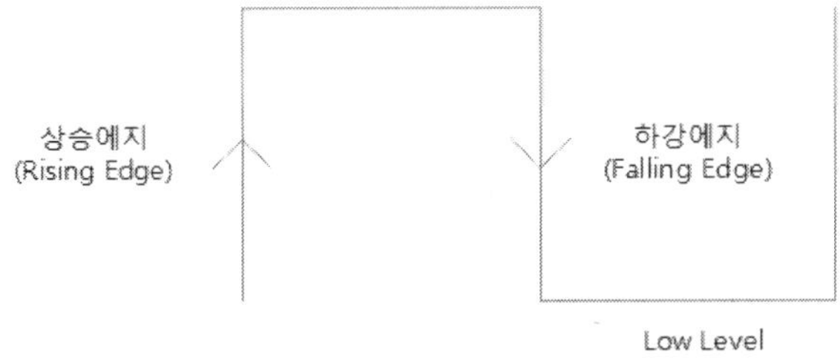

그림 3-3. 외부 인터럽트 요청 신호 구별

EIMSK (External Interrupt Mask Register)

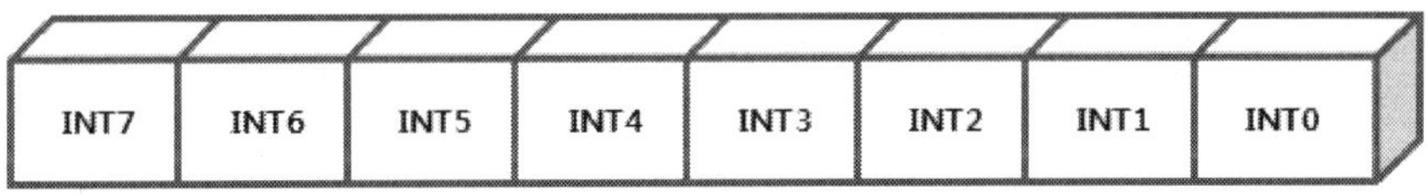

EIMSK 레지스터는 외부인터럽트 마스크 레지스터로 사용하고자 하는 인터럽트만 허용시키고 사용하지 않는 인터럽트는 허용하지 않는 레지스터다. 사용하고자 하는 인터럽트를 "1"로 하고, 사용하지 않는 인터럽트는 "0"으로 설정하면 자동적으로 마스크 된다. 예를 들어서 INT7,6,5,4 네 개의 인터럽트를 사용하고 싶으면 해당되는 비트에 "1"을 대입하면 되는 것이다.

SREG (Status Register)

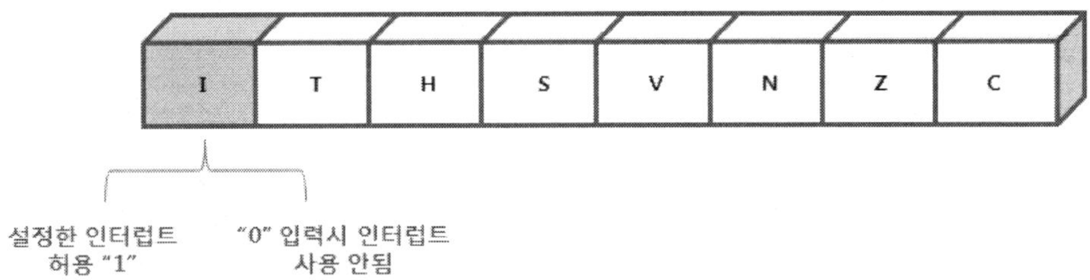

SREG 레지스터는 기본적이고 중요한 레지스터로 설정한 인터럽트들을 사용하기 위해서는 SREG 레지스터를 통해 허용을 받아야한다. 허용을 받지 못할 경우는 설정한 인터럽트를 사용할 수 없게 된다.

3.1.2 외부인터럽트 요청을 위한 회로설계

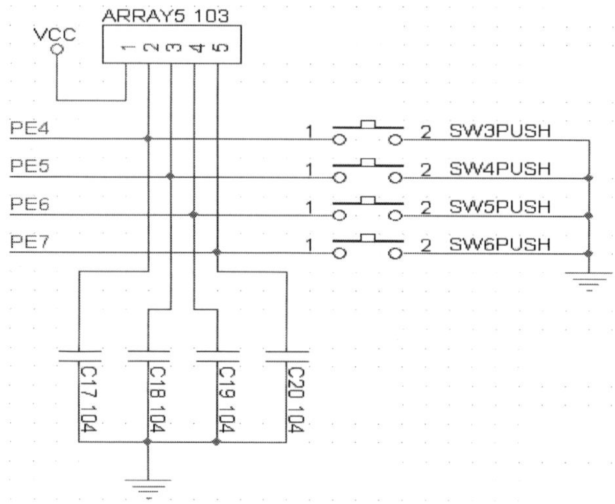

그림 3-4. 외부 인터럽트를 위한 회로설계

그림 3-4는 외부 인터럽트 요청을 하기위해 사용되는 스위치 회로이다. 스위치 대신 산업용 센서나 외부의 On/Off 스위치를 인터페이스하면 ATmega128에 외부 인터럽트를 요청할 수 있다. 회로에서 스위치를 On시키지 않으면 PE4~PE7의 핀에는 풀업 저항에 의해 HIGH 레벨의 신호가 입력될 것이다. 하지만 스위치를 On일 경우에는 해당 비트의 전위가 그라운드가 되어 버리기 때문에 결국 ATmega128의 핀 방향은 LOW 레벨 신호가 될 것이다. 평소에는 High 신호지만 스위치를 On시켰을 경우에는 Low 신호가 입력된다.

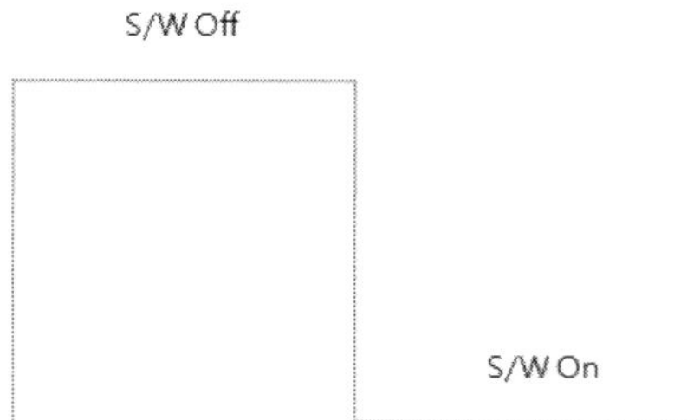

3.1.3 외부인터럽트를 이용한 프로그램 구현

□ EXTERNAL1 PROJECT. INT4를 이용한 LED On/Off 실험

그림 3-4의 회로에서 INT4에 연결된 스위치를 홀수 번 눌렀을 경우에는 PORTA에 연결된 LED가 모두 켜지고, 짝수 번 눌렀을 경우에는 LED가 모두 OFF되는 프로그램을 구현해 보자.

```
#include <mega128.h>

unsigned int count;    /*전역변수*/

void main()
{
    unsigned char odd=0;

    DDRA=0xff;

    EIMSK=0b00010000;            //  INT4번만 인터럽트 허용
    EICRB=0b00000010;            //  하강에지에서 인터럽트 요청

    SREG=0x80;                   // 설정인터럽트 허용

    while(1)
            { odd=count%2;               // odd는 '1' or '0'
              if(odd) {PORTA=0xff;}      // 홀수일 경우 수행
              else    {PORTA=0x00;}      // 짝수일 경우 수행
            }
 }

  /* 외부인터럽트 벡터 선언 방식. 아래는 외부 4번 벡터 */

  interrupt [EXT_INT4] void external_int4(void)
  {
     count++;                                    // 변수 증가
  }
```

ProVSM 회로구성

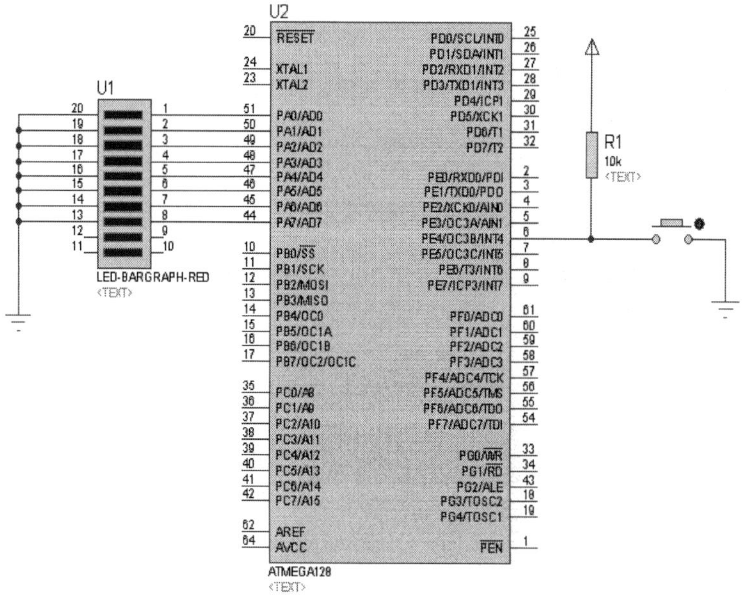
U2
U1
R1
10k
<TEXT>
LED-BARGRAPH-RED
<TEXT>
ATMEGA128
<TEXT>
RESET
XTAL1
XTAL2
PA0/AD0
PA1/AD1
PA2/AD2
PA3/AD3
PA4/AD4
PA5/AD5
PA6/AD6
PA7/AD7
PB0/SS
PB1/SCK
PB2/MOSI
PB3/MISO
PB4/OC0
PB5/OC1A
PB6/OC1B
PB7/OC2/OC1C
PC0/A8
PC1/A9
PC2/A10
PC3/A11
PC4/A12
PC5/A13
PC6/A14
PC7/A15
AREF
AVCC
PD0/SCL/INT0
PD1/SDA/INT1
PD2/RXD1/INT2
PD3/TXD1/INT3
PD4/ICP1
PD5/XCK1
PD6/T1
PD7/T2
PE0/RXD0/PDI
PE1/TXD0/PDO
PE2/XCK0/AIN0
PE3/OC3A/AIN1
PE4/OC3B/INT4
PE5/OC3C/INT5
PE6/T3/INT6
PE7/ICP3/INT7
PF0/ADC0
PF1/ADC1
PF2/ADC2
PF3/ADC3
PF4/ADC4/TCK
PF5/ADC5/TMS
PF6/ADC6/TDO
PF7/ADC7/TDI
PG0/WR
PG1/RD
PG2/ALE
PG3/TOSC2
PG4/TOSC1
PEN

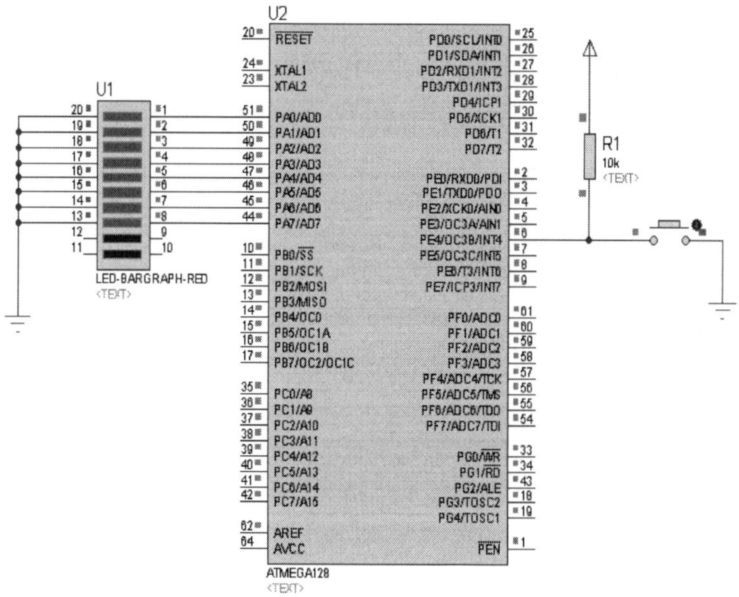
U2
U1
R1
10k
<TEXT>
LED-BARGRAPH-RED
<TEXT>
ATMEGA128
<TEXT>

□ EXTERNAL2 PROJECT. 외부인터럽트를 이용한 모터 방향제어

외부인터럽트를 복수 개로 사용해 DC모터의 방향 제어와 정지할 수 있는 프로그램을 작성한다.

```
#include <mega128.h>

void main()
{
    DDRB=0xff;              // Motor연결
    EIMSK=0b01110000;       // INT 4,5,6 허용
    EICRB=0b00101010;       // INT 4,5,6 하강에지시 인터럽트 요청
    SREG=0x80;

    while(1);
}

  interrupt [EXT_INT4] void external_int4(void)
  { PORTB.5=1;
    PORTB.6=0;
  }

  interrupt [EXT_INT5] void external_int5(void)
  { PORTB.5=0;
    PORTB.6=0;
  }

  interrupt [EXT_INT6] void external_int6(void)
  { PORTB.5=0;
    PORTB.6=1;
  }
```

INT 요청	PORTB.5	PORTB.6	MOTOR 방향
INT4	1	0	정방향
INT5	0	0	정지
INT6	0	1	역방향

EIMSK 레지스터에서 "0b01110000"을 입력함으로써 외부인터럽트 4~6번만을 사용하게 하였으며, "EICRB= 0b00101010" 요청신호를 위한 EICRB 레지스터에서는 사용되는 세 개의 외부인터럽트 모두 하강에지일 때 인터럽트 요청이 이루어지도록 하였다. INT4 요청시 벡터는 모터가 정방향 계속해서 회전하도록 하였으며, INT5 벡터에서는 정지, INT6에서는 모터의 방향을 역방향으로 회전시키도록 하였다. PORT는 한번 데이터 값이 입력되면 새로운 값이 입력될 때까지 그 상태를 계속 유지하기 때문에 회전명령 한번만 내리면 회전의 상태가 유지된다.

ProVSM 회로구성

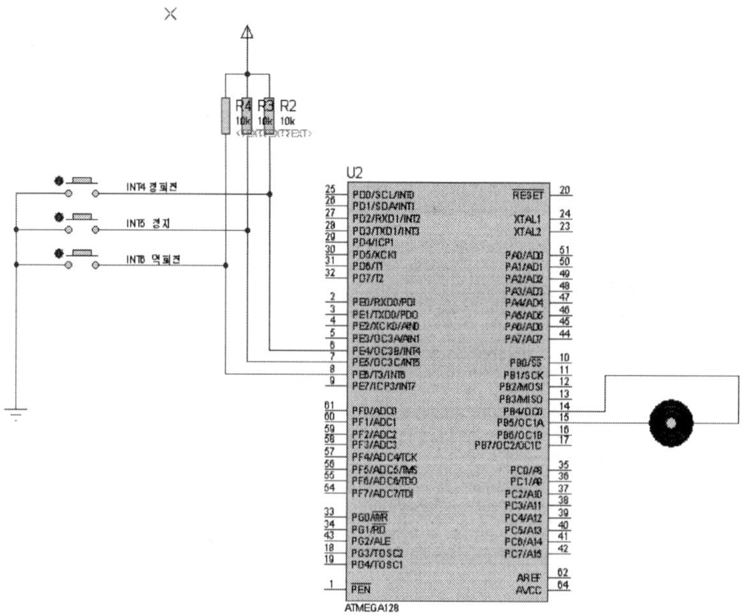

□ EXTERNAL3 PROJECT. 외부인터럽트를 이용한 FND 제어

FND3 PROJECT FND 디스플레이 실험3은 스위치를 누르고 있는 동안 FND가 계속해서 카운트되는 실험을 해 보았다. 이번 실험에서는 외부인터럽트 7번 스위치를 이용해 스위치를 한번 누를 때마다 4자리의 FND가 순차적으로 1씩 증가하는 프로그램을 작성해 보자.

```
#include <mega128.h>
#include <delay.h>

unsigned int count=0;

void main()
{
   unsigned int four, three, two, one;

   DDRA=0xff;
   DDRD=0xff;

   EIMSK=0b10000000;            // 외부인터럽트 7번 사용
   EICRB=0b10000000;            // 하강에지시 인터럽트 요청

   SREG=0x80;                   // 인터럽트 허용

    while(1){
                four   = (count/1000)%10;
                three  = (count/100)%10;
                two    = (count/10)%10;
                one    = (count/1)%10;

            PORTD   = 0xe0 | four;
            delay_ms(2);
            PORTD   = 0xd0 | three;
            delay_ms(2);
            PORTD   = 0xb0 | two;
            delay_ms(2);
            PORTD   = 0x70 | one;
            delay_ms(2);

          if(count>=9999)count=0; // 최대 값이 되면 다시 "0"으로
    }
}

  interrupt [EXT_INT7] void external_int7(void)
  {
    count++;
  }
```

□ EXTERNAL4 PROJECT. 외부인터럽트를 이용한 DC모터 속도제어

이번 프로젝트 실험에서는 INT4, INT5를 이용해 DC모터의 속도를 제어해보자. INT4에 연결된 스위치를 누르게 되면 모터는 점차 증가하고, INT5에 연결된 스위치를 누르게 되면 모터의 속도는 감소하게 된다.

```
#include <mega128.h>
#include <delay.h>
unsigned int speed=200;
void main()
{
    DDRA=0xff;
    DDRB=0xff;
    EIMSK=0b00110000;
    EICRB=0b00001010;

    TCCR1A=0b10000001;
    TCCR1B=0x05;
    TCNT1=0x0000;
    SREG=0x80;
    while(1) {OCR1AL=speed;   PORTA=OCR1AL;}
}
      interrupt [EXT_INT4] void external_int4(void)
    { speed+=10;
      if(speed>255) speed=255;
  }
      interrupt [EXT_INT5] void external_int5(void)
    { speed-=10;
      if(speed<100) speed=100;
    }
```

3.2 타이머/카운터 레지스터

3.2.1 타이머/카운트 인터럽트 관련 레지스터

ATmega128은 4개의 타이머/카운터 인터럽트를 가지고 있다. 이중 타이머/카운터 0과 2는 8비트이며, 타이머/카운터 1과 3은 16비트를 가지고 있다. 이러한 타이머/카운터는 내부 클럭 CLK를 카운트하는 타이머 또는 외부 클럭을 카운트하는 카운터로 동작한다.

TCNT(Timer/Counter Register) 0, 2

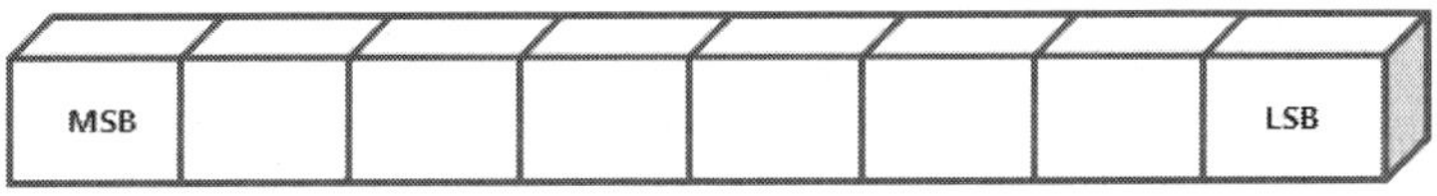

TCNT(Timer/Counter Register) 1, 3

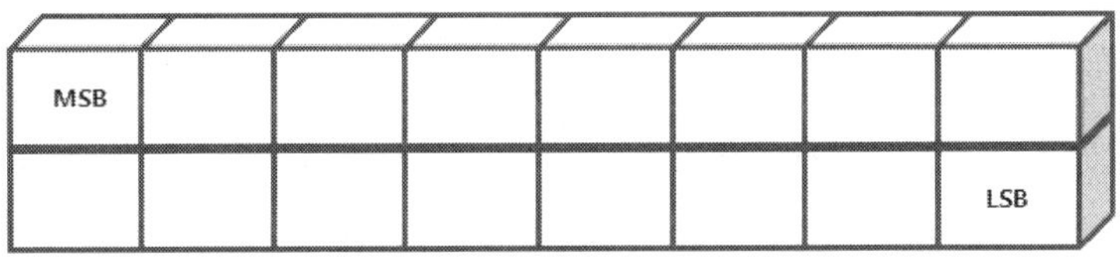

TCNT 레지스터는 ATmega128의 처리속도로 데이터를 카운터 하는 데이터를 입력하는 곳이라 생각하면 된다. 예를 들면, 8Bit TCNT는 10진수로 채워질 수 있는 데이터는 최대 0~255까지 입력일 것이다. 더 이상은 8비트의 공간에 들어가지 못할 것이다. ATmega128의 클럭 주파수 입력을 16Mhz를 공급할 경우에 ATmega128의 데이터 처리속도는

$$16\text{Mhz} = \frac{1}{16}\text{us} = 0.0625\text{us}$$

0.0625uS 마다 데이터를 처리할 수 있는 능력이 있기 때문에 8비트 TCNT 레지스터를 가득 채우는 시간은 16uS 밖에 걸리지 않는다.

$$0.0625\text{us} \times 256 = 16\text{us}$$

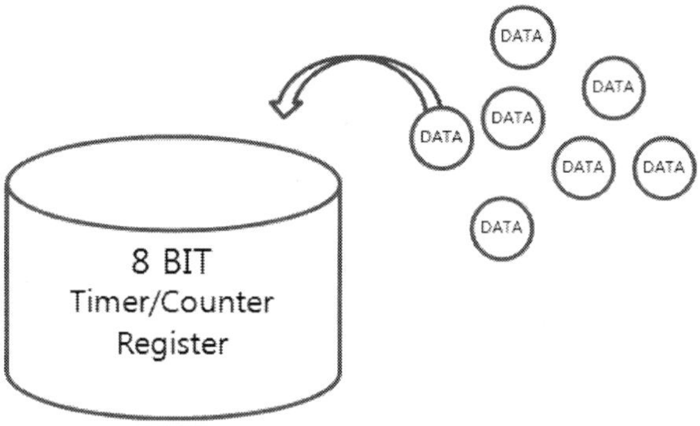

그림 3-5. TCNT 레지스터 카운트

그렇다면 TCNT 레지스터가 모두 채워지면 어떻게 될까? 그림 3-5는 레지스터에 숫자를 카운트하는 모습을 도식화 한 그림이다. 숫자데이터를 256 [0~255]개를 입력하는 모습이다. 그렇다면 256개가 가득차면 더 이상 데이터를 입력하지 못할 것이다. 그럼에도 불구하고 257번째 데이터를 입력하게 되면 TCNT 레지스터는 넘쳐흐를 것이다. ATmega128은 데이터가 넘치는지 확인하고 넘쳤을 경우에 인터럽트를 발생하게 되는 것이다.

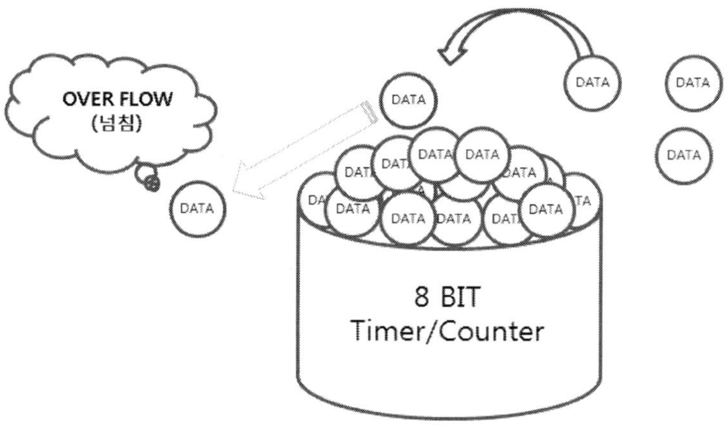

그림 3-6. TCNT 오버플로우 발생

다시 정리하면, ATmega128의 처리속도가 0.0625uS(16Mhz일 경우)이기 때문에 8비트 TCNT 레지스터를 가득 채우는데 걸리는 시간은 16uS이다. 따라서 8비트 타이머/카운터0, 2 인터럽트는 16uS마다 오버플로우가 발생해 인터럽트를 요청하게 된다.

하지만 16비트 TCNT는 입력할 수 있는 범위가 0~65535가 되고, 처리속도가 0.0625uS일 경우에 4.096ms마다 인터럽트를 발생시킬 수 있다.

그렇다면, 8비트 타이머/카운터는 16us, 16비트 타이머/카운터는 4.096ms에만 인터럽트 요청이 이루어지고, 시간을 조절할 수가 없을까? OCRn(n=1,2,3,4) 레지스터가 있다. 이 OCRn 레지스터는 TCNTn 레지스터와 비교되는 레지스터로 비교된 값이 같을 경우에 인터럽트 요청이 이루어진다.

OCRn(Output Capture Register) n=0,2

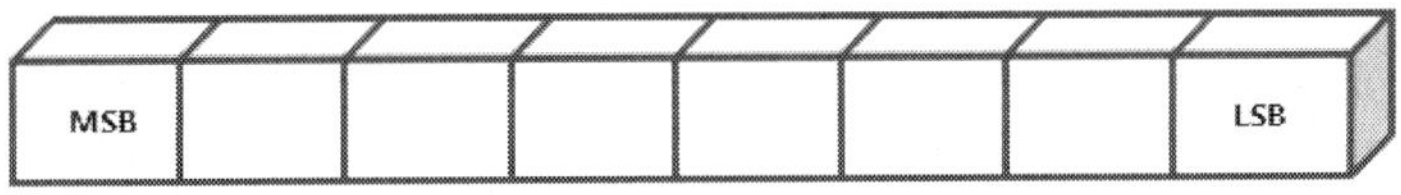

OCRn(Output Capture Register) n=1,3

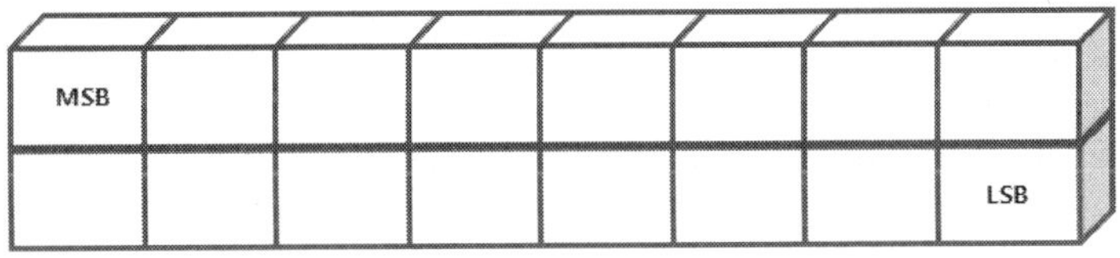

TCNTn과 비교대상은 레지스터이기 때문에 OCR0,2는 8비트, OCR1,3은 16비트로 구성되어 있다.

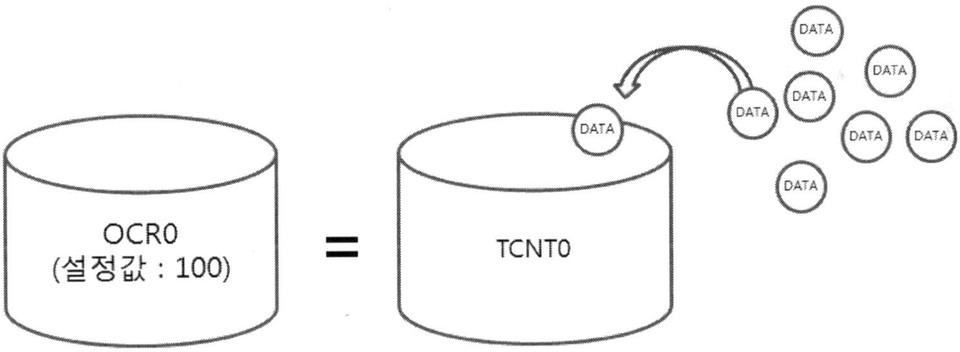

그림 3-7. OCR0과 TCNT0 레지스터 비교

그림 3-7은 출력비교 레지스터인 OCRn과 현재 타이머/카운터 레지스터인 TCNTn를 비교한 그림이다. TCNTn에 카운트를 하다가 설정 값과 같게 되면 인터럽트 요청이 이루어지게 된다. 예를 들어, TCNTn 8비트 타이머/카운트의 경우 16us마다 인터럽트 요청이 이루어지는 대신, OCRn과 비교해서 인터럽트 요청을 이루어지게 한다면 요청 시간을 사용자가 원하는 간격으로 조절할 수 있을 것이다. 16비트 타이머/카운터 또한 마찬가지다.

TCCRn (Timer/Counter n Control Register : n=0,2)

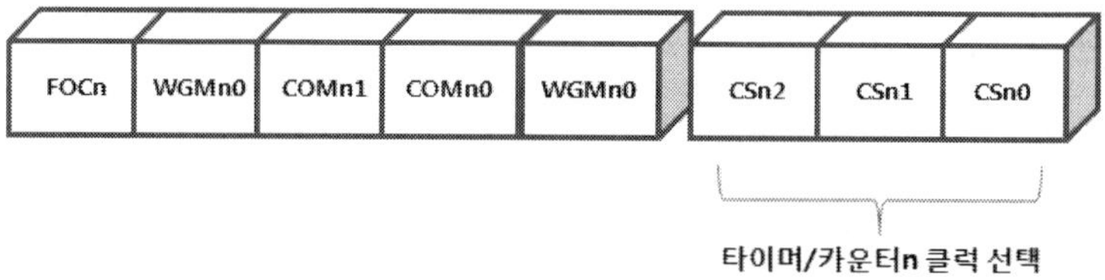

표 3-1. 타이머/카운터 0, 2 클럭 선택

CSn2	CSn1	CSn0	기 능
0	0	0	타이머/카운터 정지
0	0	1	CLK / 1
0	1	0	CLK / 8
0	1	1	CLK / 32
1	0	0	CLK / 64
1	0	1	CLK / 128
1	1	0	CLK / 256
1	1	1	CLK / 1024

TCNTn 레지스터를 설명할 때 데이터를 한번 수행하는데 걸리는 시간을 살펴 본 적이 있다. 비어있는 레지스터에 데이터를 하나하나 채워서 8비트일 경우에 256개 이상을 넣으면 오버플로우가 생기는데, 이때 하나하나 채우는데 걸리는 시간이 0.0625us이다. 너무 빠르다고 생각되면 클럭을 표 3-1과 같이 선택하면 된다. 예를 들어 CSn2, CSn1, CSn0을 모두 "1"로 선택해 CLK/1024를 선택하게 되면 클럭을 1024 분주하게 되어 실제 데이터를 처리하는 시간은 다음과 같다.

$$16\text{Mhz} = \frac{1}{16}\text{us} = 0.0625\text{us} \times 1024\text{분주} = 64\text{uS}$$

TCNTn의 레지스터에 데이터를 하나씩 채워나가는데 걸리는 시간은 64us가 된다. 비어있는 8비트 TCNTn 레지스터를 가득 채우는데 걸리는 시간은 64u * 256 = 16,384us이다. 클럭을 선택함에 따라 카운트하는 시간이 길어짐을 알 수 있다.

※ TCCR1X(X=A,B,C)와 TCCR3X(X=A,B,C)는 DC MOTOR 부분과 PART Ⅲ의 레지스터 설명 부분을 참고한다.

3.2.2 타이머/카운트 인터럽트를 이용한 프로그램 구현

□ TIMER1 PROJECT. Timer/Counter0을 이용한 LED 제어

Timer/Counter0 인터럽트를 이용해 PORTA에 연결된 LED를 이동시키는 프로그램을 구현해 보자.

```
#include <mega128.h>
#include <delay.h>

unsigned char LED=0x01;

void main()
{
  DDRA=0xff;

  TIMSK=0x01;
  TCCR0=0x07;                    // 클럭 주파수 1024 분주
  TCNT0=0x00;                    // TCNT0 레지스터 0부터 카운트

  SREG=0x80;

  while(1);
 }

/*   Time/Counter n 인터럽트 벡터 (n=0,1,2,3)   */

interrupt [TIM0_OVF] void timer_int0(void)
 {
       PORTA=LED;
       LED<<=1;
       if(LED==0x00) {LED=0x01;}
 }
```

- TCCR0=0x07;

Timer/Counter0을 일반모드로 사용하며, 입력주파수 분주는 표 3-1과 같이 1024분주 한다는 의미를 가지고 있다.

- TCNT0=0x00;

TCNT0의 설정 값을 "0"으로 함으로써 0부터 채워 나가면 된다. 결국 256이 되어야 인터럽트 요청이 이루어지기 때문에 [카운트 * 256] 시간이 지나 인터럽트가 요청이 발생한다.

※ 인터럽트 요청 시간

$$16Mhz = \frac{1}{16}us = 0.0625us \times 1024\text{분주} \times 256 = 16,384uS$$

16,384us 즉, 16.384ms 마다 On 상태의 LED가 좌측으로 이동하게 된다.

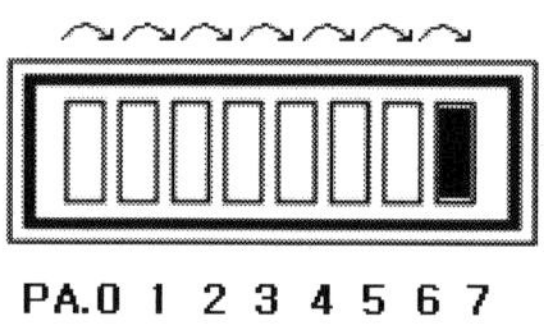

□ TIMER2 PROJECT. Timer/Counter0을 이용한 LED On/Off (1Sec)

Timer/Counter0 인터럽트를 이용해 PORTA에 연결된 8개의 LED를 동시에 On/Off하는 프로그램을 구현해보자. (On/Off 간격은 0.5Sec이다.)

```
#include <mega128.h>

unsigned char LED=0xff, count;

void main()
{
    DDRA=0xff;

    TIMSK=0x01;
    TCCR0=0x07;
    TCNT0=0x00;
    SREG=0x80;
```

```
    while(1);
 }

interrupt [TIM0_OVF] void timer_int0(void)
 {
   count++;
   if(count==31){
                 LED=~LED;
                 PORTA=LED;
                 count=0;
               }
 }
```

※ 인터럽트가 31번 발생했을 때 LED의 상태를 반전시켜 On/Off가 반복된다.
[16.384 * 31 = 0.5초]

□ TIMER3 PROJECT. Timer/Counter0을 이용한 FND 제어

Timer/Counter0 인터럽트를 이용해 PORTD에 연결된 FND를 1초에 한 번씩 순차적으로 증가시켜보자.

```
#include <mega128.h>
#include <delay.h>

unsigned char count, second;

void main()
{
  unsigned int four, three, two, one;

  DDRA=0xff;
  DDRD=0xff;

  TIMSK=0x01;
  TCCR0=0x07;
  TCNT0=0x00;
```

```
    SREG=0x80;

      while(1){
                    four    = (count/1000)%10;
                    three   = (count/100)%10;
                    two     = (count/10)%10;
                    one     = (count/1)%10;

                PORTD    = 0xe0 | four;
                delay_ms(2);
                PORTD    = 0xd0 | three;
                delay_ms(2);
                PORTD    = 0xb0 | two;
                delay_ms(2);
                PORTD    = 0x70 | one;
                delay_ms(2);

               if(second>=9999)second=0;
      }
  }

  interrupt [TIM0_OVF] void timer_int0(void)
  {
     count++;
     if(count==61){
                      second++;
                      count=0;
                    }
  }
```

※ 인터럽트가 61번 발생했을 때 LED의 상태를 반전시켜 On/Off가 반복된다.
[16.384 * 61 = 1초] 즉, 1초마다 second 변수를 1씩 증가시켜 FND 카운터 프로그램을 작성한 것이다.

04 A/D 변환기(A/D Converter)

A/D 변환기는 아날로그 신호를 디지털 값으로 변환하는 소자이다. 전압, 전류, 온도, 습도, 유량 등 우리 주위에 있는 연속적인 아날로그 신호를 CPU가 처리하기 위해서는 이를 디지털 신호로 먼저 변환해야 한다. 이때 몇 비트의 데이터로 변환하느냐가 분해능(Resolution)에 해당하고, 변환을 시작하여 변환 종료까지 소요되는 시간이 변환 시간이고, 어느 범위의 전압을 입력하느냐 (입력 전압 영역) 등이 있다.

※ A/D 변환의 기본 개념

전압, 전류, 온도, 습도, 압력, 유량, 속도, 가속도 등과 같은 아날로그 물리량을 측정하여 이를 MPU나 컴퓨터로 분석하려면 이를 디지털 값으로 변환하여 읽어 들여야 하기 때문에 우선은 센서의 변화를 전압이나, 전류, 혹은 주파수로 변환하여야한다.

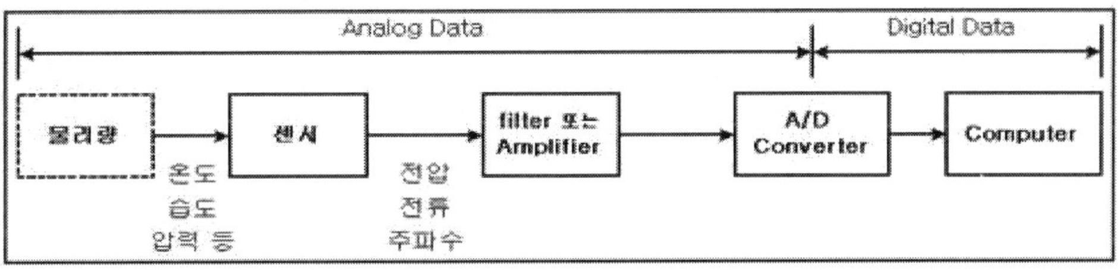

그림 4-1. Data Acquisition System의 기본 구성

물리량의 변화를 전압이나 전류로 변환하였다면 디지털 시스템에서 데이터를 처리하기 위해서는 아날로그 전압을 디지털 신호로 변환시켜야 하는데 이러한 소자를 A/D 변환기라 한다.

⇨ A/D 컨버터를 사용할 때의 유의사항

① 변환시간 또는 샘플링 속도

한번 A/D 변환을 수행하는데 필요한 시간을 변환시간(Conversion Time)이라고 하며, 이는 초당 샘플링 속도(Sampling Rate)로 나타낸다.

병렬 비교형은 변환시간이 빠르고, 축차비교형은 중간정도이고, 단순계수형, 적분형은 변환시간이 느리다. 대부분의 A/D 컨버터에는 변환이 완료되면 이를 외부에 알려주는 /EOC(End of conversion) 또는 /INTR(Interrupt Request) 단자가 있어서, CPU는 이를 폴링(polling)으로 확인하여 변한 된 데이터를 읽어 들이거나 또는 이를 인터럽트 요구 신호로 사용한다.

② 분해능

분해능(resolution)이란 디지털 출력 값을 한 등급만큼 변화시키기 위한 아날로그 입력의 최소변화를 의미한다. 이것은 A/D 컨버터가 표현할 수 있는 최소 아날로그 량을 나타내는데, n 비트 A/D 컨버터의 경우 출력의 데이터 범위는 $0 \sim 2^n - 1$이 되며, 이때 분해능은 입력 아날로그 량의 크기로 표시하여 FS / 2^n[V]로 나타내기도 하고, FS에 대한 비율로 표시하여 1 / 2^n로 나타내기도 한다.

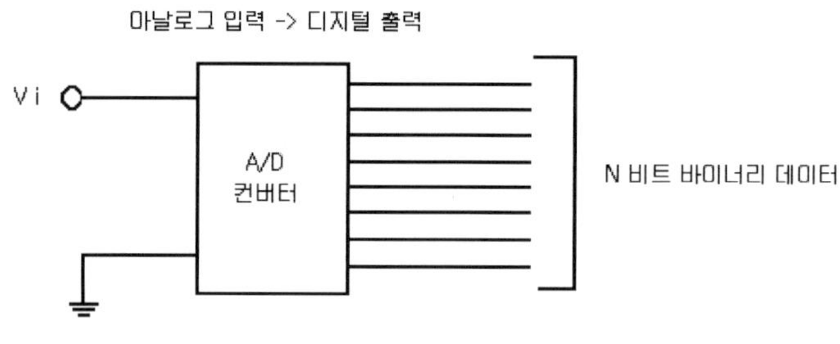

일반적으로 많이 사용하는 분해능은 8 / 10 / 12 / 14 / 16 등이 사용되고, 변환시간은 가급적 빠를수록 좋지만 고가가 되므로 적정한 변환 속도를 가진 A/D 변환기를 사용하면 된다. 최근에는 ATmega128과 같이 마이크로컨트롤러 내부에 A/D 변환기를 기본 내장한 경우가 많은데, 경제적으로나 공간적으로 유리하다. 하지만 마이크로프로세서 내장 A/D 변환기는 입력 전압 범위가 대부분 0~5V이고 분해능은 12비트 이하가 많다. 입력 범위가 더 넓어야 하는 경우나 더욱 분해능이 요구되는 시스템은 별도의 A/D를 장착하여 사용하면 된다. A/D 변환기를 마이크로컨트롤러에 접속하는 방법에 따라 직렬형(Serial)과 병렬형(Parallel)으로 나누어지는데, 직렬형은 직렬 통신 신호를 사용하여 접속하고, 병렬형은 병렬의 데이터 버스를 사용하여 접속한다.

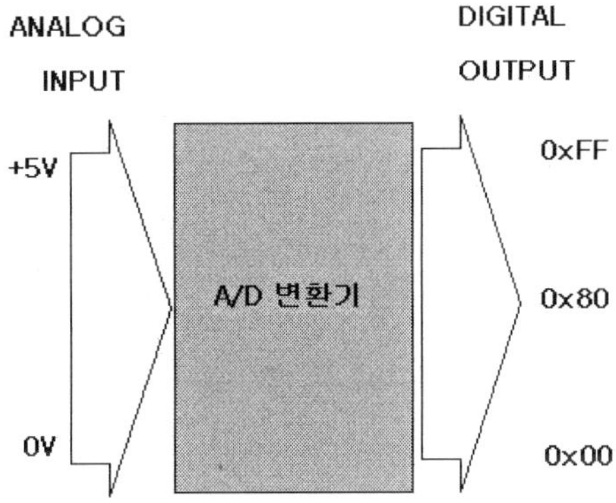

그림 4-2. 8비트 분해능

그림 4-2의 경우는 0~5V의 아날로그 입력 전압을 8비트의 디지털 값으로 분해해서 출력으로 모습이다. 8비트이기 때문에 0V일 경우에는 출력이 0x00이고, 5V일 경우는 0xff가 되는 것이다. 이때 아날로그 전압 2.5V는 8비트로 분해했을 경우 0x80이 된다.

③ 샘플/홀드 또는 트랙/홀드

ADC가 아날로그 신호를 디지털 데이터로 변환하는 동안에 입력 전압이 변동하면 출력에 불확실성이 발생한다. 이를 방지하기 위하여 ADC의 입력단에는 샘플/홀드(S/H ; Sample/Hold) 또는 트랙/홀드(T/H ; Track/Hold)회로를 사용한다. 특히, 축차비교형 A/D Converter는 변환기간 중에 아날로그 입력전압이 일정하게 유지되어야 하므로 샘플/홀드 사용의 필요성이 높다. 이러한 샘플링 때문에 전체 변환시간이 길어지며, 멀티 채널형 A/D Converter의 경우에는 Analog Mux가 사용되므로 이것의 동작 및 안정시간(settling time)으로 인하여 전체적인 변환시간은 훨씬 증가한다. 샘플/홀드 회로는 아날로그 스위치, 콘덴서, 버퍼 등으로 구성한다. 스위치는 샘플링 시간동안 닫혀 있어서 콘덴서 전압이 입력전압과 동일하게 되도록 충전하고, 이후에는 스위치가 열려서 일정한 전압이 유지되면서 이 전압이 버퍼를 통하여 비교기로 입력되어 변환이 수행된다.

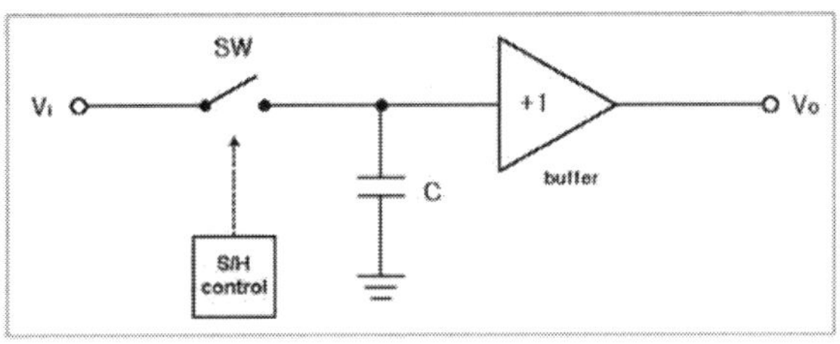

그림 4-3. Sample/Hold Circuit

⇨ A/D 변환기 구분

· 분해능에 따라	: 2, 4, 6, 8, 10, 12, 14, 16, 24 비트 형	
· 변환 시간에 따라	: 저속형(적분형)	= 수 msec 이상
	중속형(축차비교형)	= 수 usec ~ 수십 usec
	고속형(병렬 비교형)	= 수 usec 이하

· 입력 전압 범위에 따라 : 단극성형(0 ~ +전압), 양극성형(-전압 ~ +전압)
· 데이터 출력 형태에 따라 : 병렬 출력형, 직렬 출력형, 주파수 출력형 등
· 입력 채널 수에 따라 : Single-channel, Multi-channel (2, 4, 8, 16 등)

⇨ A/D 변환 원리 이해

일반적으로 가장 많이 사용되는 A/D 변환 방식은 축차 비교(Successive approximation) 형인데 다음과 같은 원리로 변환한다.

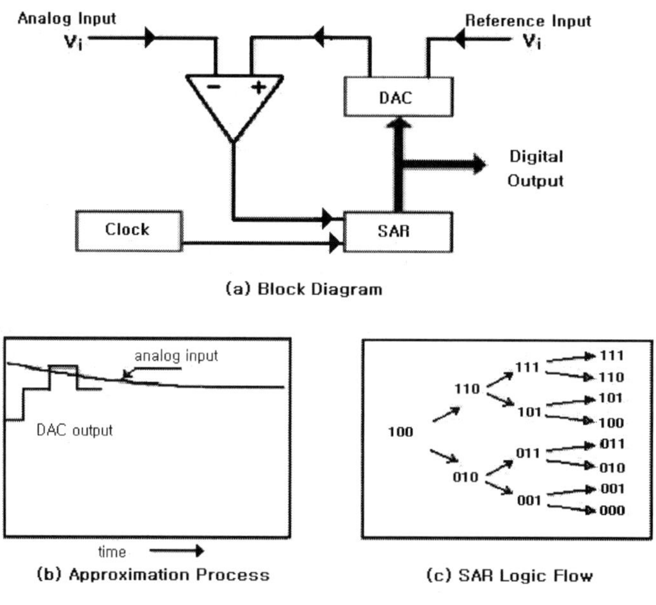

그림 4-4. 축차비교형 A/D 컨버터

축차비교형 ADC는 SAR(successive Approximation Register)를 사용, 이를 순차적으로 증가시키는 것이 아니라 최상위 비트로부터 순서대로 하위비트 쪽으로 수정하여 가는 방법으로 DAC의 출력을 훨씬 빨리 아날로그 입력전압에 근사시킨다. 위의 그림에서 100 → 110 → 111

→110의 과정으로 최종적으로 디지털 변환출력 110을 얻는다.

따라서 비교적 변환시간이 빠르고 회로도 간단하여 현재 저가형이면서 분해능이 비교적 높은 범용 A/D Converter에 가장 널리 사용되고 있다. 변환 중에 아날로그 입력전압이 일정하게 유지되어야 하므로 샘플/홀드가 반드시 필요하다.

4.1 ATmega128 내장 A/D 변환기

ATmega128 MPU는 10비트 분해능의 A/D 변환기 8채널이 내장되어 있으며, 내장된 A/D 변환기의 특징은 다음과 같다.

- 10비트 분해능
- 13 ~ 260usec 변환시간
- 8개의 단극성 입력채널, 22종류의 차동입력
- Analog 입력신호 10배 또는 200배 증폭기능을 갖는 2개의 차동입력 채널
- 선택 가능한 2.56V 내부 기준전압

내장된 A/D 변환기 8채널 아날로그 입력은 PORTF를 통해 입력되며, 멀티플렉서에 의해 A/D 변환기에 인터페이스 된다. ATmega128 MPU는 16가지의 다른 전압입력 조합을 가지며 2개의 차동 입력(ADC1-ACD2, ADC3-ADC2) 전압이 A/D 변환되기 전에 10배 or 200배로 증폭되어질 수 있다. 8개의 입력 채널 중 7개의 아날로그 채널이 공통 음극성 채널 ADC1을 공유하며, 나머지 입력 채널은 양극성 입력단자로 사용되어진다.

A/D 변환기에는 단극성인 경우 0~+V(기준전압)의 입력전압이 공급되어 0x00~0x3FF (0~1023)의 디지털 값으로 변환되며, 차동 입력의 경우에는 -V ~ +V의 입력전압이 공급되어 2의 보수 0x200~0x1FF (-512~511)의 디지털 값으로 변환된다. A/D 변환 결과는 16비트 A/D 변환 데이터 레지스터에 좌측이나 우측으로 정렬되어 저장된다.

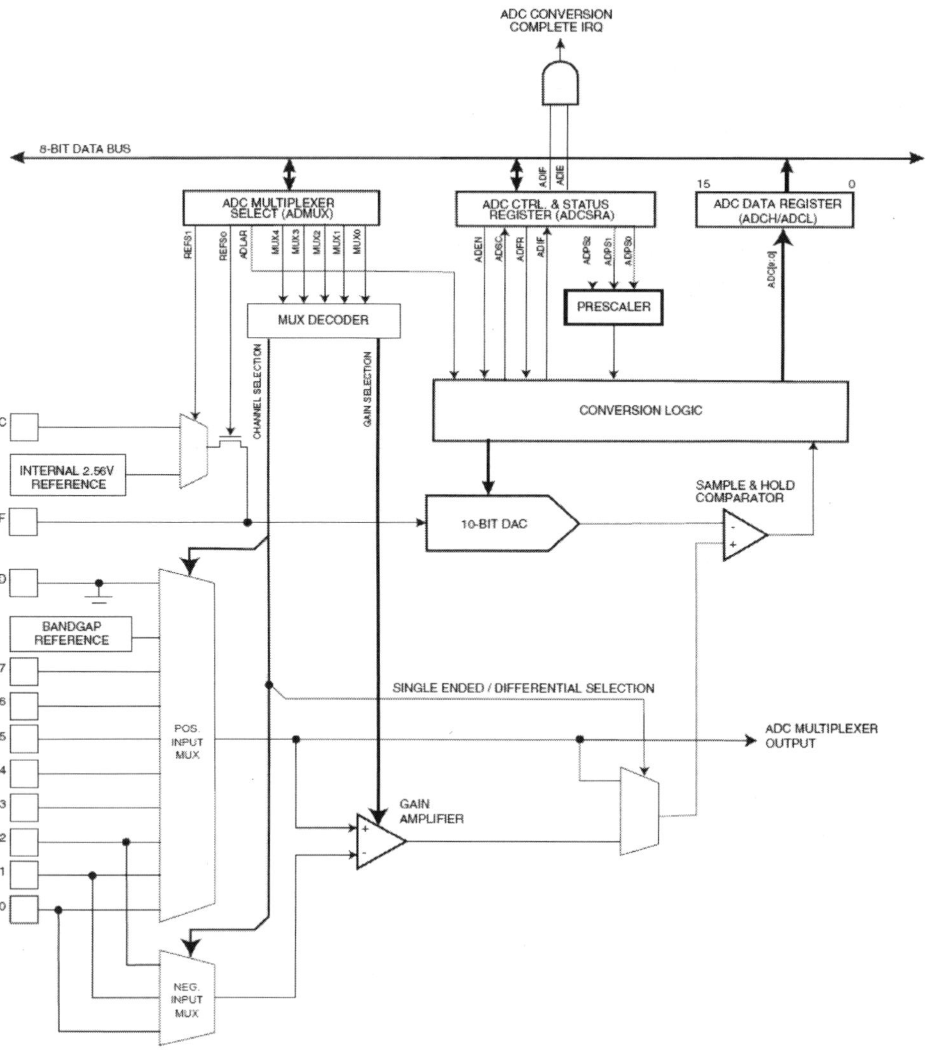

그림 4-5. 내장된 A/D 변환기 구성

그림 4-5의 우측을 보면 A/D 변환 채널이 0~7까지 8개가 있으며 MUX(멀티플렉서)를 통해 A/D 변환기에 연결되는 것을 알 수 있다.

4.2 A/D 변환기 레지스터

□ ADMUX(ADC Multiplexer Selection Register)

A/D 변환기의 기준전압을 선택하고, 변환결과의 저장 및 8개의 A/D 변환 채널 중 어떠한 채널을 변환시킬 것인지를 선택하는 레지스터이다.

ADMUX (ADC Multiplexer Selection Register)

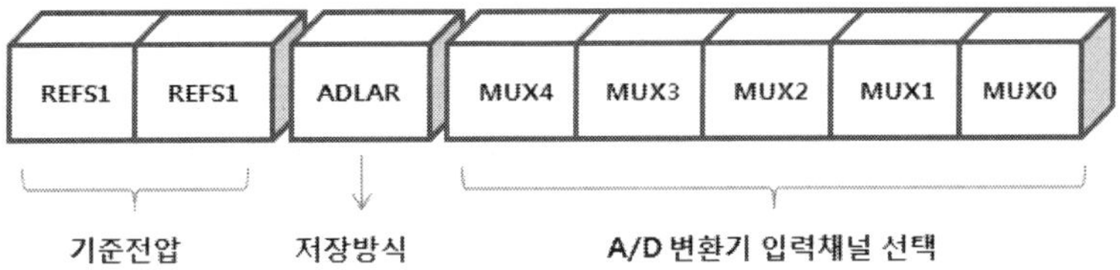

- 기준전압 설정(BIT7, BIT6)

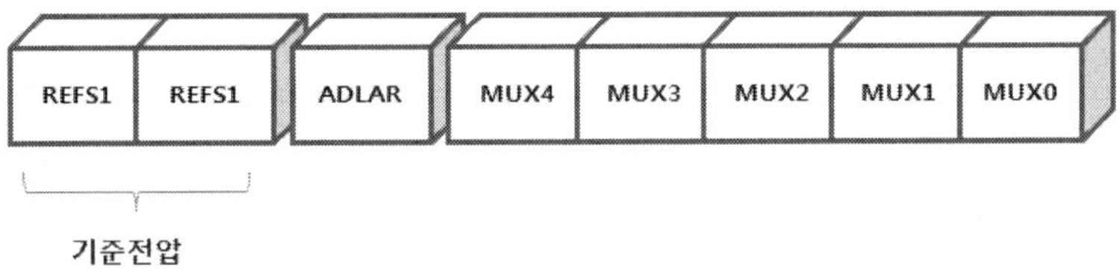

표 4-1. 기준전압 설정

REFS1	REFS0	기준전압
0	0	AREF 단자전압 이용
0	1	AREF 단자전압 이용, AREF와 GND 단자 사이를 Capacitor로 접속
1	0	-
1	1	내부 2.56V 이용, AREF와 GND 단자 사이를 Capacitor로 접속

- 저장방식 설정(BIT5)

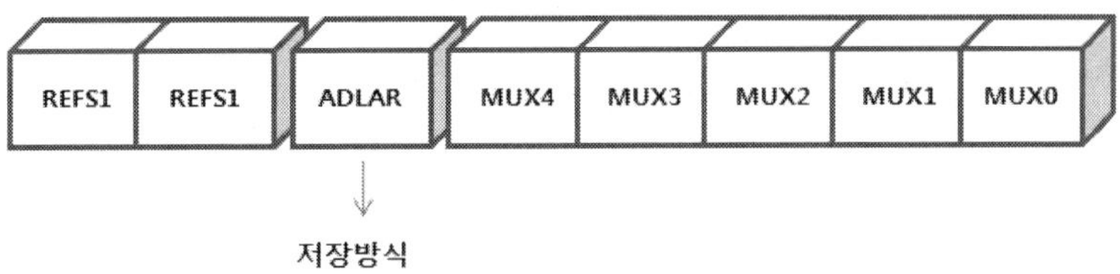

A/D 변환된 결과를 두 개의 8비트 레지스터(ADCH, ADCL)에 저장하는 형식을 말하며, "0"이면 하위부터 10비트를 저장하며, "1"이면 상위부터 10비트를 사용한다는 의미를 가지고 있다.

- A/D 변환 채널선택(BIT0~BIT4) :
  ADC 변환기의 아날로그 입력 채널 및 이득을 결정

표 4-2. A/D 변환 채널선택

MUX4	MUX3	MUX2	MUX1	MUX0	CHNNEL
0	0	0	0	0	ADC0
0	0	0	0	1	ADC1
0	0	0	1	0	ADC2
0	0	0	1	1	ADC3
0	0	1	0	0	ADC4
0	0	1	0	1	ADC5
0	0	1	1	0	ADC6
0	0	1	1	1	ADC7

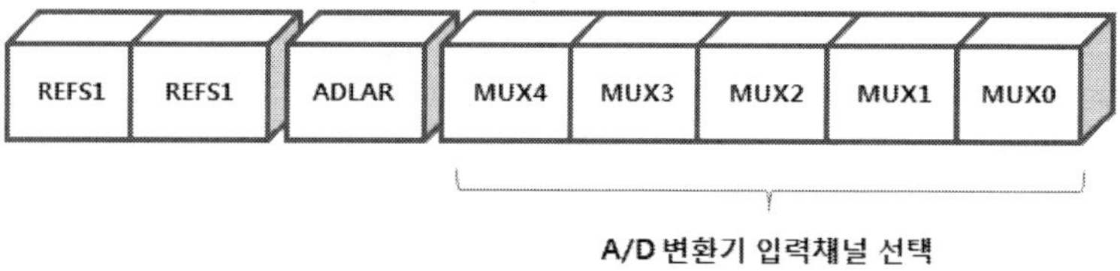

※ 표 이외의 데이터 값은 차동 입력에 관련된 부분으로 앞 PART의 레지스터 부분을 참고하자.

□ ADCSRA(ADC Control and Status Register A)

A/D 변환기의 동작을 제어하고 상태를 표시하는 기능을 갖는 레지스터이다.

ADCSRA (ADC Control and Status Register A)

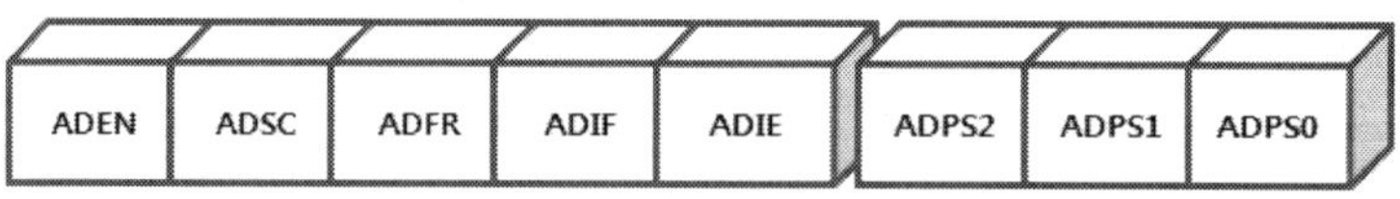

- ADEN(ADC Enalbe) (BIT7)

A/D 변환기의 동작을 허용할 것이지 그렇지 않을 것인지를 결정짓는 비트로 "1"이면 A/D 변환을 허용하고, "0"이면 허용하지 않는다.

- ADSC(ADC Start Conversion) (BIT6)

단일 변환 모드에서 BIT6을 "1"로 하면 A/D 변환이 시작되고, 프리러닝(Free Running) 모드에서 "1"로 하면 첫 번째 A/D 변환이 시작되고, 그 다음부터는 자동적으로 변환이 반복된다. A/D 변환기가 허용되고 이 비트를 "1"로 하면 첫 번째 변환에서는 25개의 클럭이 필요하며, 그 다음부터는 13개의 클럭이 소요된다. 이 비트는 A/D 변환 중에는 "1"로 읽혀지며, 변환이 종료하면 "0"으로 읽혀진다.

- ADFR(ADC Free Running Select) (BIT5)

5번 비트를 "1"로 하게 되면 A/D 변환기는 프리러닝 모드로 동작하며, 이는 A/D 변환기를 반복적으로 수행하게 된다.

- ADIF(ADC Interrupt Flag) (BIT4)

A/D 변환이 완료되어 A/D 변환기 데이터 레지스터의 값이 갱신되면 셋 된다. ADCE 비트와 SREG 레지스터의 I 비트가 "1"이면 A/D 변환 완료 인터럽트가 요구된다. 이 플래그 비트는 대응하는 인터럽트 서브루틴이 실행되면 자동 클리어 되며, 이 비트에 "1"을 써 주어도 클리어 된다.

- ADIE(ADC Interrupt Enable) (BIT3)

A/D 변환기의 인터럽트 허용 비트로 "1"로 설정하게 되면 인터럽트가 허용된다.

- ADPS(ADC Prescaler Bits) (BIT0~BIT2)

A/D 변환기에 입력되는 시스템 클럭에 대한 분주비 선택을 위한 비트이다.

ADCSRA (ADC Control and Status Register A)

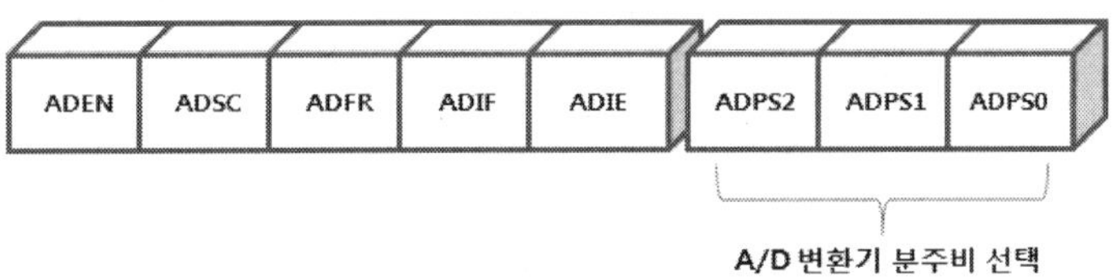

표 4-3. A/D 변환기 분주비

ADPS2	ADPS1	ADPS0	분주비
0	0	0	2
0	0	1	2
0	1	0	4
0	1	1	8
1	0	0	16
1	0	1	32
1	1	0	64
1	1	1	128

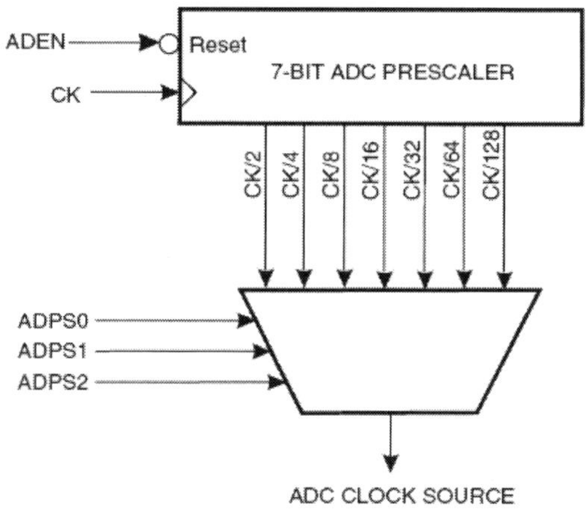

□ ADCH, ADCL(ADC Data Register)

A/D 변환된 결과를 저장하는 레지스터로 ADMUX 레지스터의 ADLAR 비트값에 따라, ADCH 8비트와 ADCL 상위 2비트로 10비트로 저장할 것인지 ADCH 하위 2비트와 ADCL 8비트를 사용할 것인지를 결정하게 된다. 각각의 8비트를 묶어서 ADCW로도 사용이 가능하다.

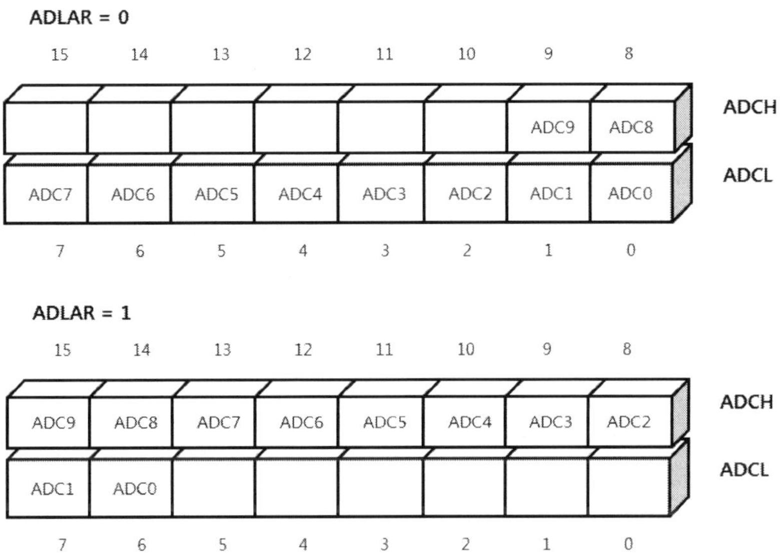

4.3 A/D 변환 인터럽트를 이용한 프로그램 구현

□ AD1 PROJECT. ADC1에 입력되는 값을 PORTA에 연결된 LED로 표현

채널 1번으로 입력되는 아날로그 값을 10비트 A/D 변환한 후에 10비트 중 상위 8비트를 PORTA에 연결된 LED에 표현하는 실험이다.

```
#include <mega128.h>
#include <delay.h>

unsigned int data=0;

void main()
{
    DDRA = 0xff;
    DDRF = 0xf0;

    ADCSRA=0x8f;  //AD Control Register//
    SREG = 0x80;

      do {
```

```
            ADMUX = 0x21; //사용레지스터 지정//
            ADCSRA = 0xcf; //Start Converstion//
            delay_ms(5);
            } while(1);
}

interrupt [ADC_INT] void adc_isr(void)
{
              data=ADCH; //AD변환결과를 저장하는 레지스터//
              PORTA=data;
              delay_ms(100);
}
```

ProVSM 실험회로

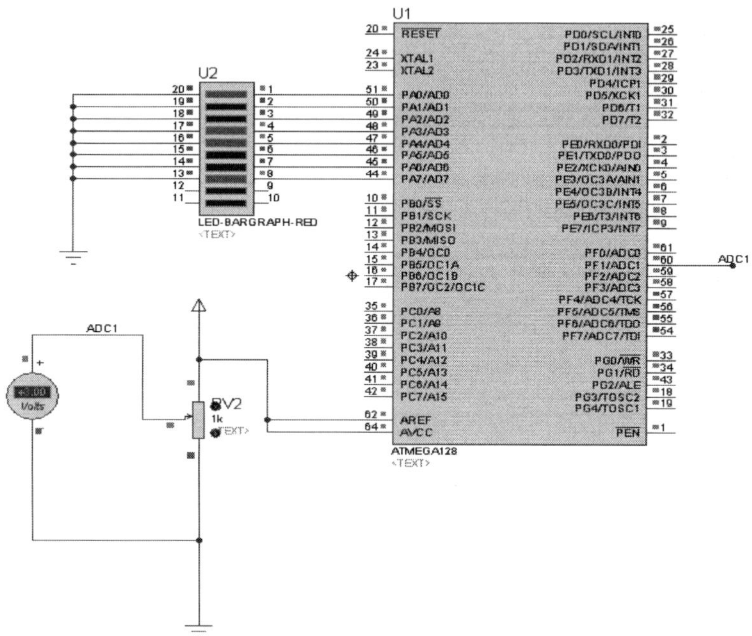

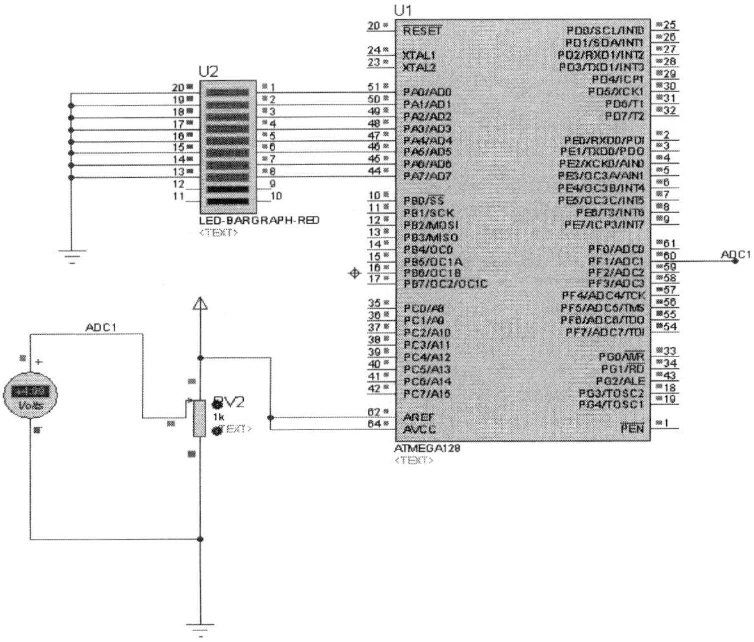

- ADCSRA=0x8f;

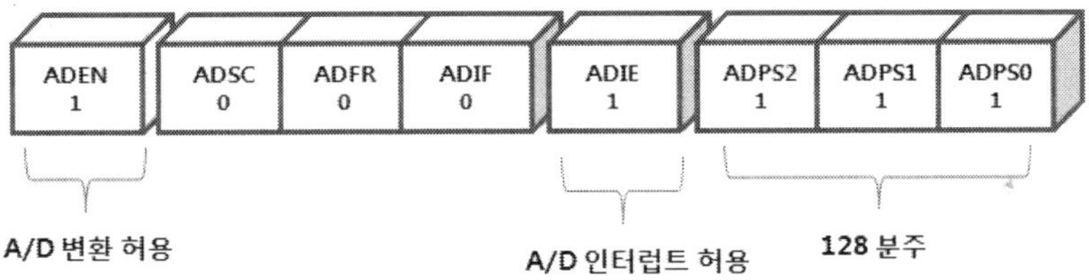

A/D 변환에 대한 내용을 설정한 부분으로 A/D 변환은 물론 인터럽트와 128 클럭 주파수 분주를 이용해 A/D 변환을 한다는 내용이다. 하지만 "ADSC=0"이기 때문에 변환이 시작되지는 않았다.

- do ~ while(1)

ADMUX = 0x21;

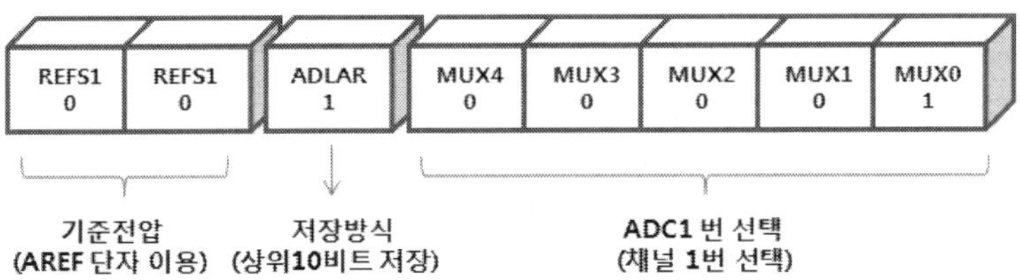

- do ~ while(1)

  ADCSRA=0xcf;

  ADCSRA=0x8f;인 상태에서 ADSC(BIT6)를 "1"로 설정하여 이제부터 A/D 변환을 시작하라는 의미를 가지고 있다.

□ AD2 PROJECT. 10비트 변환데이터 FND 4자리 디스플레이

10비트 A/D 변환을 하면 10비트로 저장되며 이는 10진수로 표현하면 0~1023이 되기 때문에 4자리는 모두 FND에 나타나도록 해보자.

```
#include <mega128.h>
#include <delay.h>

unsigned int count=0, four, three, two, one;

void main()
{
    DDRD=0xff;    //FND 연결//
   DDRF = 0xf0;

    ADCSRA=0x8f;
    SREG = 0x80;

    do {
            ADMUX = 0x01; //하위비트 부터저장//
            ADCSRA = 0xcf;
            delay_ms(5);
        } while(1);
 }

interrupt [ADC_INT] void adc_isr(void)
{
             count=ADCW;  //10비트 모두사용//

              four   = (count/1000)%10;
              three  = (count/100)%10;
```

```
        two     = (count/10)%10;
        one     = (count/1)%10;

        PORTD    = 0xe0 | four;
        delay_ms(2);
        PORTD    = 0xd0 | three;
        delay_ms(2);
        PORTD    = 0xb0 | two;
        delay_ms(2);
        PORTD    = 0x70 | one;
        delay_ms(2);
}
```

※ A/D 변환 데이터가 저장되는 레지스터인 ADCH, ADCL 두 개의 8비트를 합쳐서 ADCW로 표현이 되기도 한다. 그렇기 때문에 ADCW에 저장되는 0~1023을 FND에 표현한 프로그램이다.

05 LCD(Liquid Crystal Display) 제어

LCD 표시 장치는 크게 문자형(Character type)과 그래픽형(Graphic type) 2가지로 분류된다. 문자형은 영문자와 숫자, 기호 등의 폰트를 명령어에 의해 표시하므로 제어가 쉽지만 한글이나 그래픽 표시는 곤란하다.(간단한 한글은 표시 가능) 한글 표시나 그래픽 등을 자유롭게 표시하려면 그래픽형 LCD를 사용해야 한다. 엄밀히 말하면 그래픽 LCD는 문자형 LCD와는 달리 키보드상의 문자나 아스키코드 값에 해당하는 문자를 새기는 것이 아니라, 점(DOT)을 이용해 한글이나 그림을 그리는 형태이다. 제어용 보드에 사용한 LCD는 문자형 LCD로 16X2 문자형 LCD를 사용하고 있다. 그 밖에 문자형 LCD는 8X2, 20X4 등을 비롯해 다양한 LCD가 있다. LCD에 대한 설명은 일반적으로 제어하는 방법이 일치하기 때문에 같기 때문에 흔히 접할 수 있는 16X2를 기준으로 설명한다. 문자형 LCD는 종류와 라인이 다르더라도 제어하는 핀의 수는 14핀으로 같다. 16핀으로 되어 있는 것은 LCD의 백라이트(BACK LIGHT) 전원이 포함된 것으로 LCD의 뒷면에서 빛을 발산해 야간에도 글씨를 쉽게 확인할 수 있도록 한 것이다. 현재 시중에 판매되는 문자형 LCD의 대부분은 제어 칩으로 HD44780을 사용한 모듈형태가 가장 많다. HD44780 소자는 8비트 CPU 및 4비트 CPU에도 사용이 가능하다.

5.1 LCD

표 5-1. LCD 모듈 핀 기능

핀번호	기 호	기 능	
1	VSS	0V	전 원
2	VDD	5V	
3	VL	-	
4	RS	H : 데이터 입력, L : 인스트럭션 입력	
5	R/W	H : 데이터 리드, L : 데이터 라이트	
6	E	H : 인에이블 신호	
7	D0	데이터 버스(4비트 버스만 사용할 경우에는 단지 D4 ~ D7만 사용하고, D0 ~ D3는 사용하지 않으며, 이때는 8비트 데이터를 처음에는 상위 4비트, 다음에 하위 4비트 순서로 리드/라이트) 8비트인 경우에는 D0 ~ D7을 사용	
8	D1		
9	D2		
10	D3		
11	D4		
12	D5		
13	D6		
14	D7		
15	A	LCD 백 라이트 전원	
16	K		

- RS(Register Select) : 입력 신호, LCD 제어 명령 / 데이터 입력 제어 신호를 설정
  - '1'이면 데이터 입력 설정
  - '0'이면 인스트럭션 입력 설정

- E(Enable) : 입력 신호, LCD 동작 설정
  - '1'이면 LCD가 동작한다.
  - '0'이면 LCD가 동작하지 않는다.

- R/W(Read/Write) : 입력 신호, LCD에 데이터 읽기/쓰기 설정
  - '1'이면 데이터 리드 설정(LCD→CPU)
  - '0'이면 데이터 라이트 설정(CPU→LCD)

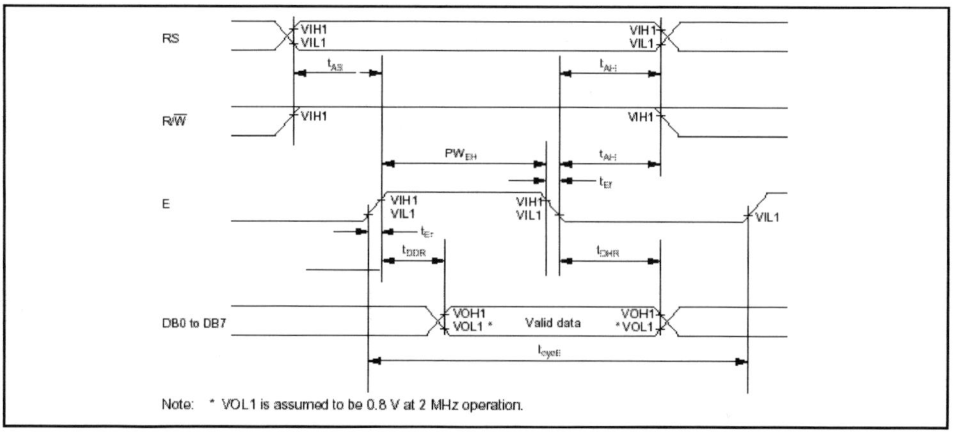

그림 5-1. Read Operation

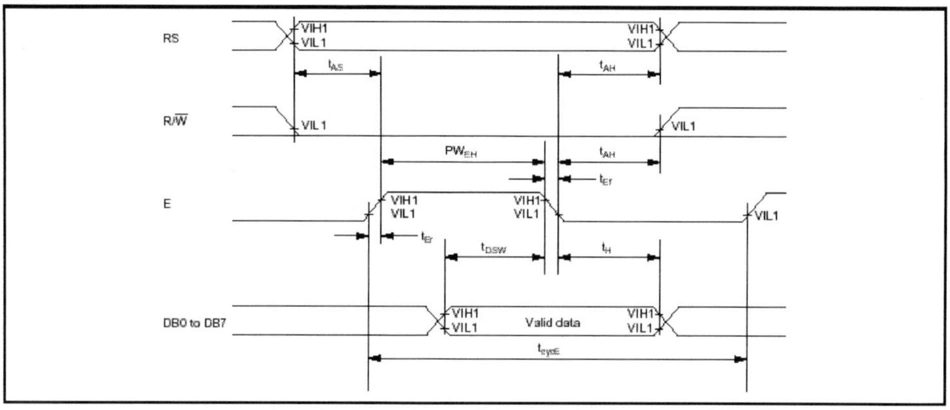

그림 5-2. Write Operation

- D0 ~ D7(Data Bus) : CPU와 LCD 간에 데이터를 주고받기 위한 데이터 버스이다.
  - 4비트인 경우는 D4 ~ D7만 사용
  - 8비트인 경우는 D0 ~ D7 모두 사용
- VSS : LCD의 전원 단자로서 0V(GND)에 연결
- VDD : LCD의 전원 단자로서 +5V에 연결
- VL : LCD의 밝기를 조절하는 단자로서 10KΩ 가변 저항에 연결한다. 가변 저항을 통해 LCD의 밝기가 조절된다. 밝기를 조절하지 않을 경우는 단자를 GND에 연결한다.

5.2 LCD 모듈의 내부 구성

◎ 레지스터(Registers)

LCD 컨트롤러(HD44780U)는 8비트 레지스터인 인스트럭션 레지스터(IR)와 데이터 레지스터(DR)를 가지고 있다.

- 인스트럭션 레지스터(IR) : 쓰기만 가능
  - D.D.RAM과 C.G.RAM에 대한 어드레스 정보를 가지고 있다.
  - 화면 클리어, 커서 시프트 등 LCD의 제어 명령 정보를 가지고 있다.
- 데이터 레지스터(DR)
  - D.D.RAM과 C.G.RAM에 써넣은 데이터나 읽은 데이터를 일시적으로 저장하는 레지스터 레지스터 선택은 RS(4번핀) 신호에 의해서 정해지고, R/W(5번핀) 신호에 의해서 DR의 읽기/쓰기가 결정된다. 표 5-2를 참고하자.

표 5-2. 레지스터 선택

RS	R/W	동 작
0	0	각종 제어 명령 쓰기(화면 클리어, 커서 시프트 등)
0	1	DB7로부터 비지 플래그 읽기 / 어드레스 카운터를 DB0 ~ DB6으로부터 읽기
1	0	C.G.RAM, D.D.RAM에 데이터 쓰기 동작
1	1	C.G.RAM, D.D.RAM에 데이터 읽기 동작

◎ 비지 플래그(Busy Flag)

비지 플래그는 LCD 컨트롤러가 동작 중인지 아닌지를 나타낸다.

- '1'이면 컨트롤러가 내부 동작 중이므로 다음 명령을 수행할 수 없다.
- '0'이면 다음 명령을 수행할 수 있다.

◎ 어드레스 카운터(Address Counter(AC))

어드레스 카운터는 D.D.RAM, C.G.RAM의 어드레스를 지정할 때 사용한다. IR에 어드레스 정보를 써 넣으면 어드레스 정보는 AC로 전송된다. 이때 D.D.RAM, C.G.RAM의 선택은 RS와 R/W 신호에 의해서 결정된다. 표 11-2를 참고하자. D.D.RAM, C.G.RAM에 데이터를 써놓은 후에 AC는 자동적으로 +1 혹은 -1이 된다.

◎ 표시 데이터 RAM(Display Data RAM : D.D.RAM)

D.D.RAM은 8비트 문자 코드의 디스플레이 데이터를 저장한다. D.D.RAM의 용량은 80×8비트 혹은 80문자이다. D.D.RAM 내에 문자 표시에 사용하지 않는 메모리 영역은 일반적인 데이터 RAM으로 사용될 수 있다. D.D.RAM 어드레스와 LCD상의 문자 위치 관계는 아래 그림과 같다. D.D.RAM의 어드레스는 16진수로 표시된다.

	1	2	3	4	·········	14	15	16	
1행	00	01	02	03	·········	0D	0E	0F	D.D.RAM 어드레스
2행	40	41	42	43	·········	4D	4E	4F	

◎ 문자 제너레이터 ROM(Character Generator ROM : C.G.ROM)

문자 제너레이터 ROM은 8비트 코드로 5×8, 5×10 도트의 문자를 발생시킨다.

그림 5-3. 문자 C.G.ROM 코드와 문자 패턴

◎ 문자 제너레이터 RAM(Character Generator RAM : C.G.RAM)

C.G.RAM은 사용자가 프로그램에 의해서 원하는 문자 패턴을 만들고자 할 때 사용하는 RAM영역이다. 5×8 도트의 경우는 8종류의 문자 패턴을 만들 수 있고, 5×10 도트의 경우는 4종류의 문자 패턴을 만들 수 있다. 그림 5-4는 C.G.RAM의 어드레스, 문자 코드, 문자 패턴의 관계를 나타내고 있다.

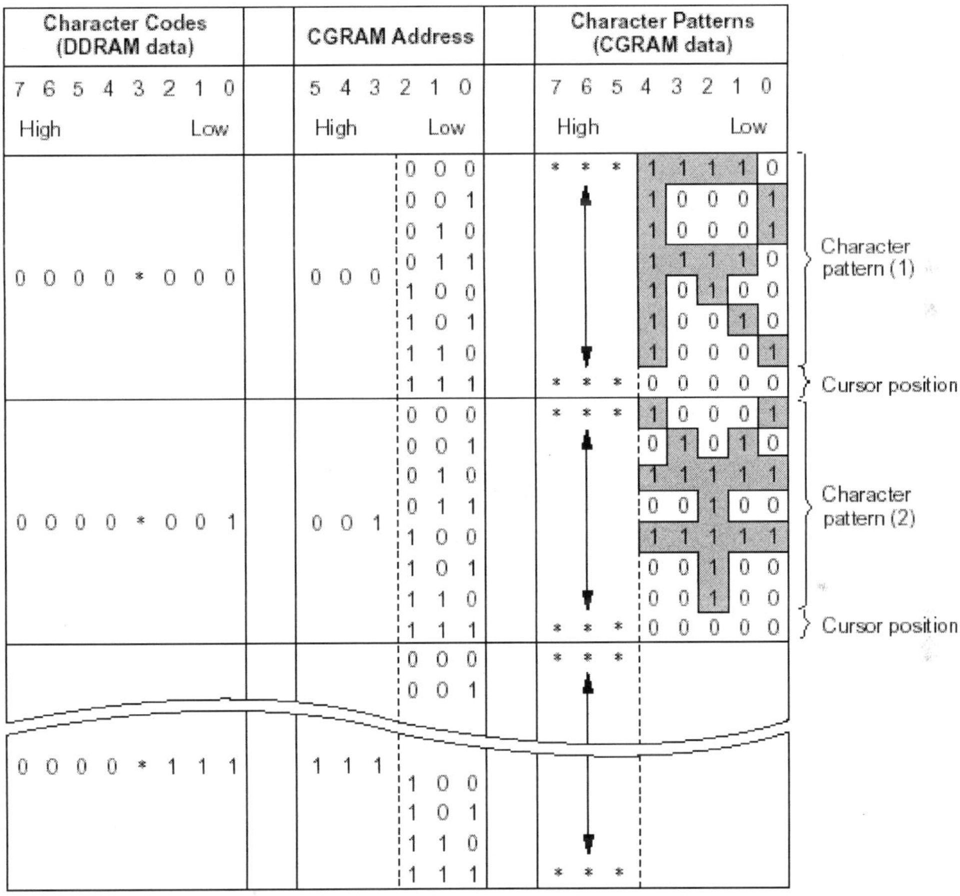

그림 5-4. 5×8도트인 경우 C.G.RAM 작성

5.3 LCD 인스트럭션

◎ 표시 클리어(Display Clear)

LCD 화면 클리어 후 커서는 홈(Home)으로 돌아간다.

R/S	R/W	D7	D6	D5	D4	D3	D2	D1	D0
0	0	0	0	0	0	0	0	0	1

◎ 커서 홈 (Cursor Home)

LCD 디스플레이 데이터는 클리어 되지 않고 커서는 홈으로 돌아간다.

R/S	R/W	D7	D6	D5	D4	D3	D2	D1	D0
0	0	0	0	0	0	0	0	1	×

◎ 엔트리 모드(Entry Mode)

데이터 리드/라이트 때 커서 진행 방향을 결정한다.

R/S	R/W	D7	D6	D5	D4	D3	D2	D1	D0
0	0	0	0	0	0	0	1	I/D	S

- I/D : D.D.RAM 어드레스의 증가 혹은 감소를 결정
- S : 디스플레이 전체를 좌/우로 시프트 시키기 위한 변수이다.
  - S=1, I/D=1이면 디스플레이는 좌로 시프트 된다.
  - S=1, I/D=0이면 디스플레이는 우로 시프트 된다.
  - S=0이면 디스플레이는 시프트 되지 않는다.

◎ 표시 온/오프(Display ON/OFF)

디스플레이(D), 커서(C), 블링크(B)의 ON/OFF를 결정한다.

R/S	R/W	D7	D6	D5	D4	D3	D2	D1	D0
0	0	0	0	0	0	1	D	C	B

- D=1이면 전체 디스플레이가 ON 되어 모든 글자가 나타난다.
- D=0이면 전체 디스플레이가 OFF 되어 글자가 나타나지 않는다.(디스플레이 데이터는 D.D.RAM에 남아 있기 때문에 D=1을 해주면 그 전의 디스플레이 데이터가 나타난다.)
- C=1이면 커서가 ON된다.
- C=0이면 커서가 OFF된다.
- B=1이면 커서는 문자 위치에서 깜빡이게 된다.
- B=0이면 커서는 깜빡이지 않는다.

◎ 커서/표시 시프트

표시(S)/커서(C) 시프트 라이트/레프트를 결정한다.

R/S	R/W	D7	D6	D5	D4	D3	D2	D1	D0
0	0	0	0	0	1	S/C	R/L	×	×

- S/C=0, R/L=0이면 커서는 왼쪽으로 시프트 된다.
- S/C=0, R/L=1이면 커서는 오른쪽으로 시프트 된다.
- S/C=1, R/L=0이면 전체 디스플레이와 커서는 왼쪽으로 시프트 된다.
- S/C=1, R/L=1이면 전체 디스플레이와 커서는 오른쪽으로 시프트 된다.

◎ 펑션 셋(Function Set)

데이터 길이(DL), 디스플레이 라인(N), 글자 폰트(F)를 결정한다.

R/S	R/W	D7	D6	D5	D4	D3	D2	D1	D0
0	0	0	0	1	DL	N	F	×	×

- DL=1이면 8비트를 인터페이스 할 수 있다.
- DL=0이면 4비트를 인터페이스 할 수 있다.

N	F	디스플레이 라인	글자폰트	듀티비	비　고
0	0	1	5×8도트	1/8	
0	1	1	5×10도트	1/11	
1	×	2	5×8도트	1/16	5×10도트의 글자 폰트는 2 라인 디스플레이가 된다.

◎ C.G.RAM 어드레스 설정

C.G.RAM 어드레스를 설정 할 수 있다. 설정 후 전송되는 데이터는 C.G.RAM 데이터로 취급된다.

R/S	R/W	D7	D6	D5	D4	D3	D2	D1	D0
0	0	0	1	C.G.RAM 어드레스					

◎ D.D.RAM 어드레스 설정

D.D.RAM 어드레스를 설정할 수 있다. 설정 후 전송되는 데이터는 D.D. RAM 데이터로 취급된다.

R/S	R/W	D7	D6	D5	D4	D3	D2	D1	D0
0	0	1	D.D.RAM 어드레스						

5.4 LCD 초기화

전원 On

↓

VDD가 4.5V 이상 된 후 15ms 이상을 기다린다.

↓

RS	R/W	D7	D6	D5	D4	D3	D2	D1	D0
0	0	0	0	1	1	*	*	*	*

↓

4.1ms 이상을 기다린다.

↓

RS	R/W	D7	D6	D5	D4	D3	D2	D1	D0
0	0	0	0	1	1	*	*	*	*

↓

100us 이상을 기다린다.

↓

RS	R/W	D7	D6	D5	D4	D3	D2	D1	D0
0	0	0	0	1	1	*	*	*	*

↓

RS	R/W	D7	D6	D5	D4	D3	D2	D1	D0
0	0	0	0	1	1	N	F	*	*
0	0	0	0	0	0	1	0	0	0
0	0	0	0	0	0	0	0	0	1
0	0	0	0	0	0	0	1	I/D	S

↓

초기 설정 완료

그림 5-5. LCD의 초기화 순서

5.5 LCD 구동

① 전원 On

LCD에 전원을 인가하게 되면 LCD는 자동적으로 위 라인 화면이 검정색으로 나타나게 된다.

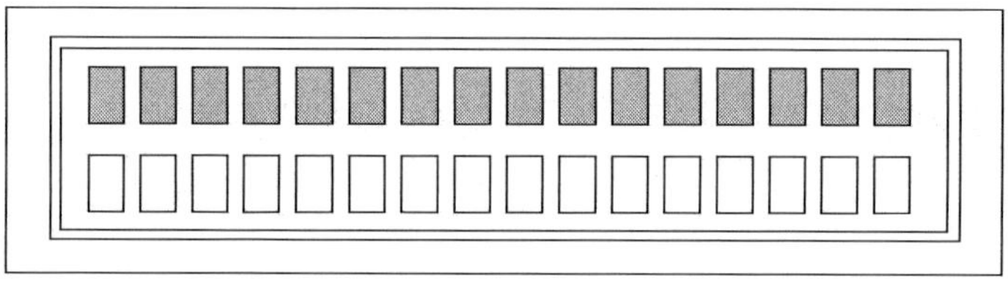

아무런 현상이 일어나지 않을 경우에는 가변저항을 통해서 LCD에 인가되는 전압을 조정해 디스플레이 밝기를 바꿔보자.

② 기능 설정 (Function Set)

LCD에 연결된 데이터 라인이 8비트로 인터페이스 되고, 2라인 디스플레이, 5×8 도트 글자 폰트를 사용하기 위한 값을 설정한다.

RS	R/W	D7	D6	D5	D4	D3	D2	D1	D0
0	0	0	0	1	1	1	0	–	–
0x(16진수)		3				8			

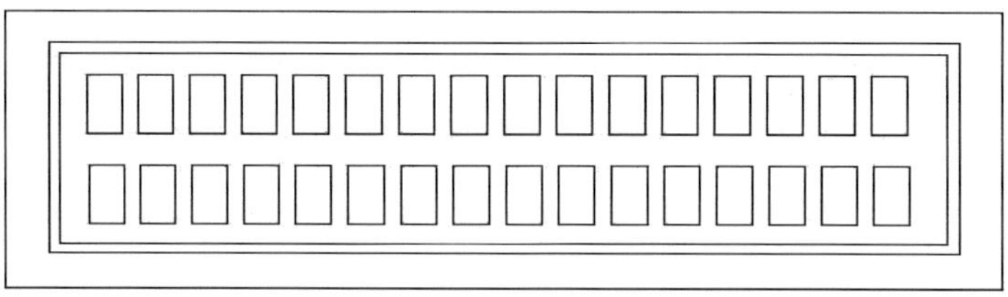

③ 디스플레이 On/Off 제어

디스플레이와 커서를 On시키지만 초기화 직후의 상태이기 때문에 아무런 글자도 나타나지 않는다. (디스플레이 클리어(Clear)→0x01, 디스플레이 On→0x0C)

RS	R/W	D7	D6	D5	D4	D3	D2	D1	D0
0	0	0	0	0	0	1	1	1	–
0x(16진수)	0				E				

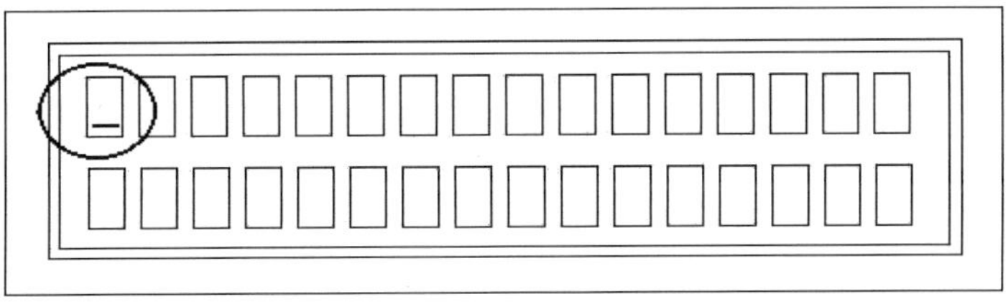

④ 엔트리 모드 세트 (Entry Mode Set)

LCD에 데이터를 쓰기 동작할 때 어드레스는 +1씩 증가하고, 커서는 오른쪽으로 이동하게 설정한다. (이때, 디스플레이는 이동하지 않게 설정한다.)

RS	R/W	D7	D6	D5	D4	D3	D2	D1	D0
0	0	0	0	0	0	0	1	1	0
0x(16진수)	0				6				

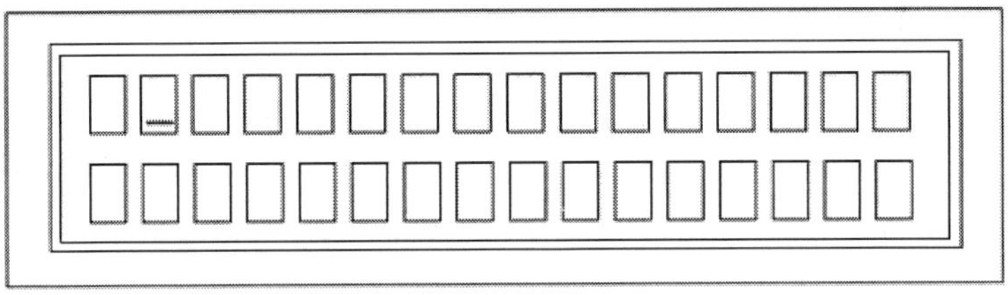

⑤ C.G.RAM/ D.D.RAM에 데이터 쓰기

전원을 인가했을 때 LCD초기화에 의해서 D.D.RAM이 선택되었기 때문에 문자가 표현되면 커서는 오른쪽으로 하나씩 이동한다. “A”(0x41)라는 글자를 새겨보자.

RS	R/W	D7	D6	D5	D4	D3	D2	D1	D0
1	0	0	1	0	0	0	0	0	1
0x(16진수)	4				1				

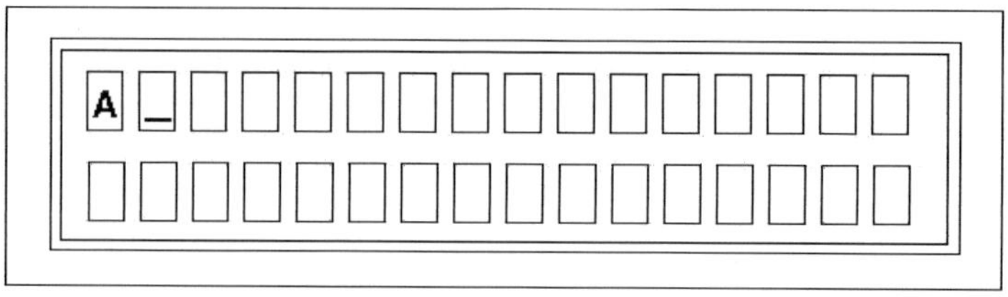

⑥ BCDEF...K를 계속해서 쓰려면 ⑤를 반복하면서 데이터 값만 바꾸어주면 된다.

⑦ D.D.RAM 어드레스 설정 (Set D.D.RAM Address)

D.D.RAM 어드레스를 설정하여 커서가 2번째 라인에 위치하게 만들기 위해 데이터에 0xC0의 값을 주고, 2번째 라인의 첫 번째 비트에 커서를 위치하게 만들기 위해 다시 데이터 값을 0x40으로 입력한다.

RS	R/W	D7	D6	D5	D4	D3	D2	D1	D0
0	0	0	1	0	0	0	0	0	0
0x(16진수)		C				0			
0	0	0	1	0	0	0	0	0	0
0x(16진수)		4				0			

표 5-3. LCD 인스트럭션 설정표

인스트럭션	RS	R/W	D7	D6	D5	D4	D3	D2	D1	D0	설명
표시 클리어	0	0	0	0	0	0	0	0	0	1	모든 표시를 지우고 D.D.RAM 0번지로 설정
커서홈	0	0	0	0	0	0	0	0	1	*	D.D.RAM 0번지로 설정
엔트리 모드 설정	0	0	0	0	0	0	0	1	I/D	S	엔트리 모드 설정
표시를 제어	0	0	0	0	0	0	1	D	C	B	표시 제어
커서 이동	0	0	0	0	0	1	S/L	R/L	0	0	커서의 좌우 이동
Function 설정	0	0	0	0	1	DL	N	F	0	0	데이터의 길이 및 Font설정
C.G.RAM Address 설정	0	0	0	1	Address						C.G.RAM Address 설정
C.G.RAM Address 설정	0	0	1	Address							C.G.RAM Address 설정
Busy Flag Check	0	1	BF	Address Count							Busy Flag Check
D.D.RAM, C.G.RAM 쓰기	1	0	쓰기 Data								D.D.RAM, C.G.RAM 쓰기
D.D.RAM, C.G.RAM 읽기	1	1	읽기 Data								D.D.RAM, C.G.RAM 읽기

5.6 LCD 구동 회로설계 및 프로그램 작성

5.6.1 LCD 구동회로 설계

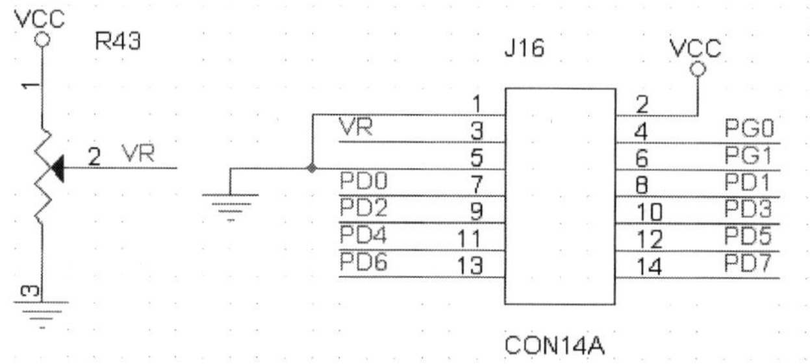

그림 5-6. 문자형 LCD 구동회로

대개의 LCD 경우 컨넥터가 한 줄로 이루어져있지만, 그림 5-6과 같이 두 줄로 이루어진 LCD도 있다. 일반적인 LCD의 경우는 LCD제어를 RS(PG0) 1개의 핀, 인에이블(Enable) (PG1) 1개, 8개의 데이터라인(PORTD)과 3개의 전원 및 밝기조정 단자가 있다. 하지만 같은 LCD지만 16핀으로 2개의 핀이 더 존재하는 경우가 있는데 이는 LCD 뒷면에서 LED를 켜주는 백라이트(BACK LIGHT) 단자이다. 그림 5-6에서 가변 저항은 LCD의 백라이트 밝기를 조절하는 것이 아니라 액정 판넬에 새겨지는 글자의 밝기를 표기하기 위함이다.

5.6.2 LCD 구동 프로그램

□ LCD1 PROJECT. LCD 문자 표현

그림 5-4 회로를 기반으로 LCD의 두 라인에 일반 영문자 및 특수 문자를 디스플레이 할 수 있는 프로그램을 구현해 보자.

```
#include <mega128.h>
#include <delay.h>

#define LINE1   0x80
#define LINE2   0xC0
#define CMD_WRITE     0xFE
#define DATA_WRITE   0xFF
#define LCD_EN          0x02

void LCD_cmd_write(char cmd);
```

```
void LCD_data_write(char data);
void init_LCD(void);
void init_system(void);

void LCD_cmd_write(char cmd)
{ PORTG = CMD_WRITE;
   PORTD = cmd;
   PORTG = PORTG·LCD_EN;
   delay_ms(2);
}

void LCD_data_write(char data)
{ PORTG = DATA_WRITE;
   PORTD = data;
   PORTG = PORTG·LCD_EN;
   delay_ms(2);
}

void init_LCD(void)
{ delay_ms(15);
   LCD_cmd_write(0x38);
  delay_ms(5);
   LCD_cmd_write(0x38);
   delay_us(100);
   LCD_cmd_write(0x38);
   LCD_cmd_write(0x08);
   LCD_cmd_write(0x01);
   LCD_cmd_write(0x06);
   LCD_cmd_write(0x0C);
}
void init_system(void)
{   DDRD = 0xFF;
   DDRG = 0xFF;
   PORTD = 0xFF;
   PORTG = 0xFF;
}
```

```
void main(void)
{
   init_system();
   init_LCD();

           LCD_cmd_write(LINE1);
           LCD_data_write('-');
           LCD_data_write('A');
           LCD_data_write('T');
           LCD_data_write('M');
           LCD_data_write('E');
           LCD_data_write('G');
           LCD_data_write('A');
           LCD_data_write('1');
           LCD_data_write('2');
           LCD_data_write('8');
           LCD_data_write(' ');
           LCD_data_write('T');
           LCD_data_write('E');
           LCD_data_write('S');
           LCD_data_write('T');
           LCD_data_write('-');

           LCD_cmd_write(LINE2);
           LCD_data_write('!');
           LCD_data_write('@');
           LCD_data_write('#');
           LCD_data_write('$');
           LCD_data_write('%');
           LCD_data_write('·');
           LCD_data_write('&');
           LCD_data_write('*');
           LCD_data_write('(');
           LCD_data_write(')');
           LCD_data_write('〈');
           LCD_data_write('〉');
           LCD_data_write('{');
```

```
        LCD_data_write('}');
        LCD_data_write('-');
        LCD_data_write('+');

    while(1);
}
```

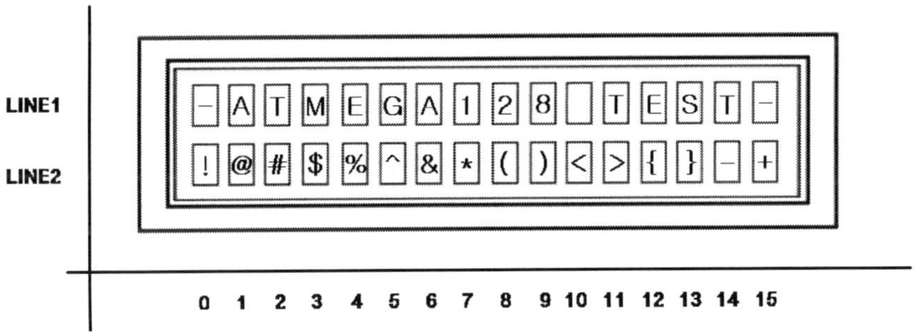

- LCD 라인 선택

```
#define LINE1   0x80
#define LINE2   0xC0
```

LINE1, LINE2 부분은 문자형 LCD의 라인을 선택할 때 데이터 값을 의미하는데, 기능을 선택하고 데이터 라인으로 0x80, 0xC0을 입력함으로써 선택해 LCD를 제어할 수 있다.

- 명령(기능), 데이터 쓰기 선택

그림 5-6에서 보면 알 수 있듯이 PG1=E(인에이블), PG0=RS(Register Select)에 연결되어 있다.

```
#define CMD_WRITE    0xFE
#define DATA_WRITE   0xFF
#define LCD_EN       0x02
```

PG7	PG6	PG5	PG4	PG3	PG2	PG1	PG0	DATA	기 능
×	×	×	×	×	×	1	0	0xFF	명령어쓰기선택
×	×	×	×	×	×	1	1	0xFF	데이터쓰기선택
0	0	0	0	0	0	1	0	0x00	Enable 선택

X : Don't Care

- 명령(기능) 함수

```
void LCD_cmd_write(char cmd)
{
    PORTG = CMD_WRITE;
    PORTD = cmd;
    PORTG = PORTG·LCD_EN;
    delay_ms(2);
}
```

LCD의 기능을 명령을 LCD의 레지스터에 명령하기 위한 함수이다. LCD의 기능에 관련된 명령을 내기게 되면, PORTG = CMD_WRITE; "RS"를 '0'으로 하여 LCD에게 인스트럭션(기능명령)임을 알리고 기능에 해당되는 데이터를 입력한 후에 더 이상의 허용(Enable)을 금지한다.

- 데이터 입력 함수

```
void LCD_data_write(char data)
{
    PORTG = DATA_WRITE;
    PORTD = data;
    PORTG = PORTG·LCD_EN;
    delay_ms(2);
}
```

기능 입력을 위한 함수와 마찬가지로 LCD에 데이터를 쓰고 싶다면, PORTG = CMD_WRITE; "E"와 "RS"를 선택한 후에 글자 데이터를 데이터 라인을 통해 입력한 후에 PORTG = PORTG·LCD_EN; 더 이상의 허용(Enable)을 금지한다.

- LCD 초기화 함수

```
void init_LCD(void)
{
    delay_ms(15);              // 15msec 이상 시간지연
    LCD_cmd_write(0x38);  // 기능셋(데이터버스 8비트, 라인수:2줄)

    delay_ms(5);               // 4.1msec 이상 시간지연, 생략가능
    LCD_cmd_write(0x38);  // 기능셋, 생략 가능
    delay_us(100);             // 100usec 이상 시간지연, 생략가능
    LCD_cmd_write(0x38);  // 기능셋, 생략 가능
}
    LCD_cmd_write(0x08);   // 표시 Off , 생략 가능
    LCD_cmd_write(0x01);   // 화면 지우기
    LCD_cmd_write(0x06);   // 엔트리모드셋
    LCD_cmd_write(0x0C);   // 표시 On
}
```

void init_LCD(void)는 LCD를 초기화하기 위한 함수로 그림 5-5와 같은 순서도를 프로그램화 한 내용이다. LCD를 초기화 하지 않으면 LCD는 제어되지 않는다. 따라서 반드시 한번은 초기화 시켜줘야 한다.

- LCD 디스플레이

```
void main(void)
{
    init_system();      // 포트 설정
    init_LCD();         // LCD 초기화 함수 호출

            LCD_cmd_write(LINE1);

            LCD_data_write('-');
            LCD_data_write('A');
            LCD_data_write('T');
}
```

main()을 살펴보면 LCD 초기화 함수를 실행시켜 LCD 동작을 위한 준비를 한 후에,

LCD_cmd_write(LINE1); 기능 함수를 선택하고 “LINE1”이라는 데이터를 보내었다. 이는 LCD의 기능 중 첫 번째 라인을 선택하겠다는 말이다. “RS=0”으로 만든 후에 데이터로 “0x80(LINE1)”를 입력해 LCD가 글자 데이터를 입력하면 첫 번째 줄부터 글자를 디스플레이 시키게 된다. 그 후에 LCD_data_write('-');

데이터 입력함수를 호출해 데이터를 입력 즉, “RS=1”로 하고 글자 데이터를 입력하면 LCD에 글자가 디스플레이 된다.

□ LCD2 PROJECT. String() 함수를 이용한 LCD 디스플레이

LCD1 프로젝트는 글자를 한 글자씩 반복해서 입력하였는데 프로그램이 길어지고 효율적이지 못하기 때문에 스트링함수를 작성해 문자열로 LCD를 디스플레이 시켜보자.

```
#include <mega128.h>
#include <delay.h>

#define LINE1  0x80
#define LINE2  0xC0
#define CMD_WRITE    0xFE
#define DATA_WRITE   0xFF
#define LCD_EN         0x02

void LCD_cmd_write(char cmd)
{ PORTG = CMD_WRITE;
  PORTD = cmd;
  PORTG = PORTG·LCD_EN;
  delay_ms(2);
}

void LCD_data_write(char data)
{
  PORTG = DATA_WRITE;
  PORTD = data;
  PORTG = PORTG·LCD_EN;
```

```
        delay_ms(2);
    }

    void init_LCD(void)
    {
        delay_ms(15);
        LCD_cmd_write(0x38);

   delay_ms(5);
   LCD_cmd_write(0x38);
   delay_us(100);
   LCD_cmd_write(0x38);
   LCD_cmd_write(0x08);
   LCD_cmd_write(0x01);
   LCD_cmd_write(0x06);
   LCD_cmd_write(0x0C);
}
void LCD_String(char flash str[])
{  char flash *pStr=0;

         pStr=str;
         while(*pStr) LCD_data_write(*pStr++);
}

void init_system(void)
{ DDRD   = 0xFF;
   DDRG   = 0xFF;
   PORTD = 0xFF;
   PORTG = 0xFF;   }

void main(void)
{
   init_system();
   init_LCD();
            LCD_cmd_write(LINE1);
            LCD_String("-ATMEGA128 TEST-");
```

```
        LCD_cmd_write(LINE2);
        LCD_String("PARK IL CHAN KOP");

    while(1);
}
```

ProVSM 회로구성

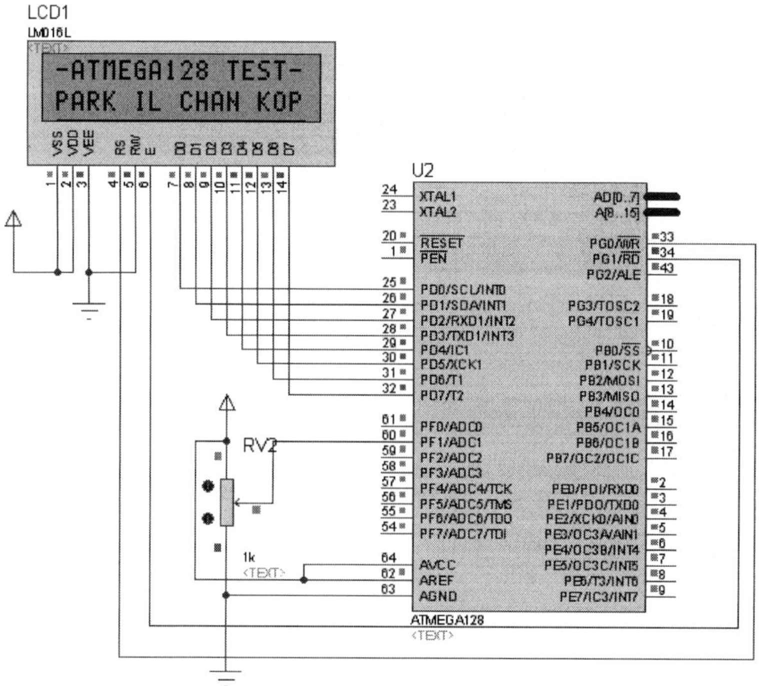

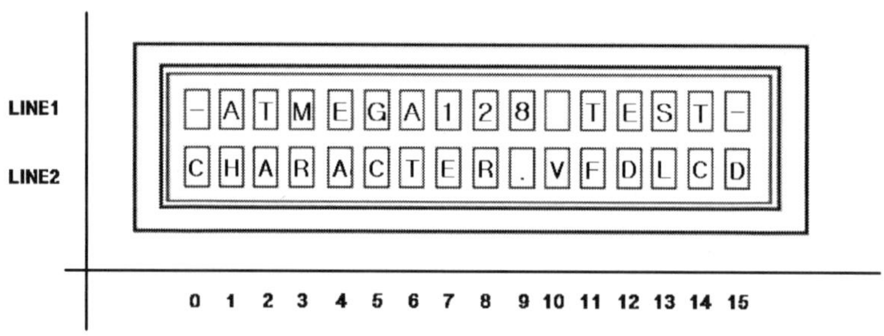

□ LCD3 PROJECT. LCD Shift 명령

LCD의 기능 명령 중 이동하는 기능이 있다. 이 기능을 이용해 디스플레이 된 LCD의 데이터를 좌, 우로 이동하는 프로그램을 구현해 보자.

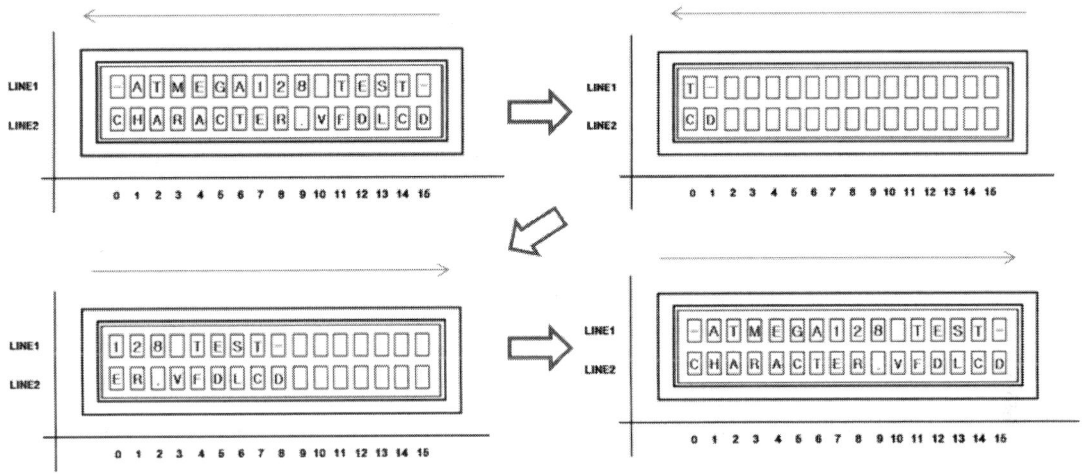

데이터를 이동시키는 것은 기능(인스트럭션)명령이기 때문에 LCD_cmd_write( );함수를 이용하며, 데이터를 포함한 함수의 호출은 좌측 이동일 경우에는 LCD_cmd_write(0x18);이며, 우측 이동일 경우에는 LCD_cmd_write(0x1c);이다. LCD가 모두 16칸이기 때문에 반복문으로 새겨진 문구를 완전히 좌측으로 보낸 후에 다시 원상태로 하기 위해 우측 방향으로 16번 반복한다.

```
void main(void)
{
    int i;
    init_system();

    init_LCD();

     while(1)
     {
          for(i=0;i<16;i++)
          {
          delay_ms(100);
```

```
		LCD_cmd_write(0x18);          // 좌측이동 명령
		LCD_cmd_write(LINE1);
		LCD_String("-ATMEGA128 TEST-");
		LCD_cmd_write(LINE2);
		LCD_String("CHARACTER.VFDLCD");
		}

		for(i=0;i<16;i++)
		{
		delay_ms(100);
		LCD_cmd_write(0x1c);          // 우측이동 명령
		LCD_cmd_write(LINE1);
		LCD_String("-ATMEGA128 TEST-");
		LCD_cmd_write(LINE2);
		LCD_String("CHARACTER.VFDLCD");
		}
	}
}
```

□ LCD4 PROJECT. PORTC 상태표시

PORTC에 연결된 스위치나 센서의 상태를 파악하기 위해 PORTC의 상태를 LCD에 디스플레이 되도록 프로그램을 구현해 보자.

```
------------------- 생  략----------------------------

void LCD_variable(char *str)
{
	unsigned char i;
	for(i=0;i<16;i++) LCD_data_write(str[i]);
}

void LCD_String(char flash str[])
{
	char flash *pStr=0;
	pStr=str;
```

```
        while(*pStr) LCD_data_write(*pStr++);
}

void main(void)
{
   int i, sensor;
   unsigned char array[16];
   init_system();

   init_LCD();

          while(1)
          {
           sensor=PINC;

           for(i=15;i>=0;i--)
           {
              array[i]=(sensor%2)+'0';
              sensor=sensor/2;
           }

             LCD_cmd_write(LINE1);
             LCD_String("PORTC.->76543210");
             LCD_cmd_write(LINE2);
             LCD_variable(array);

          }
   }
```

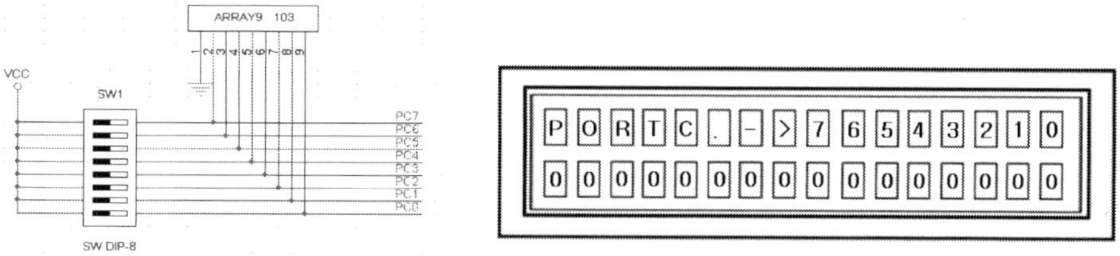

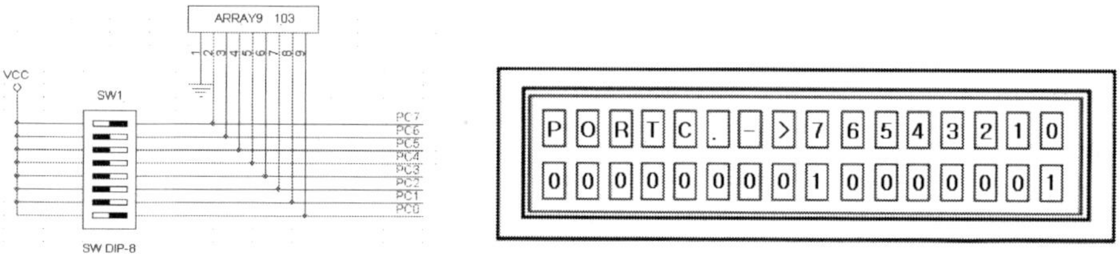

위 그림은 PORTC에 연결된 DIP S/W가 하나도 On되지 않은 상태이며 아래 그림은 PORTC.7과 PORTC.0의 스위치만이 On된 상태이다. DIP S/W 상태가 LCD에 디스플레이 되어 있는 모습을 볼 수 있다.

```
void LCD_variable(char *str)
{
        unsigned char i;
        for(i=0;i<16;i++) LCD_data_write(str[i]);
}
```

void LCD_String(char flash str[]) 함수와 같은 역할을 해준다. 스위치로부터 입력받은 데이터를 배열의 데이터 값을 LCD로 표현하기 위해 사용한 함수로 16글자이기 때문에 16개의 배열 데이터 값을 표시하도록 하였다.

```
sensor=PINC;

for(i=15;i>=0;i--)
{
  array[i]=(sensor%2)+'0';
  sensor=sensor/2;
}
```

PORTC로 입력받는 데이터는 8비트이기 때문에 10진수로 표현하면 0~255가 될 것이다. 이때 10진수를 2진수로 바꾸는 알고리즘을 프로그램으로 표현한 내용이다. 10진수를 2진수로 바꾸려면 2로 나눈 나머지 값을 사용하기 때문에 "%" 연산자를 사용하였다. 또한, 처음 계산된 나머지 값이 마지막으로 표현되기 때문에 16번을 반복할 때 배열의 높은 값에서 순차적으로 나머지 값이 입력되도록 하였다.

□ LCD5 PROJECT. A/D 변환 데이터 디스플레이

ADC1에 연결된 센서를 A/D 변환하고 변환된 10비트 데이터(0~1023)를 LCD에 디시플레이 되도록 프로그램을 구현한다.

```
#include 〈mega128.h〉
#include 〈delay.h〉

#define LINE1   0x80
#define LINE2   0xC0

#define CMD_WRITE    0xFE
#define DATA_WRITE   0xFF
#define LCD_EN       0x02

unsigned int count=0, four, four0, three, three0, two, one;

void LCD_cmd_write(char cmd)
{
  PORTG = CMD_WRITE;
  PORTD = cmd;
  PORTG = PORTG·LCD_EN;
  delay_ms(2);
}

void LCD_data_write(char data)
{
  PORTG = DATA_WRITE;
  PORTD = data;
  PORTG = PORTG·LCD_EN;
```

```
    delay_ms(2);
}

void init_LCD(void)
{
    delay_ms(15);
    LCD_cmd_write(0x38);

    delay_ms(5);
    LCD_cmd_write(0x38);
    delay_us(100);
    LCD_cmd_write(0x38);

    LCD_cmd_write(0x08);
    LCD_cmd_write(0x01);
    LCD_cmd_write(0x06);
    LCD_cmd_write(0x0C);
}

void LCD_variable(char *str)
{
        unsigned char i;
        for(i=0;i<16;i++) LCD_data_write(str[i]);
}

void LCD_String(char flash str[])
{
        char flash *pStr=0;

        pStr=str;
        while(*pStr) LCD_data_write(*pStr++);
}

void init_system(void)
{ DDRD      = 0xFF;
    DDRG      = 0xFF;
    DDRC      = 0x00;
```

```
    DDRF     = 0xf0;
    ADCSRA = 0x8f;              // A/D변환 및 인터럽트 허용, 128분주
    SREG     = 0x80;            // 인터럽트 벡터 허용
}

void main(void)
{
    unsigned char array[16];
    init_system();

    init_LCD();

        while(1)
        {
         ADMUX = 0x01;    // 채널 1번
         ADCSRA = 0xcf;   // 0x8f; + 0x40 : A/D 변환 시작
         delay_ms(100);
         array[0]= '1';
         array[1]= '0';
         array[2]= 'B';
         array[3]= 'I';
         array[4]= 'T';
         array[5]= ' ';
         array[6]= 'D';
         array[7]= 'E';
         array[8]= 'C';
         array[9]= '-';
         array[10]='>';
         array[11]=' ';

         array[12]=four   +'0';          // 10진수 중 1000자리 표시
         array[13]=three  +'0';          // 10진수 중 100자리 표시
         array[14]=two    +'0';          // 10진수 중 10자리 표시
         array[15]=one    +'0';          // 10진수 중 1자리 표시

         LCD_cmd_write(LINE1);
         LCD_String("-A/D  CONVERSION-");
```

```
        LCD_cmd_write(LINE2);
        LCD_variable(array);

    }
}
```

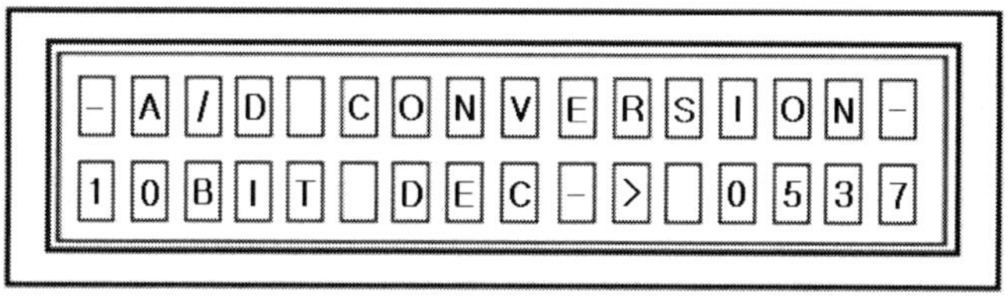

10비트 A/D 변환되었기 때문에 10진수로 표시하게 되면 0~1023이다. 이렇게 A/D 변환기를 통해 변환된 10진수의 데이터를 위 그림처럼 2행 12, 13, 14, 15에 실시간으로 표시되게 된다.

ProVSM 회로구성

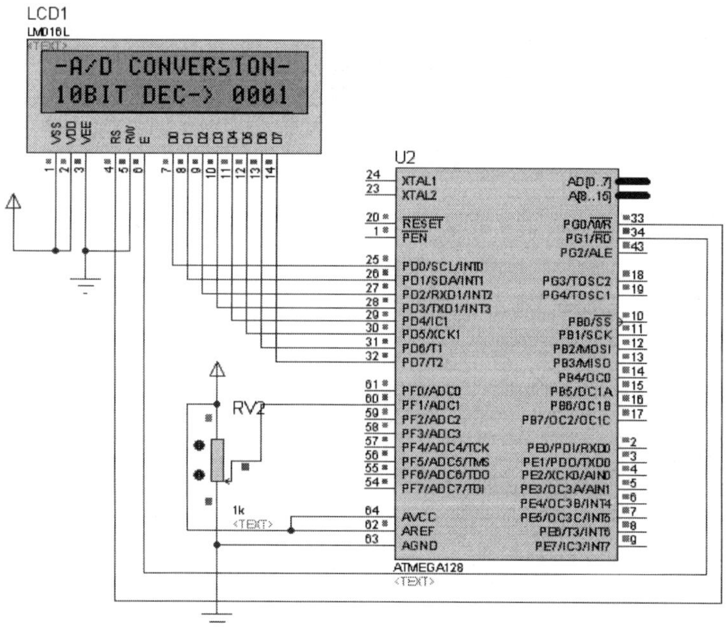

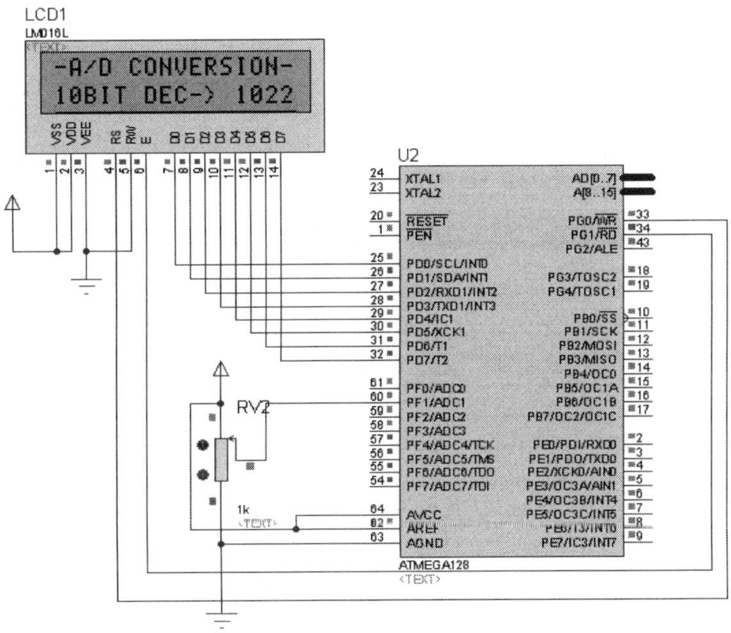
LCD1
LM016L
-A/D CONVERSION-
10BIT DEC-> 1022
VSS
VDD
VEE
RS
RW
E
D0
D1
D2
D3
D4
D5
D6
D7
U2
XTAL1
XTAL2
RESET
PEN
PD0/SCL/INT0
PD1/SDA/INT1
PD2/RXD1/INT2
PD3/TXD1/INT3
PD4/IC1
PD5/XCK1
PD6/T1
PD7/T2
PF0/ADC0
PF1/ADC1
PF2/ADC2
PF3/ADC3
PF4/ADC4/TCK
PF5/ADC5/TMS
PF6/ADC6/TDO
PF7/ADC7/TDI
AVCC
AREF
AGND
AD[0..7]
A[8..15]
PG0/WR
PG1/RD
PG2/ALE
PG3/TOSC2
PG4/TOSC1
PB0/SS
PB1/SCK
PB2/MOSI
PB3/MISO
PB4/OC0
PB5/OC1A
PB6/OC1B
PB7/OC2/OC1C
PE0/PDI/RXD0
PE1/PDO/TXD0
PE2/XCK0/AIN0
PE3/OC3A/AIN1
PE4/OC3B/INT4
PE5/OC3C/INT5
PE6/T3/INT6
PE7/IC3/INT7
ATMEGA128
RV2
1k

06 시리얼 통신 실험

시리얼 통신은 정보를 비트 단위로 분해해서 1개의 전송선에 1 또는 0의 비트 데이터를 차례대로 보내고, 수신측에서는 이 비트 데이터를 조합하여 통신하는 방식이다. 마이크로프로세서 간이나 PC와의 통신에는 몇 가지의 통신 방식이 있는데 그 중에 시리얼 통신이 많이 사용되고 있으며, 시리얼 통신 중에는 RS-232C와 485통신이 대표적인데 이 장에서는 RS-232C에 대해서 알아보자.

6.1 RS-232C

PC의 직렬통신 단자인 RS-232C는 비동기식 UART(Universal Asynchronous Receiver/Transmitter)통신 방식이다. 직렬 통신은 송거리가 짧고(15m 이하), 전송속도(20Kbit/s)가 늦으며, 내 잡음성이 좋지 않다는 단점을 가지고 있다. 하지만 통신에 필요한 배선수가 적고, 사용이 간단하기 때문에 표준 통신 인터페이스로 많이 사용되고 있다.

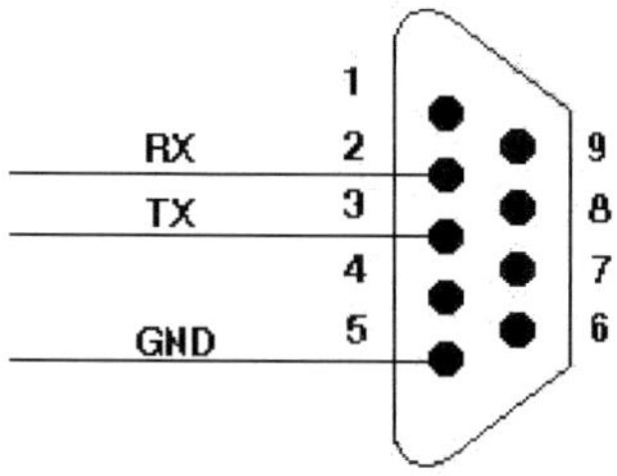

그림 6-1. RS-232C 컨넥터

PC대 PC간의 통신에는 그림 6-2와 같이 연결하거나 어차피 통신레벨이 같기 때문에 다이렉트로 연결하는 편이 낫다. PC와 마이크로프로세서간의 통신은 서로간의 통신 레벨이 다르기 때문에 그림 6-4와 같이 연결해야한다. 대부분 마이크로프로세서나 AVR 계열에서 출력되는 시리얼 데이터가 TTL레벨을 가지고 있고, PC는 ±12V로 통신하기 때문에 중간에 레벨을 변환하는 장치가 필요하다. 실험하고 있는 보드에서는 많이 사용되고 있는 MAXIM사의 MAX232를 사용하였다.

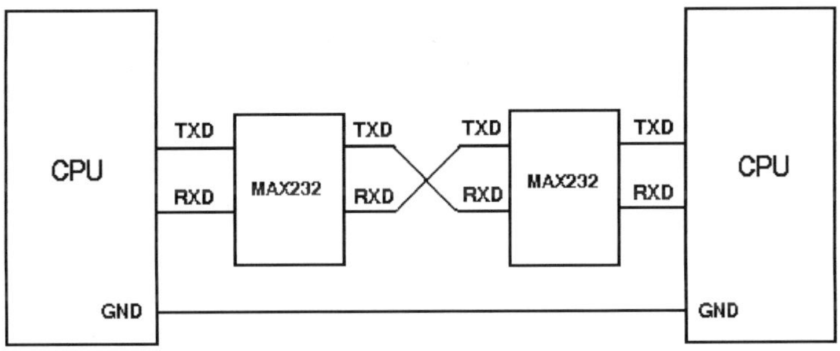

그림 6-2. PC와 PC의 통신

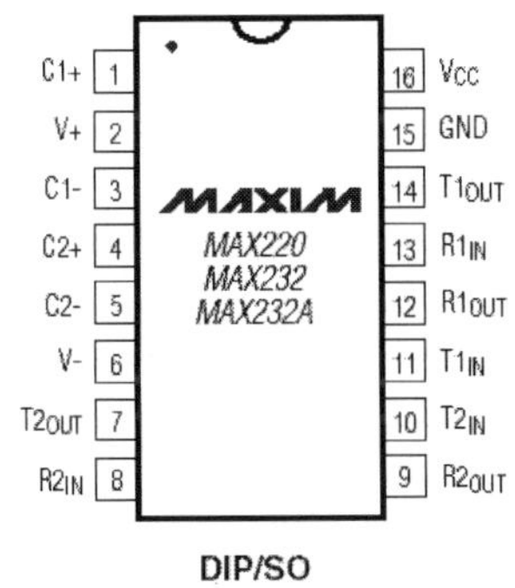

CAPACITANCE (μF)					
DEVICE	C1	C2	C3	C4	C5
MAX220	4.7	4.7	10	10	4.7
MAX232	1.0	1.0	1.0	1.0	1.0
MAX232A	0.1	0.1	0.1	0.1	0.1

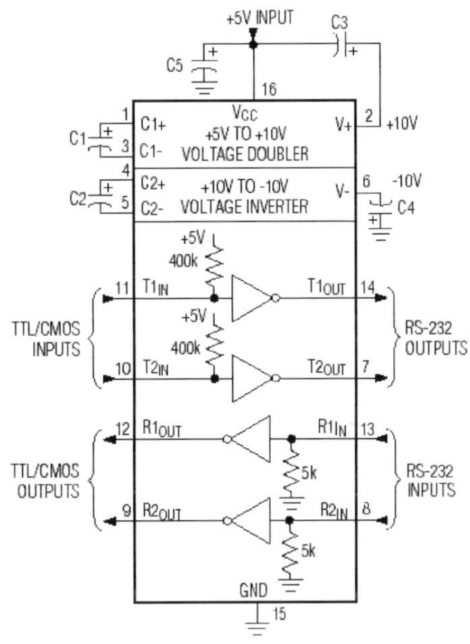

그림 6-3. MAX 232 핀 구성 및 내부구조

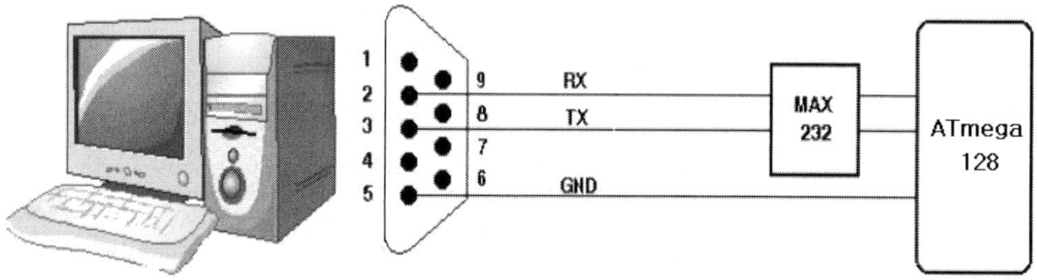

그림 6-4. PC와 마이크로프로세서 간의 데이터 통신

그림 6-4는 PC와 마이크로프로세서 간의 통신을 보여주고 있다. PC의 RS-232C포트가 바로 ATmega128의 RXD, TXD와 연결되는 것이 아니고 MAX232의 컨버터를 거쳐 연결되고 있다. 프로세서 간의 통신일 경우에는 그림 6-5와 같이 TTL레벨이기 때문에 변환기가 필요 없이 직접 연결하면 된다.

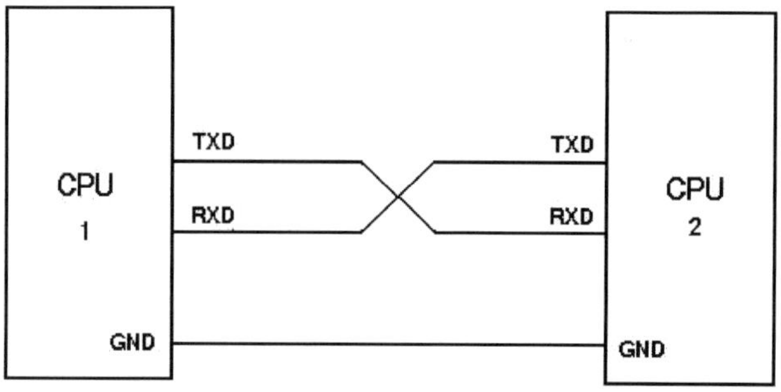

그림 6-5. 프로세서 간의 데이터 통신

6.2 시리얼통신 관련 레지스터

ATmega128에는 RXD0, TXD0과 RXD1, TXD1의 시리얼 통신 포트가 두 개가 내장되어 있다. 그렇기 때문에 레지스터 또한 "0"과 "1"로 반복된다.

■ UDRn (USART0 I/O Data Register) : USART0 I/O 데이터 레지스터 n=0,1

USART 송신 데이터 버퍼 레지스터와 수신 데이터 버퍼 레지스터는 UDRn (n=0,1)이라고 하는 같은 이름의 USART 데이터 레지스터를 공유한다. UDRn 레지스터는 동일한 I/O 번지를 갖지만, 내부적으로는 서로 분리되어 있다. UDRn 레지스터에 데이터를 쓰면 송신 데이터 버퍼 TXBn에 값이 써지고, UDRn 레지스터를 읽으면 데이터 버퍼 RXBn에 들어 있는 내용이 읽혀진다. 데이터를 수신할 경우에 UDRn 레지스터의 데이터를 읽으면 되고, 송신할 경우에는 UDRn 레지스터에 데이터를 쓰면 시리얼포트 단자로 데이터가 출력된다.

■ UCSRnA (USARTn Control and Status Register A) n=0,1

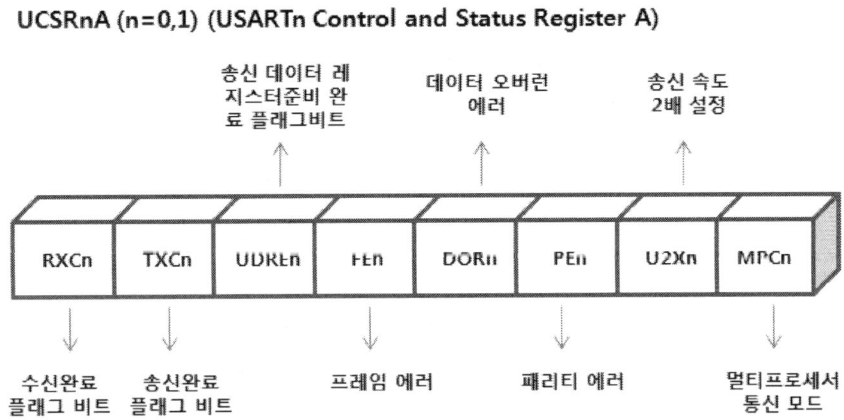

■ UCSRnB (USARTn Control and Status Register B) n=0,1

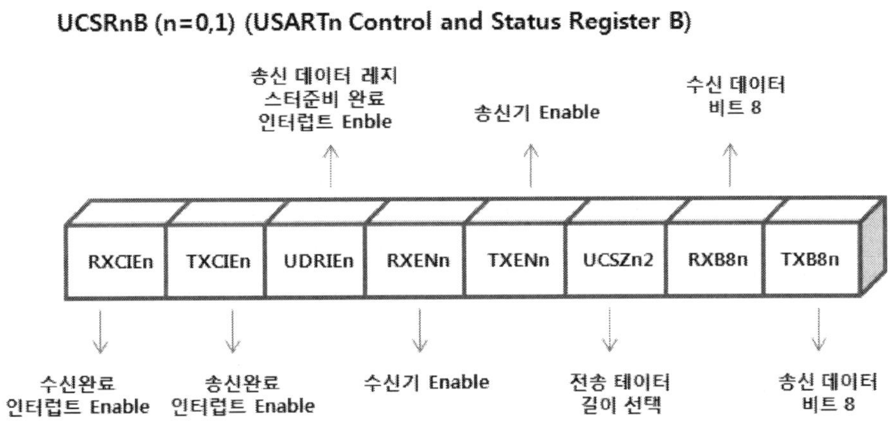

■ UCSRnC (USARTn Control and Status Register C) n=0,1

UCSRnC (n=0,1) (USARTn Control and Status Register C)

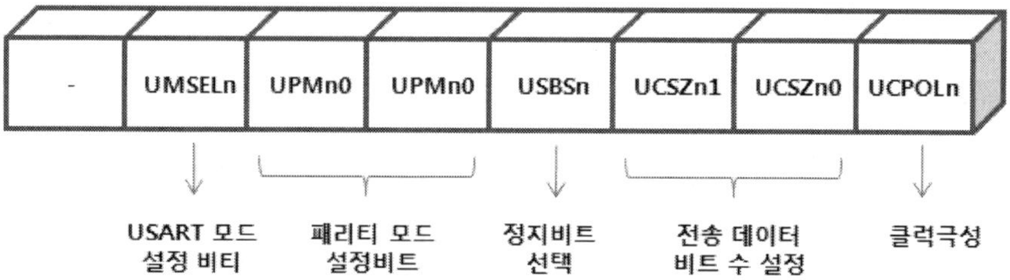

- BIT 6이 “0”이면 비동기모드, “1”이면 동기모드로 설정된다.
- BIT 5, BIT 4

UPMn1	UPMn1	패리티 모드
0	0	패리티모드 사용 안함
0	1	-
1	0	짝수 패리티
1	1	홀수 패리티

- 정지비트 (BIT 3) : 정지비트를 “0” 또는 “1”로 할지를 결정한다.
- 전송데이터 비트 수 결정

UCZn2	UCZn1	UCZn1	데이터 비트 수
0	0	0	5비트
0	0	1	6비트
0	1	0	7비트
0	1	1	8비트
1	0	0	-
1	0	1	-
1	1	0	-
1	1	1	9비트

UCSRnB의 2번 비트인 UCSZ2n과 같이 송수신 데이터의 비트수를 결정한다.

- UCPOLn (BIT0) : 동기모드에서 사용되며, “1”인 경우는 상승에지에서, “0”이면 하강에지에서 데이터를 송, 수신한다.

■ UBRRnH, UBRRnL (USARTn Baud Rate Register)

UBRRnH, UBRRnL (n=0,1) (USARTn Baud Rate Register)

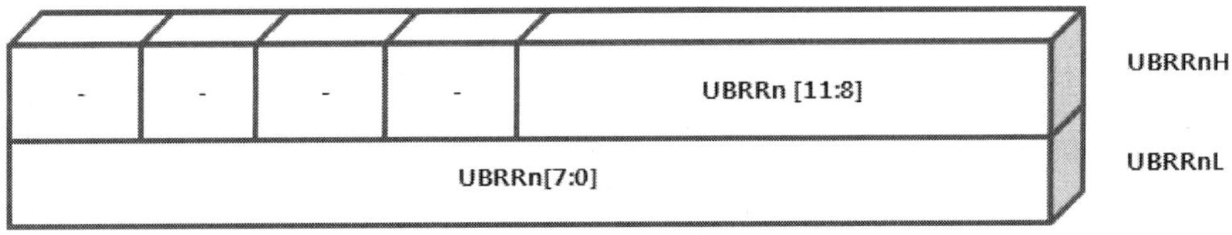

UBRRnH와 UBRRnL 16비트의 레지스터는 시리얼 통신의 속도를 결정짓는 레지스터이다. 통신 대상 체들 간의 통신 속도가 맞지 않으면 통신이 되지 않기 때문에 유의해야한다.

동작 모드	전송속도 계산식(bps)	UBRR 계산식
비동기 정상 모드 (U2Xn=0)	$BAUD = \frac{f_{OSC}}{16(UBRR_n + 1)}$	$UBRRn = \frac{f_{OSC}}{16 \cdot BAUD} - 1$
비동기 2배속 모드 (U2Xn=1)	$BAUD = \frac{f_{OSC}}{8(UBRR_n + 1)}$	$UBRRn = \frac{f_{OSC}}{8 \cdot BAUD} - 1$
동기 마스터 모드	$BAUD = \frac{f_{OSC}}{2(UBRR_n + 1)}$	$UBRRn = \frac{f_{OSC}}{2 \cdot BAUD} - 1$

전송속도 (Baud Rate : bps)	비동기 일반 모드		비동기식 2배속 모드	
	UBRR	에러	UBRR	에러
2400	416	-0.1%	832	+0.0%
4800	207	+0.2%	416	-0.1%
9,600	103	+0.2%	207	+0.2%
14.4K	68	+0.6%	138	-0.1%
19.2K	51	+0.2%	103	+0.2%
28.8K	34	-0.8%	68	+0.6%
38.4K	25	+0.2%	51	+0.2%

57.6K	16	+2.1%	34	-0.8%
76.8K	12	+0.2%	25	+0.2%
115.2K	8	-3.5%	16	+2.1%
230.4K	3	+8.5%	8	-3.5%
250K	3	+0.0%	7	+0.0%
0.5M	1	+0.0%	3	+0.0%
1M	0	+0.0%	1	+0.0%

(16MHz 시스템 클럭에서 전송속도에 따른 UBRRn 레지스터의 설정값)

6.3 Serial 통신을 이용한 프로그램 구현

□ SERIAL1 PROJECT. PC와 ATmega128간의 데이터 송수신 제어

```
#include <mega128.h>

void Putch(char);
char Getch(void);

void main()
{
    UCSR0A=0x00;
    UCSR0B=0b00011000;
    UCSR0C=0b00000110;
    UBRR0H=0;
    UBRR0L=103;

    while(1)
    {
      Putch(Getch()+1);
    }
}

void Putch(char data)
{
```

```
    while(!(UCSR0A & 0x20));
    UDR0=data;
}

char Getch(void)
{
    while(!(UCSR0A & 0x80));
    return UDR0;
}
```

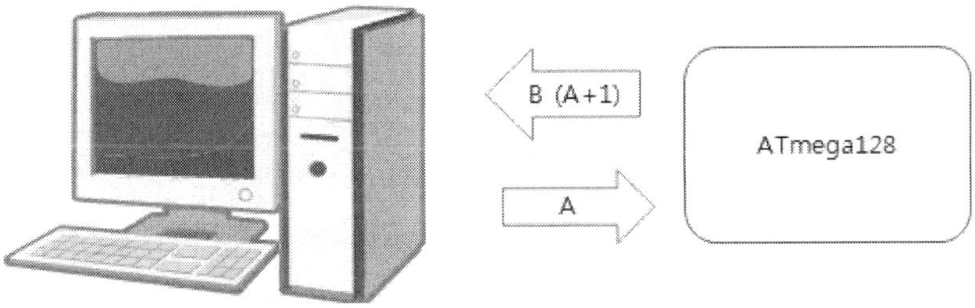

SERIAL1 PROJECT는 시리얼 통신을 이용해 PC에서 CPU 보드로 데이터를 전송하면 CPU에서는 수신된 데이터에 상수 '1'을 더해 재전송하는 프로그램이다. 시리얼 통신을 하지만 인터럽트는 사용하지 않고 플래그만을 이용해 통신을 하도록 하였다.

UCSRnB (n=0,1) (USARTn Control and Status Register B)

RXCIEn	TXCIEn	UDRIEn	RXENn	TXENn	UCSZn2	RXB8n	TXB8n
0	0	0	1	1	0	0	0

I/O 포트가 아닌 송수신기로 사용(Enable)하겠다는 의미

UCSRnC (n=0,1) (USARTn Control and Status Register C)

-	UMSELn	UPMn0	UPMn0	USBSn	UCSZn1	UCSZn0	UCPOLn
	0	0	0	0	1	1	0

UCSZ02=0, UCSZ01=0, UCSZ00=0 -> 8Bit Data

UCSR0B와 UCSR0C의 레지스터를 살펴보면, 통신관련 포트를 I/O가 아닌 송수신기로 사용하고, 송수신 데이터 비트의 길이는 8비트 1바이트로 하겠다는 의미를 가지고 있다.

- UBRR0H=0; UBRR0L=103; 는 통신속도인 보레이트를 9600bps로 정한다는 의미를 가지고 있다.

- 송신함수

```
void Putch(char data)
{
    while(!(UCSR0A & 0x20));
    UDR0=data;
}
```

UCSR0A 레지스터의 5번 비트는 송신 데이터 준비완료 플래그 비트로, 송신할 준비가 되었다면 while() 함수가 참이 되고 "!"로 인해 거짓이 되어 반복문을 벗어나 "data"를 송수신 버퍼에 입력시켜 데이터를 송신하게 되는 의미를 가지고 있다.

- 수신함수

```
char Getch(void)
{
    while(!(UCSR0A & 0x80));
    return UDR0;
}
```

송신함수와는 반대로 데이터를 받는 함수로 UCSR0A의 7번 비트가 참이 되면 즉, 데이터가 수신되어 7번 비트가 참이 되면 UDR0 버퍼로 입력된 가지고 함수를 호출한 main()함수로 되돌아간다.

- main()

main()함수의 while()문에서는 PC로부터 수시로 데이터가 입력되면 입력된 데이터에 상수 "1" 더한 후에 송신함수를 이용해 데이터를 PC로 송신하게 된다.

[CodeVision을 이용한 시리얼 통신]

CodeVision 프로그램에는 시리얼 통신이 가능하도록 터미널 기능을 지원해준다.

Setting → Terminal 을 선택하게 되면 어떠한 형태로 시리얼 통신을 할 것인지를 설정해주는 창이 활성화된다.

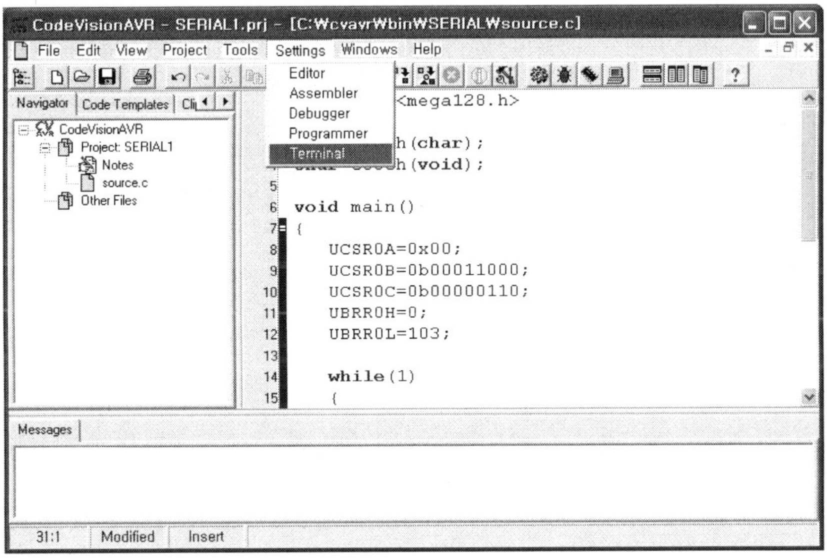

[Setting → Terminal]

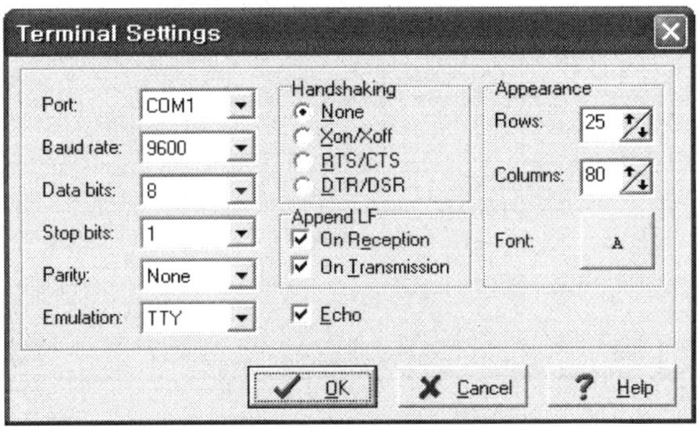

[Terminal Setting]

Terminal Setting은 대표적으로 통신포트 번호와 통신 속도를 결정할 수 있고, 그밖에 데이터의 길이, Stop비트, 패리티 등을 설정할 수 있다. 설정이 완료되면 메뉴바의 터미널 아이콘을 이용해 터미널 창을 활성화 시킨다.

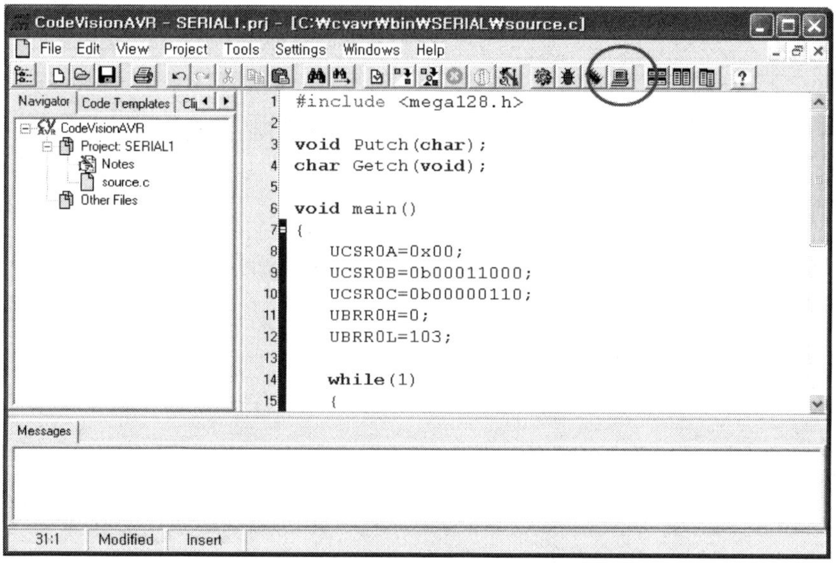

[터미널 실행]

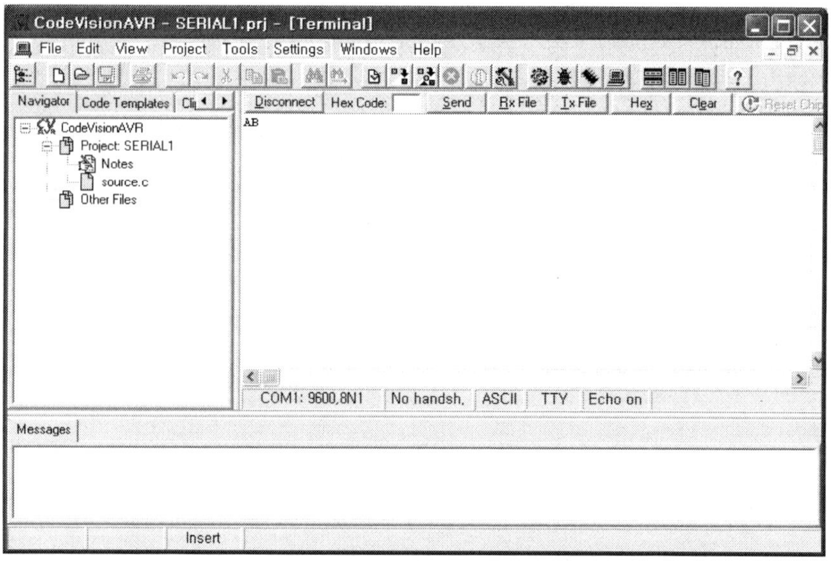

[터미널 창에 데이터 입력]

활성화된 터미널 창에 키보드를 이용해 데이터를 입력시키게 되면, 입력된 데이터는 설정된 포트 번호와 속도로 시리얼 포트로 데이터가 출력된다.

□ SERIAL2 PROJECT. Serial 통신을 이용한 DC 모터 방향제어

```
#include <mega128.h>
#include <delay.h>

unsigned char rx;

void main()
{
    DDRA=0xff;
    DDRB=0xff;

    UCSR0A=0X0;
    UCSR0B=0b11011000;
    UCSR0C=0b00000110;
    UBRR0H=0;
    UBRR0L=103;

    SREG=0x80;

        while(1)
        {
            if(rx=='A')   {PORTB=0x40;}
            if(rx=='S')   {PORTB=0x00;}
            if(rx=='D')   {PORTB=0x20;}
        }
 }
interrupt [USART0_RXC] void RX_interrupt(void)
{
          rx=UDR0;
          PORTA=rx;
          UCSR0B |= 0x20;
}

interrupt [USART0_DRE] void TX_interrupt(void)
{
        UDR0=rx;
        UCSR0B &= 0xDF;
}
```

SERIAL2 PROJECT 프로그램은 PC에서 한 바이트의 데이터를 전송하면, ATmega128 CPU가 데이터를 수신하고 수신된 데이터가 예약된 값이면 그 값에 따라 모터를 회전하도록 하였다. 또한, SERIAL1 PROJECT와는 달리 송, 수신 인터럽트를 이용해 데이터를 PC와 주고받도록 하였다.

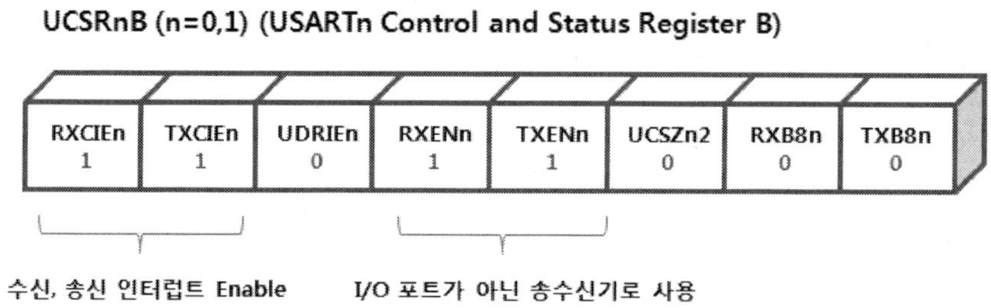

- 수신 인터럽트 벡터

```
interrupt [USART0_RXC] void RX_interrupt(void)
{
        rx=UDR0;
        PORTA=rx;
        UCSR0B  |=  0x20;
}
```

데이터가 수신되면 자동으로 인터럽트가 발생해 인터럽트 벡터의 내용을 수행하게 된다. 내용을 살펴보면, UDR0 버퍼에 수신된 데이터를 rx 변수에 입력하고, 입력된 변수를 PORTA에 연결된 LED에 디스플레이 한다. 이는 수신된 데이터를 눈으로 확인하기 위해서 표현하였다. 아스키코드 값과 비교해 보면 수신된 데이터의 16진수 값을 확인할 수 있을 것이다.

- 송신 인터럽트 발생

UCSR0B |= 0x20; 구문은 UCSR0B레지스터의 5번 비트 즉, UDRIE0을 "1"로 만들어 송신 인터럽트를 발생시킨다는 표현이다.

- 송신 인터럽트 벡터

```
interrupt [USART0_DRE] void TX_interrupt(void)
{
        UDR0=rx;
        UCSR0B &= 0xDF;
}
```

수신 인터럽트 벡터의 UCSR0B |= 0x20;에 의해 송신 인터럽트가 발생되면 rx 변수의 데이터 값을 UDR0 버퍼에 입력해 시리얼 포트로 데이터를 송신한다. 송신한 후에는 UCSR0B &= 0xDF; UDRIE0을 다시 "0"으로 만들어 송신 인터럽트 벡터를 벗어나게 되는 것이다.

- main()

메인함수에서의 while()문에서는 수신 인터럽트 벡터에서 수신된 데이터가 입력된 rx 변수를 이용해 rx 변수 값에 따라 PORTB에 연결된 모터를 동작하도록 하였다.

※ ASCⅡ Table

아스키코드		대응문자	아스키코드		대응문자
16진수	10진수		16진수	10진수	
00	000	NULL	20	032	(space)
01	001	SOH	21	033	!
02	002	STX	22	034	"
03	003	ETX	23	035	#
04	004	EQT	24	036	$
05	005	ENQ	25	037	%
06	006	ACK	26	038	&
07	007	BEL	27	039	'
08	008	BS	28	040	(
09	009	HT	29	041	)
0A	010	LF	2A	042	*
0B	011	VT	2B	043	+
0C	012	FF	2C	044	,
0D	013	CR	2D	045	-
0E	014	SO	2E	046	.
0F	015	SI	2F	047	/
10	016	DLE	30	048	0
11	017	DC1	31	049	1
12	018	DC2	32	050	2
13	019	DC3	33	051	3
14	020	DC4	34	052	4
15	021	NAK	35	053	5
16	022	SYN	36	054	6
17	023	ETB	37	055	7
18	024	CAN	38	056	8
19	025	EM	39	057	9
1A	026	SUB	3A	058	:
1B	027	ESC	3B	059	;
1C	028	FS	3C	060	〈
1D	029	GS	3D	061	=
1E	030	RS	3E	062	〉
1F	031	US	3F	063	?

아스키코드		대응문자	아스키코드		대응문자
16진수	10진수		16진수	10진수	
40	064	@	60	096	`
41	065	A	61	097	a
42	066	B	62	098	b
43	067	C	63	099	c
44	068	D	64	100	d
45	069	E	65	101	e
46	070	F	66	102	f
47	071	G	67	103	g
48	072	H	68	104	h
49	073	I	69	105	i
4A	074	J	6A	106	j
4B	075	K	6B	107	k
4C	076	L	6C	108	l
4D	077	M	6D	109	m
4E	078	N	6E	110	n
4F	079	O	6F	111	o
50	080	P	70	112	p
51	081	Q	71	113	q
52	082	R	72	114	r
53	083	S	73	115	s
54	084	T	74	116	t
55	085	U	75	117	u
56	086	V	76	118	v
57	087	W	77	119	w
58	088	X	78	120	x
59	089	Y	79	121	y
5A	090	Z	7A	122	z
5B	091	[	7B	123	{
5C	092	\	7C	124	|
5D	093	]	7D	125	}
5E	094	·	7E	126	~
5F	095	_	7F	127	&127;

아스키코드		대응문자	아스키코드		대응문자
16진수	10진수		16진수	10진수	
80	128	Ç	A0	160	á
81	129	ü	A1	161	í
82	130	é	A2	162	ó
83	131	â	A3	163	ú
84	132	ä	A4	164	ñ
85	133	à	A5	165	Ñ
86	134	å	A6	166	ª
87	135	ç	A7	167	º
88	136	ê	A8	168	¿
89	137	ë	A9	169	⌐
8A	138	è	AA	170	¬
8B	139	ï	AB	171	½
8C	140	î	AC	172	¼
8D	141	ì	AD	173	¡
8E	142	Ä	AE	174	«
8F	143	Á	AF	175	»
90	144	È	B0	176	░
91	145	æ	B1	177	▒
92	146	Æ	B2	178	▓
93	147	ô	B3	179	│
94	148	ö	B4	180	┤
95	149	ò	B5	181	╡
96	150	û	B6	182	╢
97	151	ù	B7	183	╖
98	152	ÿ	B8	184	╕
99	153	Ö	B9	185	╣
9A	154	Ü	BA	186	║
9B	155	¢	BB	187	╗
9C	156	£	BC	188	╝
9D	157	¥	BD	189	╜
9E	158		BE	190	╛
9F	159	f	BF	191	┐

PART III

ATmega128 레지스터(Register)

CPU는 내부에 레지스터라는 일정한 메모리 형태를 가지고 있으며, 주로 CPU의 사용용도에 따라 설정을 해주는 용도로 사용된다. 레지스터 설정에 따라 CPU 기능의 사용여부와 더불어 사용 방법을 결정하게 된다. ATmega128 또한 내부에 많은 레지스터를 가지고 있고, 레지스터 설정 값에 따라 ATmega128 다양한 기능을 사용할 수 있다. ATmega128의 레지스터들을 모두 파악하고 프로그램을 구현하면 편리하기는 하지만 복잡한 나머지 포기하고 말 것이다. 따라서 본 교재에 서술된 레지스터들은 다음 장의 예제 프로그램들에서 레지스터 사용여부를 확인하고, 사용된 레지스터를 역으로 살펴보는 방법으로 공부해보자.

01 ALU(Arithmetic Logic Unit) 관련 레지스터

□ SREG(Status Register) : 상태 레지스터

이 레지스터는 일반적으로 산술연산 명령어가 실행될 때마다 값이 변하는 레지스터로서, I/O 메모리 영역 0x3F(0x5F) 번지에 위치하며 각 비트는 다음과 같은 의미를 갖는다.

7	6	5	4	3	2	1	0
I	T	H	S	V	N	Z	C

SREG(Status Register) : 상태 레지스터

- Bit 7-I : 전역 인터럽트 인에이블(Global Interrupt Enable) 비트

  이 비트는 인터럽트를 인에이블 시키기 위해서 반드시 셋 되어야 한다. 각각의 인터럽트 인에이블 제어는 별도의 제어 레지스터에서 수행되며, 전역 인터럽트 인에이블 비트가 0이면 개별적인 인터럽트 인에이블의 설정이 의미가 없게 된다. 이 비트는 인터럽트가 발생된 후에 하드웨어에 의해 클리어 되며, 다음 인터럽트 인에이블을 위해서 RETI 명령에 의해 자동적으로 셋 된다.

- Bit 6-T : 비트 복사 저장(Bit Copy Storage) 비트

  이 비트는 비트 복사 저장 명령 BLD(Bit Load)와 BST(Bit Store)의 소스와 목적 비트로서 사용된다. BST 명령에 의해 레지스터 파일 내의 레지스터로부터 T 비트로 복사되며, BLD 명령에 의해 T 비트는 레지스터 파일내의 레지스터로 복사된다.

- Bit 5-H : 하프 캐리 플래그(Half Carry Flag) 비트
  이 비트는 산술 연산에서 발생된 하프 캐리를 가리키며, 3비트째에서 4비트째로 자리 올림이나 자리 빌림이 있을 때 셋 된다.

- Bit 4-S : 부호 비트(Sign Bit), S = N ⊕ V
  이 비트는 음수 플래그 N과 2의 보수 오버플로우 플래그 V와의 XOR 연산 결과와 같다.

- Bit 3-V : 2의 보수 오버플로우 플래그(2's Complement Overflow Flag) 비트
  이 비트는 2의 보수 연산에서 오버플로우가 발생했음을 나타낸다.

- Bit 2-N : 음수 플래그(Negative Flag) 비트
  이 비트는 산술 및 논리 연산 후에 음의 결과를 나타낸다.

- Bit 1-Z : 제로 플래그(Zero Flag) 비트
  이 비트는 산술 및 논리 연산 후에 결과가 0임을 나타낸다.

- Bit 0-C : 캐리 플래그(Carry Flag) 비트
  이 비트는 산술 및 논리 연산에서 캐리의 발생을 나타낸다.

□ 스택 포인터(SP : Stack Pointer)

15	14	13	12	11	10	9	8
SP15	SP14	SP13	SP12	SP11	SP10	SP9	SP8
SP7	SP6	SP5	SP4	SP3	SP2	SP1	SP0
7	6	5	4	3	2	1	0

(SP : Stack Pointer)

□ RAMPZ(RAM Page Z Select Register) 레지스터 : RAM 페이지 선택 레지스터

7	6	5	4	3	2	1	0
-	-	-	-	-	-	-	RAMPZ0

RAMPZ(RAM Page Z Select Register)

- Bit0 - RAMPZ0 : 장 RAM 페이지 Z 포인트(Extended Ram Page Z-pointer) 비트
  RAMPZ0 = 0 : 0x0000 ~ 0x7FFF의 페이지 0영역 선택
  RAMPZ0 = 1 : 0x8000 ~ 0xFFFF의 페이지 1영역 선택

02 외부 메모리 인터페이스 관련 레지스터

□ MCUCR(MCU Control Register) : MCU 제어 레지스터

이 레지스터는 I/O 영역 0x35(0x55) 번지에 위치하며, 외부 메모리에 관련이 있는 비트의 기능은 다음과 같다.

7	6	5	4	3	2	1	0
SRE	SRW10	SE	SM1	SM0	SM2	IVSEL	IVCE

MCUCR(MCU Control Register)

- Bit 7-SRE(External SRAM/XMEM Enable) : 외부 메모리 사용 인에이블
  1로 하면 외부 데이터 메모리 영역의 인터페이스 신호 AD0~AD7, A8~A15, ALE, $\overline{RD}$, $\overline{WR}$가 액티브되며, 0으로 하면 외부 메모리 인터페이스 신호가 아니라 일반 I/O 핀으로 동작하게 된다.

- Bit 6-SRW10 : 웨이트 사이클 수 설정 비트
  XMCRA 레지스터의 SRW11 비트와 조합하여 외부 데이터 메모리 영역을 액세스할 때 부여하는 웨이트 사이클 수를 설정하는데 사용된다.

□ XMCRA(External Memory Control Register A) : 외부 메모리 제어 레지스터 A

이 레지스터는 I/O 영역 0x6D 번지에 위치하며, 외부 메모리에 관련이 있는 비트의 기능은 다음과 같다.

7	6	5	4	3	2	1	0
-	SRL2	SRL1	SRL0	SRW01	SRW01	SRW01	-

XMCRA(External Memory Control Register A)

- Bit 6..4-SRL2, SRL1, SRL0 : Wait Sector Limit
  이 비트들은 외부 메모리 영역을 2개의 센터로 분할하기 위한 선택비트, 나누어진 두 개의 영역에는 서로 다른 웨이트 사이클 수를 지정할 수가 있다.

- Bit 3..1-SRW01, SRW00, SRW11 : 웨이트 사이클 수 설정 비트
  이 비트들은 외부 메모리 영역의 웨이트 사이클 수를 설정하는 비트, SRW01, SRW00은 메모리의 하위 센터에 대한 웨이트 사이클 수를 설정한다. SRW11과 MCUCR의 6번째 비트 SRW10는 상위 센터에 대한 웨이트 사이클 수를 설정하는 비트이다.

□ XMCRB(External Memory Control Register B) : 외부 메모리 제어 레지스터 B

이 레지스터는 버스 키퍼기능의 설정과 외부 메모리 어드레스의 상위 바이트에서 필요한 비트만 동작하도록 설정하는데 사용된다.

7	6	5	4	3	2	1	0
XMBK	-	-	-	-	XMM2	XMM1	XMM0

XMCRB(External Memory Control Register B)

- Bit 7-XMBK : 외부 메모리 버스 키퍼 인에이블 비트
  1로 하면 AD0~AD7 버스라인에 버스키퍼 기능이 인에이블 되어 이 버스에 마지막으로 출력한 값이 계속해서 출력된다. 이 버스 키퍼 기능은 외부 메모리가 사용되지 않는 경우(MCUCR 레지스터의 7번째 비트 SRE=0의 경우)에도 XMBK가 1이면 버스 키퍼

기능은 동작하다.

- Bit 2..0-XMM2, XMM1, XMM0 : 외부 메모리 High Mask
  이 비트들은 외부 메모리의 어드레스 상위 바이트 A8~A15 중에서 어드레스 버스 신호로 어느 비트까지 사용할지를 설정하며, 어드레스 버스 신호로 사용하지 않는 비트들은 I/O 포트의 기능을 갖게 된다. 이것은 외부에 작은 용량의 메모리를 사용하는 경우에 일부의 버스신호를 I/O 포트로 사용할 수 있다는 장점을 갖는다.

03 I/O 포트 관련 레지스터

□ SFIOR(Special Function I/O Register) : 특수 기능 레지스터

이 레지스터는 모든 I/O 포트의 풀업 저항에 대한 사용여부를 설정하며, 또한 타이머/카운터의 프리스케일러에 대한 리셋 기능을 가지고 있다.

7	6	5	4	3	2	1	0
TSM	-	-	-	ACME	PUD	PSR0	PSR321

SFIOR(Special Function I/O Register)

- Bit 2-PUD : Pull-up disable 설정 비트
  1로 하면 모든 I/O 포트에 대한 풀업 저항 기능이 없어진다. 반면에 0으로 하면 풀업 저항의 기능이 생기지만, 추가적으로 DDRx 레지스터의 해당비트를 0(입력)으로 하고 PORTx 레지스터의 해당비트를 1로 하여야 한다.

□ PORTA(Port A Data Register) : 포트 A 데이터 출력 레지스터

7	6	5	4	3	2	1	0
PORTA7	PORTA6	PORTA5	PORTA4	PORTA3	PORTA2	PORTA1	PORTA0

PORTA(Port A Data Register)

□ DDRA(Port A Direction Register) : 포트 A 데이터 방향 설정 레지스터

7	6	5	4	3	2	1	0
DDRA7	DDRA6	DDRA5	DDRA4	DDRA3	DDRA2	DDRA1	DDRA0

DDRA(Port A Direction Register)

□ PINA(Port A Pin Input Address) : 포트 A 핀 입력 레지스터

7	6	5	4	3	2	1	0
PINA7	PINA6	PINA5	PINA4	PINA3	PINA2	PINA1	PINA0

PINA(Port A Pin Input Address)

□ PORTB(Port B Data Register) : 포트 B 데이터 출력 레지스터

7	6	5	4	3	2	1	0
PORTB7	PORTB6	PORTB5	PORTB4	PORTB3	PORTB2	PORTB1	PORTB0

PORTB(Port B Data Register)

□ DDRB(Port B Direction Register) : 포트 B 데이터 방향 설정 레지스터

7	6	5	4	3	2	1	0
DDRB7	DDRB6	DDRB5	DDRB4	DDRB3	DDRB2	DDRB1	DDRB0

DDRB(Port B Direction Register)

□ PINB(Port B Pin Input Address) : 포트 B 핀 입력 레지스터

7	6	5	4	3	2	1	0
PINB7	PINB6	PINB5	PINB4	PINB3	PINB2	PINB1	PINB0

PINB(Port B Pin Input Address)

□ PORTC(Port C Data Register) : 포트 C 데이터 출력 레지스터

7	6	5	4	3	2	1	0
PORTC7	PORTC6	PORTC5	PORTC4	PORTC3	PORTC2	PORTC1	PORTC0

PORTC(Port C Data Register)

□ DDRC(Port C Direction Register) : 포트 C 데이터 방향 설정 레지스터

7	6	5	4	3	2	1	0
DDRC7	DDRC6	DDRC5	DDRC4	DDRC3	DDRC2	DDRC1	DDRC0

DDRC(Port C Direction Register)

□ PINC(Port C Pin Input Address) : 포트 C 핀 입력 레지스터

7	6	5	4	3	2	1	0
PINC7	PINC6	PINC5	PINC4	PINC3	PINC2	PINC1	PINC0

PINC(Port C Pin Input Address)

□ PORTD(Port D Data Register) : 포트 D 데이터 출력 레지스터

7	6	5	4	3	2	1	0
PORTD7	PORTD6	PORTD5	PORTD4	PORTD3	PORTD2	PORTD1	PORTD0

PORTD(Port D Data Register)

□ DDRD(Port D Direction Register) : 포트 D 데이터 방향 설정 레지스터

7	6	5	4	3	2	1	0
DDRD7	DDRD6	DDRD5	DDRD4	DDRD3	DDRD2	DDRD1	DDRD0

DDRD(Port D Direction Register)

□ PIND(Port D Pin Input Address) : 포트 D 핀 입력 레지스터

7	6	5	4	3	2	1	0
PIND7	PIND6	PIND5	PIND4	PIND3	PIND2	PIND1	PIND0

PIND(Port D Pin Input Address)

□ PORTE(Port E Data Register) : 포트 E 데이터 출력 레지스터

7	6	5	4	3	2	1	0
PORTE7	PORTE6	PORTE5	PORTE4	PORTE3	PORTE2	PORTE1	PORTE0

PORTE(Port E Data Register)

□ DDRE(Port E Direction Register) : 포트 E 데이터 방향 설정 레지스터

7	6	5	4	3	2	1	0
DDRE7	DDRE6	DDRE5	DDRE4	DDRE3	DDRE2	DDRE1	DDRE0

DDRE(Port E Direction Register)

□ PINE(Port E Pin Input Address) : 포트 E 핀 입력 레지스터

7	6	5	4	3	2	1	0
PINE7	PINE6	PINE5	PINE4	PINE3	PINE2	PINE1	PINE0

PINE(Port E Pin Input Address)

□ PORTF(Port F Data Register) : 포트 F 데이터 출력 레지스터

7	6	5	4	3	2	1	0
PORTF7	PORTF6	PORTF5	PORTF4	PORTF3	PORTF2	PORTF1	PORTF0

PORTF(Port F Data Register)

☐ DDRF(Port F Direction Register) : 포트 F 데이터 방향 설정 레지스터

7	6	5	4	3	2	1	0
DDRF7	DDRF6	DDRF5	DDRF4	DDRF3	DDRF2	DDRF1	DDRF0

DDRF(Port F Direction Register)

☐ PINF(Port F Pin Input Address) : 포트 F 핀 입력 레지스터

7	6	5	4	3	2	1	0
PINF7	PINF6	PINF5	PINF4	PINF3	PINF2	PINF1	PINF0

PINF(Port F Pin Input Address)

☐ PORTG(Port G Data Register) : 포트 G 데이터 출력 레지스터

7	6	5	4	3	2	1	0
-	-	-	PORTG4	PORTG3	PORTG2	PORTG1	PORTG0

PORTG(Port G Data Register)

☐ DDRG(Port G Direction Register) : 포트 G 데이터 방향 설정 레지스터

7	6	5	4	3	2	1	0
-	-	-	DDRG4	DDRG3	DDRG2	DDRG1	DDRG0

DDRG(Port G Direction Register)

☐ PING(Port G Pin Input Address) : 포트 G 핀 입력 레지스터

7	6	5	4	3	2	1	0
-	-	-	PING4	PING3	PING2	PING1	PING0

PING(Port G Pin Input Address)

04 인터럽트 관련 레지스터

4.1 외부 인터럽트

□ EICRA(External Interrupt Control Register A) : 외부 인터럽트 제어 레지스터 A

7	6	5	4	3	2	1	0
ISC31	ISC30	ISC21	ISC20	ISC11	ISC10	ISC01	ISC00

7개의 외부 인터럽트 중 하위 4개(INT3-INT0)를 어떠한 입력에서 인터럽트 요청을 발생하게 할 것인지를 결정하는 레지스터이다.

□ EICRB(External Interrupt Control Register B) : 외부 인터럽트 제어 레지스터 B

7	6	5	4	3	2	1	0
ISC71	ISC70	ISC61	ISC60	ISC51	ISC50	ISC41	ISC40

7개의 외부 인터럽트 중 상위 4개(INT7-INT4)를 어떠한 입력에서 인터럽트 요청을 발생하게 할 것인지를 결정하는 레지스터이다.

□ EIMSK(External Interrupt Mask Register) : 외부 인터럽트 마스크 레지스터

7	6	5	4	3	2	1	0
INT7	INT6	INT5	INT4	INT3	INT2	INT1	INT0

- Bit 7..0 - INT7~INT0 : 외부 인터럽트 Enable 비트
  INT0~INT7 비트가 셋 되어 있고 상태 레지스터 SREG의 I 비트가 셋 되어 있을 경우에 해당하는 외부 인터럽트가 Enable 되며, 인터럽트 트리거 방식은 EICRA 레지스터와 EICRB 레지스터에 의해 설정된다.

□ EIFR(External Interrupt Flag Register) : 외부 인터럽트 플래그 레지스터

7	6	5	4	3	2	1	0
INTF7	INTF6	INTF5	INTF4	INTF3	INTF2	INTF1	INTF0

- Bit 7..0 - INTF7~INTF0 : 외부 인터럽트 플래그 비트
  INT0~INT7 핀에서 인터럽트 요구의 이벤트가 발생했을 때 이 비트가 셋 된다. SREG의 I 비트와 EIMSK 레지스터의 INT0~INT7 비트가 셋 되어 있으면 MCU는 해당하는 인터럽트 벡터로 점프한다. 인터럽트 루틴이 실행되면 플래그는 자동적으로 클리어 되거나 또는 플래그 비트에 1을 쓰면 클리어된다. 레벨 트리거로 설정된 경우에는 항상 클리어 되어 있다.

□ SREG(Status Register) : 상태 레지스터

상태 레지스터(SREG)는 산술연산 결과에 대한 상태 플래그 비트와 전체 인터럽트를 제어하는 인에이블 비트를 가지며, I/O 메모리 영역 0x3F(0x5F) 번지에 위치한다.

7	6	5	4	3	2	1	0
I	-	-	-	-	-	-	-

- Bit 7-I : 전역 인터럽트 인에이블(Global Interrupt Enable) 비트

  이 비트는 Enable를 인에이블 시키기 위해서 반드시 셋 되어야 한다. 각각의 인터럽트 Enable 제어는 별도의 제어 레지스터에서 수행되며, 이 비트가 0이면 개별적인 인터럽트 Enable 설정이 의미가 없게 된다. 이 비트는 인터럽트가 발생된 후에 하드웨어적으로 자동 클리어 된다.

4.2 타이머/카운터0

□ TCCR0(Timer/Counter0 Countrol Register) : 타이머/카운터0 제어 레지스터

7	6	5	4	3	2	1	0
FOC0	WGM00	COM01	COM00	WGM01	CS02	CS01	CS00

- Bit 7 - FOC0(Force Output Compare)

  이 비트는 PWM 모드가 아닌 모드에만 유효하며, 이 비트가 1이면 비교 출력 단자 OC0 핀을 통해 COM01:COM00 비트에 의해 설정된 값이 즉시 출력된다. 이 비트는 인터럽트를 발생시키지 않으며, 또한 OCR0 레지스터를 TOP으로 사용하는 CTC 모드에서 타이머를 클리어 시키지 않는다.

- Bit 6, Bit 3 - WGM00, WGM01 (Waveform Generation Mode)

  이 비트들은 타이머/카운터0의 동작모드를 설정하며, 이 값에 따라 카운트 순서 및 최대 카운터값(TOP)이 아래 그림과 같이 결정된다. 여기서 TOP은 타이머/카운터0이 카운트 할 수 있는 최대값을 나타낸다.

타이머/카운트0 동작모드

모드	WGM01	WGM00	동작모드	TOP	OCR0 업데이트 시점	TOV0 플래그 셋 시점
0	0	0	Nomal	0xFF	설정 즉시	MAX
1	0	1	Phase Correct PWM	0xFF	TOP	BOTTOM
2	1	0	CTC	OCR0	설정 즉시	MAX
3	1	1	Fast PWM	0xFF	TOP	MAX

- Bit 5. Bit 4 - COM01, COM00(Compare Match Output Mode)
  이 비트들은 타이머/카운터0의 출력단자 0C0 핀의 동작을 제어하며, 동작모드에 따라 아래 [표]와 같은 출력기능을 갖는다. 이때 OC0 핀에 해당하는 데이터 방향 레지스터 DDRB의 4비트는 출력이 되도록 셋 되어져야 한다.

Nomal 또는 CTC 모드인 경우의 출력기능

COM01	COM00	OC0핀의 출력기능
0	0	일반 I/O 포트 동작(0C0 차단)
0	1	비교 매치에서 OC0 출력값 토글(반전)
1	0	비교 매치에서 OC0 클리어
1	1	비교 매치에서 OC0 셋

Phase Correct PWM 모드인 경우의 출력기능

COM01	COM00	OC0핀의 출력기능
0	0	일반 I/O 포트 동작(0C0 차단)
0	1	-
1	0	업 카운트 중의 비교 매치에서는 OC0 클리어, 다운 카운트 중의 비교 매치에서는 셋
1	1	업 카운트 중의 비교 매치에서는 OC0 셋, 다운 카운트 중의 비교 매치에서는 클리어

Fast PWM 모드인 경우의 출력기능

COM01	COM00	OC0핀의 출력기능
0	0	일반 I/O 포트 동작(0C0 차단)
0	1	-
1	1	비교 매치에서 OC0 클리어, TOP에서 셋
1	1	비교 매치에서 OC0 셋, TOP에서 클리어

- Bit 2:0 - CS02~0(클럭 선택)
  이 비트들은 아래 표와 같이 타이머/카운트0의 분주비(프리스케일러)를 결정한다.

타이머/카운터0의 클럭 선택

CS02	CS01	CS00	기 능
0	0	0	클럭입력 차단(타이머/카운터 정지)
0	0	1	clkTOS / 1
0	1	0	clkTOS / 8
0	1	1	clkTOS / 32
1	0	0	clkTOS / 64
1	0	1	clkTOS / 128
1	1	0	clkTOS / 256
1	1	1	clkTOS / 1024

□ TCNT0(Timer/Counter 0 Register) : 타이머/카운터0 제어 레지스터

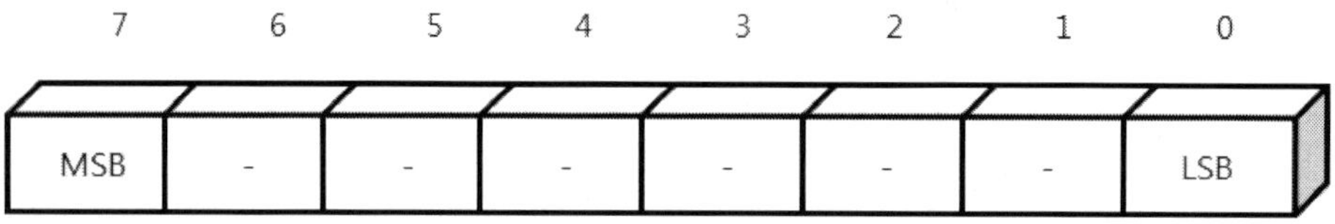

타이머/카운터0 레지스터는 읽기 및 쓰기가 가능한 업/다운 카운터로 동작하며, 타이머/카운터0이 동작하는 동안 TCNT0 값을 변경하면 OCR0 레지스터와의 비교 매치에 오류를 발생시킬 수도 있기 때문에 주의가 필요하다.

□ OCR0(Output Compare Register 0) : 출력비교 레지스터0

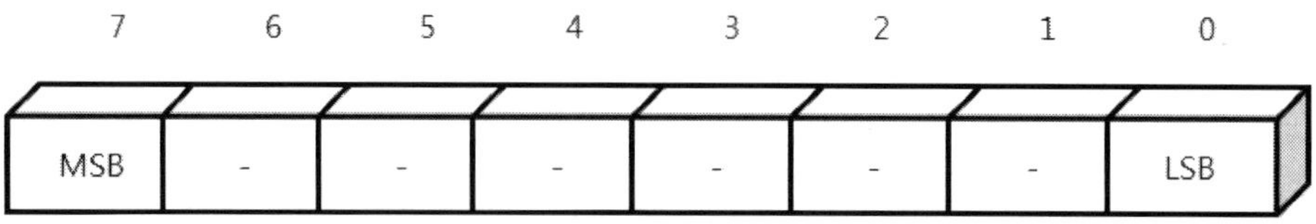

이 레지스터는 TCNT0과 계속적으로 비교되는 8비트 레지스터로서, 두 레지스터의 값이 일치했을 때 OC0 핀을 통해 설정된 값이 출력되거나 출력비교 인터럽트를 발생한다.

□ ASSR(Astnchronous Status Register) : 비동기 상태 레지스터

7	6	5	4	3	2	1	0
-	-	-	-	AS0	TCNT0UB	OCR0UB	TCR0UB

이 레지스터는 타이머/카운터0이 외부 클럭에 의하여 비동기 모드로 동작하는 경우에 관련된 기능을 한다.

- Bit 3 - AS0(Asynchronous Timer/Counter 0) : 비동기 타이머/카운터0
  타이머/카운터0의 클럭 소스를 선택하는 비트로서 0이면 내부 클럭 clkI/O가 선택되어 동기모드로 동작하고, 1이면 TOSC1 단자에 입력되는 클럭이 선택되어 비동기 모드로 동작한다. 이 비트가 변화하면 TCNT0, OCR0, TCCRO의 값이 바뀔 수 있다.

- Bit 2 - TCN0US(Timer/Counter 0 Update Busy) : 타이머/카운터0 갱신 비지 플래그 비트
  타이머/카운터0이 비동기 모드로 동작하고 있을 때 TCNT0에 새로운 값이 쓰여 지면 셋 되며, TCNT0의 쓰기가 완료되면 이 비트는 자동적으로 클리어 된다.

- Bit 1 - OCR0US(Output Compare Register 0 Update Busy) : OCR0 갱신 비지 플래그 비트
  타이머/카운터0이 비동기 모드로 동작하고 있을 때 OCR에 새로운 값이 쓰여지면, 셋 되며, OCR0의 쓰기가 완료되면 이 비트는 자동적으로 클리어 된다.

- Bit 0 - TCR0US(Timer/Counter Control Register 0 Update Busy) : 타이머/카운터 제어 레지스터0 갱신 비지 플래그 비트
  타이머/카운터0이 비동기 모드로 동작하고 있을 때 TCCR0에 새로운 값이 쓰여지면 셋 되며, TCCR0의 쓰기가 완료되면 이 비트는 자동적으로 클리어 된다.

타이머/카운터0을 동기모드와 비동기 모드 사이에서 스위칭하는 경우에는 TCNT0, TCCR0, OCR0에 영향을 줄 수 있으므로, 다운과 같은 안전한 절차에 의해 모드를 바꾸어야 한다.

① 0C1E0과 TOIE0을 클리어하여 타이머/카운터0의 인터럽트를 금지시킨다.
② AS0 비트를 원하는 대로 설정한다.

③ TCNT0, OCR0, TCCR0에 새로운 값을 설정한다.

④ 비동기 모드로 바꾸기 위해 TCN0UB, OCR0UB, TCR0UB 비트가 0이 될 때까지 대기한다.

⑤ 타이머/카운터0의 인터럽트 플래그(OCF0, TOV0)를 클리어 시킨다.

⑥ 필요하면 인터럽트를 Enable 시킨다.

□ TIMSK(Timer/Counter Interrupt Mask Register)

: 타이머/카운터 인터럽트 마스크 레지스터

7	6	5	4	3	2	1	0
OCIE2	TOIE2	TICIE1	OC1E1A	OC1E1B	TOIE1	OCIE0	TOIE0

- Bit 1 - OCIE0 : 타이머/카운터0 출력 비교 인터럽트 Enable 비트

  이 비트가 셋 되고 상태 레지스터 SREG의 I 비트가 셋 되었을 때 타이머/카운터0의 출력 비교 인터럽트는 인에이블 된다. TCNT0와 OCR0의 값이 일치하여 타이머/카운터 인터럽트 플래그 레지스터 TIFR의 OCF0비트가 셋 되면 대응하는 인터럽트 서비스 루틴이 실행된다.

- Bit 0 - TOIE0 : 타이머/카운터0 오버플로우 인터럽트 Enable 비트

  이 비트가 셋 되고 상태 레지스터 SREG의 I 비트가 셋 되었을 때 타이머/카운터0의 오버플로우 인터럽트는 인에이블 된다. 타이머/카운터0에서 오버플로우(0xFF-〉0x00)가 발생하여 타이머/카운터 인터럽트 플래그 레지스터 TIFR의 TOV0 비트가 셋 되면 대응하는 인터럽트 서비스 루틴이 실행된다.

□ TIFR(Timer/Counter Interrupt Flag Register)

: 타이머/카운터 인터럽트 플래그 레지스터

7	6	5	4	3	2	1	0
OCF2	TOV2	ICF1	OCF1A	OCF1B	TOV1	OCF0	TOV0

- Bit 1 - OCF0 : 타이머/카운터0 출력 비교 인터럽트 플래그 비트
  이 비트는 타이머/카운터0 레지스터 TCNT0과 출력 비교 레지스터 OCR0의 값이 일치할 경우 셋 되며, 이 비트는 대응하는 인터럽트 처리 루틴이 실행될 경우 자동적으로 클리어 된다.

- Bit 0 - TOV0 : 타이머/카운터0 오버플로우 인터럽트 플래그 비트
  이 버튼은 타이머/카운터0에서 오버플로우가(0xFF-〉0x00)발생하는 경우에 셋 되며, 대응하는 인터럽트 처리 루틴이 실행될 경우 이 비트는 자동적으로 클리어 된다.

□ SFIOR(Special Function I/O Register) : 특수 기능 I/O 레지스터

7	6	5	4	3	2	1	0
TSM	-	-	-	ACME	PUD	PSR0	PSR321

- Bit 7 - TSM(Timer/Counter Synchronization Mode) : 타이머/카운터 동기 모드
  이 비트는 모든 타이머/카운터를 동기화시키는 기능을 하며, 1로 설정하면 PSR0과 PSR321이 모두 1인 경우 대응하는 프리스케일러를 계속해서 리셋 상태를 유지하게 해주어 모든 타이머/카운터를 정지시켜 주는 역할을 하게 된다. 이와 같이 타이머/카운터가 정지된 상태에서 타이머/카운터에 같은 값을 설정할 수 있다. 그리고 이 비트를 0으로 하면 PSR0과 PSR321 비트는 하드웨어적으로 클리어 되어 타이머/카운터는 동시에 카운팅을 시작하게 되어 동기를 맞출 수 있게 된다.

- Bit 1 - PSR0 : 타이머/카운터 0의 프리스케일러 리셋
  이 비트를 1로 설정하면 타이머/카운터0의 프리스케일어가 리셋되며, 그 후 바로 자동적으로 클리어 된다. 그러나 타이머/카운터0이 비동기모드로 동작할 때 이 비트로 1로 하면 프리스케일러가 리셋될 때까지 그대로 1을 유지하며, 또한 TSM 비트가 셋되면 이 비트는 자동적으로 클리어 되지 않는다.

[타이머/카운터2]

타이머/카운터2에 관련된 레지스터에는 타이머/카운터2의 값을 저장하는 레지스터 TCNT2와 출력비교 레지스터 OCR2, 타이머/카운터2 제어 레지스터 TCCR2가 있으며, 그 밖에 타이머 인터럽트 플래그 레지스터 TIFR, 타이머 인터럽트, 마스크 레지스터

TIMSK, 특수기능 I/O 레지스터 SFIOR이 있다.

타이머/카운터의 클럭 소스가 선택되지 않으면 타이머/카운터는 정지한다. 출력비교 레지스터 OCR2는 항상 TCNT2와 비교되어 일치하게 되면 비교 결과에 따라 OC2핀을 통해 PWM 출력 또는 주파수가 변하는 출력을 발생시킬 수 있다.

□ TCCR2(Timer/Counter2 Countrol Register) : 타이머/카운터2 제어 레지스터

7	6	5	4	3	2	1	0
FOC2	WGM20	COM21	COM20	WGM21	CS22	CS21	CS20

- Bit 7 - FOC2(Force Output Compare)

이 비트는 PWM 모드가 아닌 모드에만 유효하며, 이 비트가 1이면 비교 출력 단자 OC2 핀을 통해 COM21:COM20 비트에 의해 설정된 값이 즉시 출력된다. 또한 인터럽트를 발생시키지 않으며, 또한 OCR2 레지스터를 TOP으로 사용하는 CTC 모드에서 타이머를 클리어 시키지 않는다.

- Bit 6, Bit 3 - WGM20, WGM21 (Waveform Generation Mode)

이 비트들은 타이머/카운터2의 동작모드를 설정하며. 이 값에 따라 카운트 순서 및 최대 카운터값(TOP)이 아래 그림과 같이 결정된다. 여기서. TOP은 타이머/카운터2가 카운트 할 수 있는 최대값을 나타낸다.

타이머/카운트2 동작모드

모드	WGM01	WGM00	동작모드	TOP	OCR0 업데이트 시점	TOV0 플래그 셋 시점
0	0	0	Nomal	0xFF	설정 즉시	MAX
1	0	1	Phase Correct PWM	0xFF	TOP	BOTTOM
2	1	0	CTC	OCR0	설정 즉시	MAX
3	1	1	Fast PWM	0xFF	TOP	MAX

- Bit 5. Bit 4 - COM21, COM20(Compare Match Output Mode)
  이 비트들은 타이머/카운터2의 출력단자 0C2 핀의 동작을 제어하며, 동작모드에 따라 아래 [표]와 같은 출력기능을 갖는다. 이때 OC2 핀에 해당하는 데이터 방 향 레지스터 DDRB의 4비트는 출려깅 되도록 셋 되어져야 한다.

Nomal 또는 CTC 모드인 경우의 출력기능

COM21	COM20	OC2핀의 출력기능
0	0	일반 I/O 포트 동작(0C2 차단)
0	1	비교 매치에서 OC2 출력값 토글(반전)
1	0	비교 매치에서 OC2 클리어
1	1	비교 매치에서 OC2 셋

Phase Correct PWM 모드인 경우의 출력기능

COM01	COM00	OC0핀의 출력기능
0	0	일반 I/O 포트 동작(0C2 차단)
0	1	-
1	0	업 카운트 중의 비교 매치에서는 OC2 클리어, 다운 카운트 중의 비교 매치에서는 셋
1	1	업 카운트 중의 비교 매치에서는 OC2 셋, 다운 카운트 중의 비교 매치에서는 클리어

Fast PWM 모드인 경우의 출려기능

COM01	COM00	OC0핀의 출력기능
0	0	일반 I/O 포트 동작(0C0 차단)
0	1	-
1	1	비교 매치에서 OC0 클리어, TOP에서 셋
1	1	비교 매치에서 OC0 셋, TOP에서 클리어

- Bit 2:0 - CS22:0(클럭 선택)
  이 비트들은 아래 표와 같이 타이머/카운트2의 분주비(프리스케일러)를 결정한다.

타이머/카운터2의 클럭 선택

CS02	CS01	CS00	기 능
0	0	0	클럭입력 차단(타이머/카운터 정지)
0	0	1	clkI/O / 1
0	1	0	clkI/O / 8
0	1	1	clkI/O / 32
1	0	0	clkI/O / 64
1	0	1	clkI/O / 128
1	1	0	clkI/O / 256
1	1	1	clkI/O / 1024

□ TCNT2(Timer/Counter 2 Register) : 타이머/카운터2 제어 레지스터

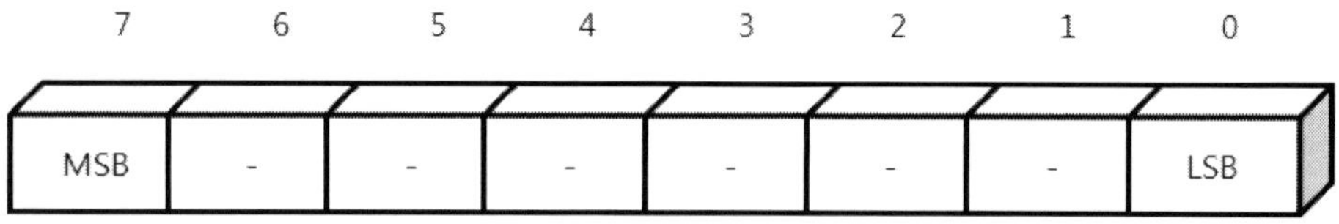

타이머/카운터2 레지스터는 읽기 및 쓰기가 가능한 업/다운 카운터로 동작하며, 타이머/카운터2가 동작하는 동안 TCNT2 값을 변경하면 OCR2 레지스터와의 비교 매치에 오류를 발생시킬 수도 있기 때문에 주의가 필요하다.

□ OCR2(Output Compare Register 2) : 출력비교 레지스터2

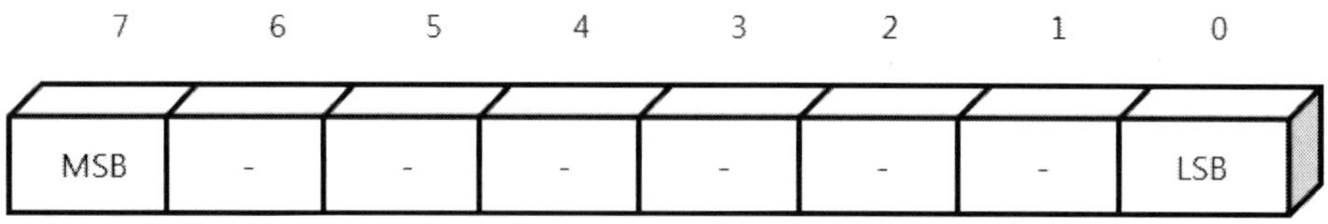

이 레지스터는 TCNT2과 계속적으로 비교되는 8비트 레지스터로서, 두 레지스터의 값이 일치했을 때 OC2 핀을 통해 설정된 값이 출력되거나 출력비교 인터럽트를 발생한다.

☐ TIMSK(Timer/Counter Interrupt Mask Register) : 타이머/카운터 인터럽트 마스크 레지스터

7	6	5	4	3	2	1	0
OCIE2	TOIE2	TICIE1	OC1E1A	OC1E1B	TOIE1	OCIE0	TOIE0

- Bit 7 - OCIE2 : 타이머/카운터2 출력 비교 인터럽트 인에이블 비트
  이 비트가 셋 되고 상태 레지스터 SREG의 I 비트가 셋 되었을 때 타이머/카운터2의 출력 비교 인터럽트는 인에이블 된다. TCNT2와 OCR2의 값이 일치하여 타이머/카운터 인터럽트 플래그 레지스터 TIFR의 OCF2비트가 셋 되면 대응하는 인터럽트 서비스 루틴이 실행된다.

- Bit 6 - TOIE0 : 타이머/카운터2 오버플로우 인터럽트 인에이블 비트
  이 비트가 셋 되고 상태 레지스터 SREG의 I 비트가 셋 되었을 때 타이머/카운터2의 오버플로우 인터럽트는 인에이블 된다. 타이머/카운터2에서 오버플로우(0xFF->0x00)가 발생하여 타이머/카운터 인터럽트 플래그 레지스터 TIFR의 TOV2 비트가 셋 되면 대응하는 인터럽트 서비스 루틴이 실행된다.

☐ TIFR(Timer/Counter Interrupt Flag Register) : 타이머/카운터 인터럽트 플래그 레지스터

7	6	5	4	3	2	1	0
OCF2	TOV2	ICF1	OCF1A	OCF1B	TOV1	OCF0	TOV0

- Bit 7 - OCF2 : 타이머/카운터2 출력 비교 인터럽트 플래그 비트
  타이머/카운터2 레지스터 TCNT2과 출력 비교 레지스터 OCR2의 값이 일치할 경우 셋 되며, 이 비트는 대응하는 인터럽트 처리 루틴이 실행될 경우 자동적으로 클리어 된다.

- Bit 6 - TOV0 : 타이머/카운터2 오버플로우 인터럽트 플래그 비트
  타이머/카운터2에서 오버플로우가(0xFF->0x00)발생하는 경우에 셋 되며, 대응하는 인터럽트 처리 루틴이 실행될 경우 이 비트는 자동적으로 클리어 된다.

□ SFIOR(Special Function I/O Register) : 특수 기능 I/O 레지스터

7	6	5	4	3	2	1	0
TSM	-	-	-	ACME	PUD	PSR0	PSR321

- Bit 7 - TSM(Timer/Counter Synchronization Mode) : 타이머/카운터 동기 모드
  모든 타이머/카운터를 동기화시키는 기능을 하며, 1로 설정하면 PSR0과 PSR321이 모두 1인 경우 대응하는 프리스케일러를 계속해서 리셋 상태를 유지하게 해주어 모든 타이머/카운터를 정지시켜 주는 역할을 하게 된다. 이와 같이 타이머/카운터가 정지된 상태에서 타이머/카운터에 같은 값을 설정할 수 있다. 그리고 이 비트를 0으로 하면 PSR0과 PSR321 비트는 하드웨어적으로 클리어 되어 타이머/카운터는 동시에 카운팅을 시작하게 되어 동기를 맞출 수 있게 된다.

- Bit 0 - PSR321 : 타이머/카운터 1, 2, 3의 프리스케일러 리셋
  비트를 1로 설정하면 타이머/카운터 1~3이 공통으로 사용하고 있는 프리스케일러를 리셋시키며, TSM 비트가 0이면 이 비트는 자동적으로 클리어 된다.

4.3 타이머/카운터1, 3

타이머/카운터1과 3에 관련된 레지스터에는 아래와 같이 많은 레지스터가 관련되어 있으며 다음과 같다.

- 타이머/카운터 레지스터 TCNT1, TCNT3 - 16비트
- 출력비교 레지스터(16비트)
  - OCR1A, OCR1B, OCR1C
  - OCR3A, OCR3B, OCR3C
- 타이머/카운터 제어 레지스터(8비트)
  - TCCR1A, TCCR1B, TCCR1C
  - TCCR3A, TCCR3B, TCCR3C
- 입력캡처 레지스터 ICR1, ICR3 - 16비트
- 타이머/카운터 인터럽트 플래그 레지스터 TIFR, ETIFR - 8비트

- 타이머/카운터 인터럽트 마스터 레지스터 TIMSK, ETIMSK - 8비트
- XMRTNRLSMD I/O 레지스터 SFIOR - 8비트

□ TCNT1(Timer/Counter 1 Register) : 타이머/카운터1 제어 레지스터
TCNT3(Timer/Counter 3 Register) : 타이머/카운터3 제어 레지스터

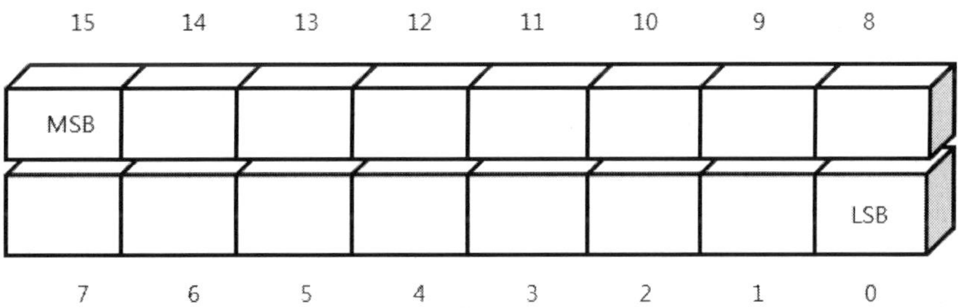

TCNT1과 TCNT3은 타이머/카운터1과 3의 16비트 레지스터 값을 저장하며, I/O영역에 각기 다른 어드레스를 가지고 있는 8비트 레지스터 TCNT1H와 TCNT1L, TCNT3H와 TCNT3L 2개로 각각 구성되어 있다. TCNT1이나 TCNT3에 값을 쓰거나 읽는 프로그램을 작성할 때는 다음과 같은 주의가 필요하다. 어셈블리어로 프로그램을 작성할 때는 8비트 단위로 2회에 걸쳐 상위 바이트와 하위바이트에 대해 읽기 및 쓰기 동작을 수행하여야 한다. 특히, 읽기 동작에서는 하위 바이트부터 먼저 읽고, 쓸 때는 상위 바이트부터 쓰기 동작이 아래와 같이 이루어져야 한다. 반면에, C로 프로그램을 작성할 때는 16비트 레지스터명 TCNT1(또는 TCNT3)을 이용하여 한 스텝으로 아래와 같이 프로그램을 작성하면 된다. 이와 같은 규칙은 OCRnA, OCRnB, OCRnC, ICRn(n=1,3)에 대해서도 동일하게 적용된다.

□ OCR1x(Timer/Counter1 Output Compare) : 타이머/카운터1 출력 비교 레지스터
OCR3x(Timer/Counter3 Output Compare) : 타이머/카운터3 출력 비교 레지스터

- 타이머/카운터1 출력 비교 레지스터 OCR1A - OCR1AH와 OCR1AL

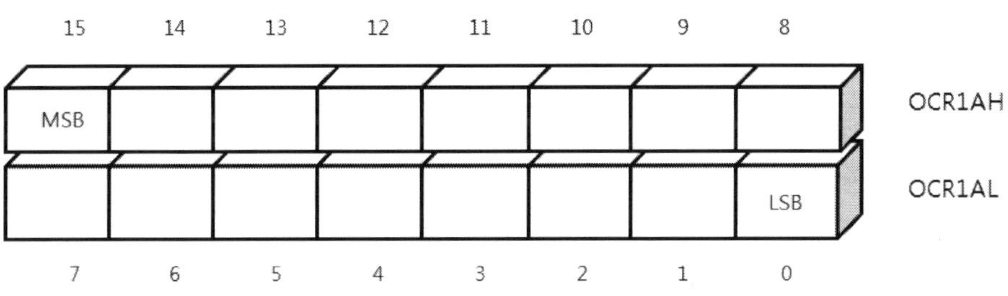

□ 타이머/카운터1 출력 비교 레지스터 OCR1B – OCR1BH와 OCR1BL

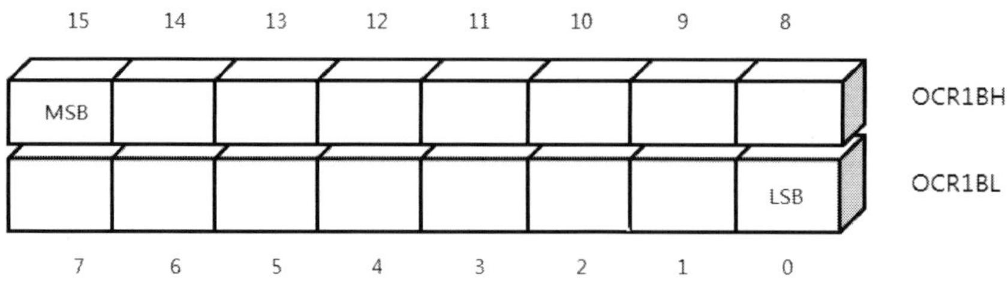

□ 타이머/카운터1 출력 비교 레지스터 OCR1C – OCR1CH와 OCR1CL

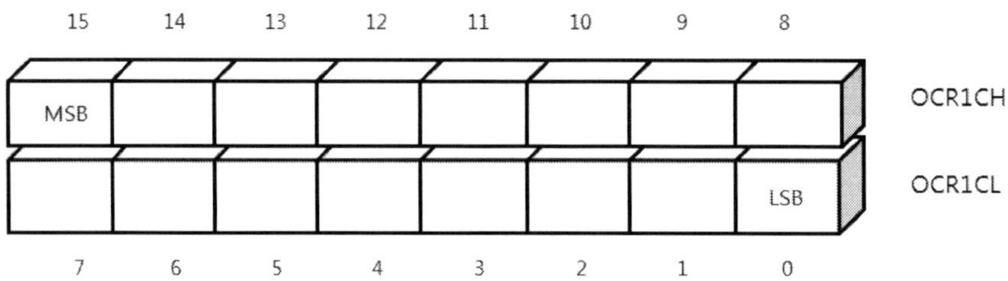

□ 타이머/카운터3 출력 비교 레지스터 OCR3A – OCR3AH와 OCR3AL

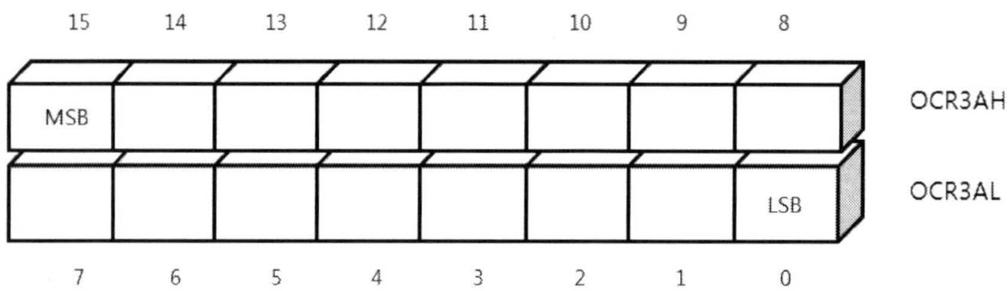

□ 타이머/카운터3 출력 비교 레지스터 OCR3B – OCR3BH와 OCR3BL

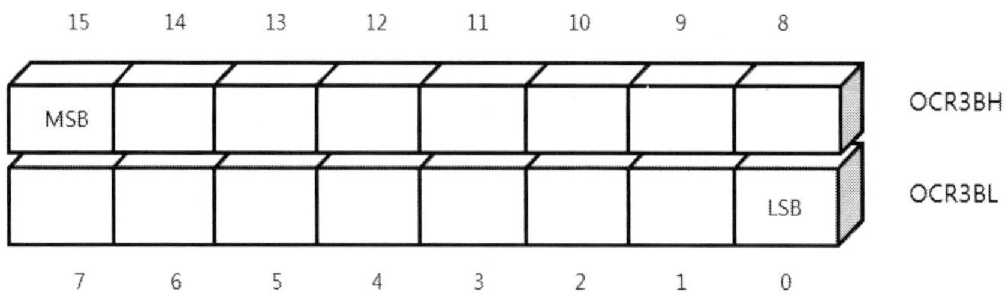

□ 타이머/카운터3 출력 비교 레지스터 OCR3C – OCR3CH와 OCR3CL

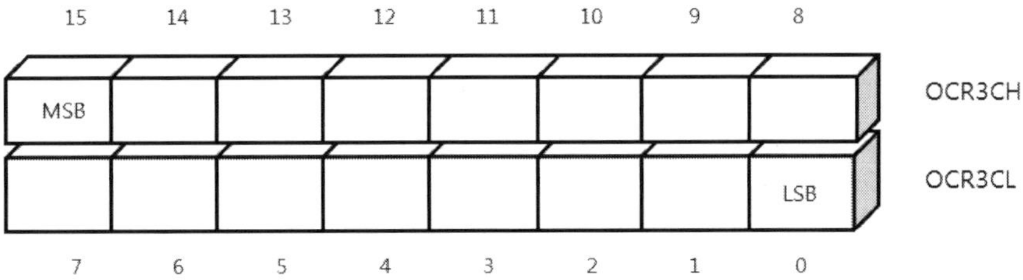

출력 비교 레지스터 OCRnA, OCRnB, OCRnC(n=1, 3)는 TCNTn과의 값이 일치할 때 OCRnA, OCRnB, OCRnC 핀을 통해 파형을 출력시키기 위해 비교값을 저장하기 위한 16비트 레지스터이다. 레지스터들도 TCNTn과 마찬가지로 I/O 영역에 각기 다른 어드레스를 가지고 있는 8비트 레지스터 OCRnAH와 OCRnAL, OCRnBH와 OCRnBL, OCRnCH와 OCRnCL로 각각 구성되어 있으며, 이 레지스터들에 값을 쓰거나 읽는 프로그램을 작성할 때는 TCNTn의 경우와 같이 주의가 필요하다.

□ 1CR1(Timer/Counter1 Input Capture Register) :
타이머/카운터1 입력 캡처 레지스터
1CR3(Timer/Counter3 Input Capture Register) :
타이머/카운터3 입력 캡처 레지스터

- 타이머/카운터1 입력 캡처 레지스터 1CR1 - ICR1H와 ICR1L

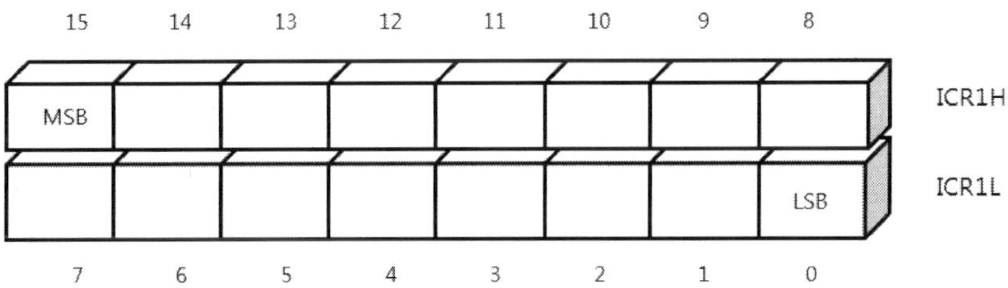

- 타이머/카운터3 입력 캡처 레지스터 ICR3 - ICR3H와 ICR3L

15	14	13	12	11	10	9	8	
MSB								ICR3H
							LSB	ICR3L
7	6	5	4	3	2	1	0	

입력 캡처 핀 ICPn(n=1,3)에 이벤트가 발생할 때마다(또는 선택적으로 아날로그 비교기의 출력에 따라) TCNTn 값으로 갱신되는 16비트 레지스터이며, 타이머/카운터1과 3의 동작모드에 따라 TOP 값을 정의하는데도 이용된다. 이 레지스터들도 TCNTn과 마찬가지로 I/O 영역에 각기 다른 어드레스를 가지고 있는 8비트 레지스터 ICRnH와 ICRnL로 각각 구성되어 있으며, 이 레지스터들에 값을 쓰거나 읽는 프로그램을 작성할 때는 TCNTn의 경우와 같이 주의가 필요하다.

□ TCCR1A(Timer/Counter1 Control Register A) : 타이머/카운터1 제어 레지스터 A
TCCR3A(Timer/Counter3 Control Register A) : 타이머/카운터3 제어 레지스터 A

- TCCR1A

7	6	5	4	3	2	1	0
COM1A1	COM1A0	COM1B1	COM1B0	COM1C1	COM1C0	WGM11	WGM10

- TCCR3A

7	6	5	4	3	2	1	0
COM3A1	COM3A0	COM3B1	COM3B0	COM3C1	COM3C0	WGM31	WGM30

- Bit 1..0 - WGMn1, WGMn0 : 파형 발생 모드(Waveform Generation Mode)
  TCCRnB 레지스터의 WGMn3, WGMn2비트와 함께 타이머/카운터1과 3의 동작모드를 아래 표와 같이 설정한다.

모드	WGMn3	WGMn2	WGMn1	WGMn0	동작모드	TOP	OCRnx의 업데이트 시점	TOV0 플래그 셋 시점
0	0	0	0	0	일반모드	0xFFFF	설정 즉시	0xFFFF
1	0	0	0	1	Phase Correct PWM(8비트)	0x00FF	TOP	0x0000
2	0	0	1	0	Phase Correct PWM(9비트)	0x01FF	TOP	0x0000
3	0	0	1	1	Phase Correct PWM(10비트)	0x03FF	TOP	0x0000
4	0	1	0	0	CTC	OCRnA	설정 즉시	0xFFFF
5	0	1	0	1	Fast PWM(8비트)	0x00FF	TOP	TOP
6	0	1	1	0	Fast PWM(9비트)	0x01FF	TOP	TOP
7	0	1	1	1	Fast PWM(10비트)	0x03FF	TOP	TOP
8	1	0	0	0	Phase and Frequency Correct PWM	ICRn	0x00	0x0000
9	1	0	0	1	Phase and Frequency Correct PWM	OCRnA	0x00	0x0000
10	1	0	1	0	Phase Correct PWM	ICRn	TOP	0x0000
11	1	0	1	1	Phase Correct PWM	OCRnA	TOP	0x0000
12	1	1	0	0	CTC	ICRn	설정 즉시	0xFFFF
13	1	1	0	1	reserved	-	-	-
14	1	1	1	0	Fast PWM	ICRn	TOP	TOP
15	1	1	1	1	Fast PWM	OCRnA	TOP	TOP

- Bit 7..0 - COMnx1, COMnx0 : OCnx 핀의 출력 모드 선택 비트(n=1,3, x=A, B, C)
  COMnx1과 COMnx0 제어비트는 타이머/카운터1과 3에서 비교 매치 동작에 따른 출력핀의 1동작을 결정하며 아래 표과 같다. 출력 핀의 동작은 출력 비교 x핀 OCnx에 영향을 주며, 이 핀에 대응되는 비트는 출력으로 설정되어야 한다.

일반모드와 CTC 모드에서 OCnx 핀의 출력 동작 (n=1,3, x=A,B,C)

COMnx1	COMnx0	OCnx 핀의 출력 동작
0	0	일반 I/O 포트 동작(OCnx 핀 차단)
0	1	비교 매치에서 OC0 출력값 토글(toggle)
1	0	OCnx 출력 클리어
1	1	OCnx 출력 셋

Fast PWM 동작모드에서 OCnx 핀의 출력동작

COMnx1	COMnx0	OCnx 핀의 출력값
0	0	일반 I/O 포트 동작(OCnx 핀 차단)
0	1	모드 15인 경우에만 비교 매치에서 OCnA 출력을 토글하며, OCnB 핀은 차단된다. 그 밖의 모드에서는 일반 I/O 포트로 사용(OCnA/OCnB 출력 차단)
1	1	비교 매치에서 OCnx 출력 클리어, TOP에서 OCnx 출력 셋
1	1	비교 매치에서 OC0 셋, TOP에서 클리어

Phase(and Frequency) Correct PWM 동작모드에서 OCnx 핀의 출력동작

COMnx1	COMnx0	OCnx 핀의 출력값
0	0	일반 I/O 포트 동작(OCnx 핀 차단)
0	1	모드 9, 11인 경우에만 비교 매치에서 OCnA 출력을 토글하며, OCnB 핀은 차단된다. 그 밖의 모드에서는 일반 I/O 포트로 사용(OCnA/OCnB 출력 차단)
1	0	업 카운트 중의 비교 매치에서는 OCnx 출력 클리어, 다운 카운트 중의 비교 매치에서 OCnx 출력 셋
1	1	업 카운트 중의 비교 매치에서는 OCnx 출력 셋, 다운 카운트 중의 비교 매치에서 OCnx 출력 클리어

□ TCCR1B(Timer/Counter1 Control Register B) : 타이머/카운터1 제어 레지스터 B

TCCR3B(Timer/Counter3 Control Register B) : 타이머/카운터3 제어 레지스터 B

- TCCR1B

7	6	5	4	3	2	1	0
ICNC1	ICES1	-	WGM13	WGM12	CS12	CS11	CS10

- TCCR3B

7	6	5	4	3	2	1	0
ICNC3	ICES3	-	WGM33	WGM32	CS32	CS31	CS30

- Bit 7 - ICNCn : 입력 캡처 n 노이즈 제거기(Input Capture Noise Canceler)
  비트가 1이면, 입력 캡처 노이즈 제거기가 동작하여 ICn(n=1,3) 핀으로 입력되는 신호가 필터링 된다. 이 필터에는 출력이 변화하는데 있어 같은 입력 신호 값이 4클럭 동안 지속되는 것이 요구되며, 이에 따라 입력 캡처는 4클럭만큼 지연되어 동작하게 된다.

- Bit 6 - ICESn : 입력 캡처 에지 선택(Input Capture Edge Select)
  비트가 0이면, 입력 캡처 핀 ICn에 입력되는 신호의 하강 에지에서 타이머/카운터 n의 값이 입력 캡처 레지스터 ICRn에 전달된다. 반면에 이 비트가 1이면, ICn에 입력되는 신호의 상승 에지에서 타이머/카운터n의 값이 입력캡처 레지스터 ICRn에 전달된다. ICESn의 설정에 따라 캡처 신호가 입력되면 타이머/카운터n의 값이 ICRn에 저장되며, 입력캡처 인터럽트 플래그 ICFn이 1이 되어 인터럽트가 발생하게 된다. 그러나 레지스터 ICRn이 타이머/카운터1의 최대값(TOP)을 저장하는 레지스터로 사용하는 동작모드에서는 ICn 핀은 차단되고 입력캡처 기능은 사용할 수 없게 된다.

- Bit 4, Bit 3 - WGMn3, WGMn2 : 파형 발생 모드
  이 비트들은 TCCRnA 레지스터의 WGMn1, WGMn0 비트와 함께 타이머/카운트 n의 동작모드를 [타이머/카운터1과 3의 동작모드 - 표]와 같이 설정한다.

- Bit 2, Bit 1, Bit 0 - CSn2, CSn1, CSn0 : 클럭 선택(Clock Select)
  타이머/카운터n의 클럭 소스를 선택하며, 아래 표와 같다.

CSn2	CSn1	CSn0	클럭 소스
0	0	0	타이머/카운터n 정지
0	0	1	clkI/O / 1 (clkI/O는 시스템 주파수와 같음)
0	1	0	clkI/O / 8
0	1	1	clkI/O / 64
1	0	0	clkI/O / 256
1	0	1	clkI/O / 1024
1	1	0	Tn 핀에 입력되는 외부 클럭(하강 지에서 동작)
1	1	1	Tn 핀에 입력되는 외부 클럭(하강 지에서 동작)

□ TCCR1C(Timer/Counter1 Control Register C) : 타이머/카운터1 제어 레지스터 C
TCCR3C(Timer/Counter3 Control Register C) : 타이머/카운터3 제어 레지스터 C

- TCCR1C

7	6	5	4	3	2	1	0
FOC1A	FOC1B	FOC1C	-	-	-	-	-

- TCCR3C

7	6	5	4	3	2	1	0
FOC3A	FOC3B	FOC3C	-	-	-	-	-

- Bit 7..5 - FOCnc(Force Output Compare) (n=1,3, x=A,B,C)
  이 비트는 PWM 모드가 아닌 경우에만 유효하며, 이 비트가 1이면 비교 출력 단자 OCnX 핀을 통해 COMnx1:XOMnx0 비트에 의해 설정된 값이 즉시 출력된다. 이 비트는 인터럽트를 발생시키지 않으며, 또한 OCRnx레지스터를 TOP으로 사용하는 CTC 모드에서 타이머를 클리어 시키지 않는다.

□ TIMSK(Timer/Counter Interrupt Mask Register) :
타이머/카운터 인터럽트 마스크 레지스터

7	6	5	4	3	2	1	0
OCIE2	TOIE2	TICIE1	OC1E1A	OC1E1B	TOIE1	OC1E0	TOIE0

- Bit 7 - OCIE2 : 타이머/카운터1 비교매치 인터럽트 Enable 비트
  비트가 1이고 상태 레지스터 SREG의 I 비트가 1이면 타이머/카운터2 입력 캡처 인터럽트가 Enable 된다. 대응되는 인터럽트는 IC2 핀에서 캡처트리거 이벤트가 발생했을 경우 즉, 타이머/카운터 인터럽트 플래그 레지스터 TIFR의 ICF2 비트가 셋 되었을 때 인터럽트가 실행된다.

- Bit 6 - TOIE2 : 타이머/카운터2 오버플로우 인터럽트 인에이블 비트
  비트가 1이고 상태 레지스터 SREG의 I 비트가 1이면 타이머/카운터2 오버플로우 인터럽트 인에이블 비트가 인에이블된다. 대응되는 인터럽트는 타이머/카운터2의 오버플로우 인터럽트 인에이블 비트가 발생했을 경우 즉, 타이머/카운터 인터럽트 플래그 레지스터 TIFR의 TOV2 비트가 셋 되었을 때 인터럽트가 실행된다.

- Bit 5 - TICIE1 : 타이머/카운터1 입력캡처 인터럽트 Enable 비트
  비트가 1이고 상태 레지스터 SREG의 I 비트가 1이면 타이머/카운터1 입력 캡처 인터럽트가 Enable 된다. 대응되는 인터럽트는 IC1 핀에서 캡처트리거 이벤트가 발생했을 경우 즉, 타이머/카운터 인터럽트 플래그 레지스터 TIFR의 ICF1 비트가 셋 되었을 때 인터럽트가 실행된다.

- Bit 4 - OCIE1A : 타이머/카운터1 출력 비교 A 매치 인터럽트 Enable 비트
  비트가 1이고 상태 레지스터 SREG의 I 비트가 1이면 타이머/카운터1의 비교 A 매치 인터럽트가 인에이블된다. 대응되는 인터럽트는 타이머/카운터1의 비교 A 매치가 발생했을 경우 즉, 타이머/카운터 인터럽트 플래그 레지스터 TIFR의 OCF1A 비트가 셋 되었을 때 인터럽트가 실행된다.

- Bit 3 - OCIE1B : 타이머/카운터1 출력 비교B 매치 인터럽트 인에이블 비트
  비트가 1이고 상태 레지스터 SREG의 I 비트가 1이면 타이머/카운터1의 비교 B 매치 인터럽트가 인에이블된다. 대응되는 인터럽트는 타이머/카운터1의 비교 B 매치가 발생

했을 경우 즉, 타이머/카운터 인터럽트 플래그 레지스터 TIFR의 OCF1B 비트가 셋 되었을 때 인터럽트가 실행된다.

- Bit 2 - TOIE1 : 타이머/카운터1 오버플로우 인터럽트 인에이블 비트
  비트가 1이고 상태 레지스터 SREG의 I 비트가 1이면 타이머/카운터1 오버플로우 인터럽트 인에이블 비트가 인에이블된다. 대응되는 인터럽트는 타이머/카운터1의 오버플로우 인터럽트 인에이블 비트가 발생했을 경우 즉, 타이머/카운터 인터럽트 플래그 레지스터 TIFR 의 TOV1 비트가 셋 되었을 때 인터럽트가 실행된다.

- Bit 1 - TOIE0 : 타이머/카운터0 오버플로우 인터럽트 인에이블 비트
  비트가 1이고 상태 레지스터 SREG의 I 비트가 1이면 타이머/카운터0 오버플로우 인터럽트 인에이블 비트가 인에이블된다. 대응되는 인터럽트는 타이머/카운터0의 오버플로우 인터럽트 인에이블 비트가 발생했을 경우 즉, 타이머/카운터 인터럽트 플래그 레지스터 TIFR의 TOV0 비트가 셋 되었을 때 인터럽트가 실행된다.

□ ETIMSK(Extended Timer/Counter Interrupt Mask Register) : 확장 타이머/카운터 인터럽트 마스크 레지스터

7	6	5	4	3	2	1	0
		TICIE1	OCIE3A	OCIE3B	TOIE3	OCIE3C	OCIE1C

- Bit 5 - TICIE1 : 타이머/카운터1 입력캡처 인터럽트 Enable 비트
  비트가 1이고 상태 레지스터 SREG의 I 비트가 1이면 타이머/카운터3 입력 캡처 인터럽트가 Enable 된다. 대응되는 인터럽트는 IC3 핀에서 캡처트리거 이벤트가 발생했을 경우 즉, 타이머/카운터 인터럽트 플래그 레지스터 TIFR의 ICF3 비트가 셋 되었을 때 인터럽트가 실행된다.

- Bit 4 - OCIE3A : 타이머/카운터3 출력 비교 A 매치 인터럽트 Enable 비트
  비트가 1이고 상태 레지스터 SREG의 I 비트가 1이면 타이머/카운터3의 비교 A 매치 인터럽트가 Enable 된다. 대응되는 인터럽트는 타이머/카운터3의 비교 A 매치가 발생했을 경우 즉, 타이머/카운터 인터럽트 플래그 레지스터 TIFR의 OCF3A 비트가 셋 되었을 때 인터럽트가 실행된다.

- Bit 3 - OCIE3B : 타이머/카운터3 출력 비교B 매치 인터럽트 Enable 비트
  비트가 1이고 상태 레지스터 SREG의 I 비트가 1이면 타이머/카운터3의 비교 B 매치 인터럽트가 Enable 된다. 대응되는 인터럽트는 타이머/카운터3의 비교 B 매치가 발생했을 경우 즉, 타이머/카운터 인터럽트 플래그 레지스터 TIFR의 OCF3B 비트가 셋 되었을 때 인터럽트 벡터가 실행된다.

- Bit 2 - TOIE3 : 타이머/카운터3 오버플로우 인터럽트 Enable 비트
  비트가 1이고 상태 레지스터 SREG의 I 비트가 1이면 타이머/카운터3 오버플로우 인터럽트 Enable 비트가 Enable 된다. 대응되는 인터럽트는 타이머/카운터3의 오버플로우 인터럽트 Enable 비트가 발생했을 경우 즉, 타이머/카운터 인터럽트 플래그 레지스터 TIFR의 TOV3 비트가 셋 되었을 때 인터럽트가 실행된다.

- Bit 1 - OCIE3C : 타이머/카운터3 출력 비교C 매치 인터럽트 Enable 비트
  비트가 1이고 상태 레지스터 SREG의 I 비트가 1이면 타이머/카운터3의 비교 C 매치 인터럽트가 Enable 된다. 대응되는 인터럽트는 타이머/카운터3의 비교 C 매치가 발생했을 경우 즉, 타이머/카운터 인터럽트 플래그 레지스터 TIFR의 OCF3C 비트가 셋 되었을 때 인터럽트 벡터가 실행된다.

- Bit 0 - OCIE1C : 타이머/카운터1 출력 비교C 매치 인터럽트 Enable 비트
  비트가 1이고 상태 레지스터 SREG의 I 비트가 1이면 타이머/카운터1의 비교 C 매치 인터럽트가 Enable 된다. 대응되는 인터럽트는 타이머/카운터1의 비교 C 매치가 발생했을 경우 즉, 타이머/카운터 인터럽트 플래그 레지스터 TIFR의 OCF1C 비트가 셋 되었을 때 인터럽트 벡터가 실행된다.

□ TIFR(Timer/Counter Interrupt Flag Register) : 타이머/카운터 인터럽트 플래그 레지스터

7	6	5	4	3	2	1	0
OCF2	TOV2	ICF1	OCF1A	OCF1B	TOV1	OCF0	TOV0

- Bit 5 - ICF1 : 타이머/카운터1 입력캡처 플래그 비트
  이 비트는 IC1 핀에 캡처 이벤트가 발생했을 때 셋 되며, 입력캡처 인터럽트가 발생한다.

그리고 ICR1 레지스터가 TOP 값으로 사용되는 동작모드에서는 TCNT1의 값이 TOP 값이 될 때 이 비트가 셋 된다. SREG의 I 비트, TIMSK의 TICIE1 비트와 ICF1이 셋 되었을 때 타이머/카운터1 입력 캡처 인터럽트가 실행되며, 이 비트는 대응되는 인터럽트 처리 루틴이 자동적으로 클리어 된다.

- Bit 4 - OCF1A : 출력 비교 플래그 비트 1A

  이 비트는 TCNT1과 출력 비교 레지스터 1A인 OCR1A가 일치했을 경우에 셋 된다. OCF1A는 대응되는 인터럽트 처리 루틴을 실행할 경우에 하드웨어적으로 자동 클리어 되거나 플래그에 1을 쓸 경우에 클리어 된다. SREG의 I 비트, TIMSK의 OCIE1A 비트와 OCF1A가 셋 되었을 때 타이머/카운터1 비교 A 매치 인터럽트가 실행된다.

- Bit 3 - OCF1B : 출력 비교 플래그 비트 1B

  이 비트는 TCNT1과 출력 비교 레지스터 1B인 OCR1B가 일치했을 경우에 셋 된다. OCF1B는 대응되는 인터럽트 처리 루틴을 실행할 경우에 하드웨어적으로 자동 클리어 되거나 플래그에 1을 쓸 경우에 클리어 된다. SREG의 I 비트, TIMSK의 OCIE1B 비트와 OCF1B가 셋 되었을 때 타이머/카운터1 비교 B 매치 인터럽트가 실행된다.

- Bit 2 - TOV1 : 타이머/카운터1 오버플로우 플래그 비트

  이 비트는 타이머/카운터1에서 오버플로우가 발생했을 경우에 셋 된다. TOV1은 대응되는 인터럽트 처리 루틴을 실행할 경우에 하드웨어적으로 자동 클리어 되거나, TOV1에 1을 쓰면 클리어 된다. SREG I 비트와 TIMSK의 TOIE1 비트와 TOV1이 셋 되었을 때 타이머/카운터1 오버플로우 인터럽트가 실행된다.

  Phase Correct PWM 모드에서 이 비트는 타이머/카운터1의 카운터 값이 0x0000에서 카운터 방향이 바뀔 때마다 셋 된다.

□ ETIFR(Extended Timer/Counter Interrupt Flag Register) : 확장 타이머/카운터 인터럽트 플래그 레지스터

7	6	5	4	3	2	1	0
-	-	ICF3	OCF3A	OCF3B	TOV3	OCF3C	OCF1C

- Bit 5 - ICF1 : 타이머/카운터3 입력 캡처 플래그 비트

  이 비트는 IC3 핀에 캡처 이벤트가 발생했을 때 셋 되며, 입력캡처 인터럽트 발생한다. 그리고 ICR3 레지스터가 TOP 값으로 사용되는 동작모드에서는 TCNT3의 값이 TOP 값이 될 때 이 비트가 셋 된다. SREG의 I 비트, TIMSK의 ETICIE3 비트와 ICF3이 셋 되었을 때 타이머/카운터3 입력 캡처 인터럽트가 실행되며, 이 비트는 대응되는 인터럽트 처리 루틴이 자동적으로 클리어 된다.

- Bit 4 - OCF3A : 출력 비교 플래그 비트 3A

  이 비트는 TCNT3과 출력 비교 레지스터 3A인 OCR3A가 일치했을 경우에 셋 된다. OCF3A는 대응되는 인터럽트 처리 루틴을 실행할 경우에 하드웨어적으로 자동 클리어 되거나 플래그에 1을 쓸 경우에 클리어 된다. SREG의 I 비트, ETIMSK의 OCIE3A 비트와 OCF3A가 셋 되었을 때 타이머/카운터3 비교 A 매치 인터럽트가 실행된다.

- Bit 3 - OCF3B : 출력 비교 플래그 비트 3B

  이 비트는 TCNT3과 출력 비교 레지스터 3B인 OCR3B가 일치했을 경우에 셋 된다. OCF3B는 대응되는 인터럽트 처리 루틴을 실행할 경우에 하드웨어적으로 자동 클리어 되거나 플래그에 1을 쓸 경우에 클리어 된다. SREG의 I 비트, ETIMSK의 OCIE3B 비트와 OCF3B가 셋 되었을 때 타이머/카운터3 비교 B 매치 인터럽트가 실행된다.

- Bit 2 - TOV3 : 타이머/카운터3 오버플로우 플래그 비트

  이 비트는 타이머/카운터3에서 오버플로우가 발생했을 경우에 셋 된다. TOV3은 대응되는 인터럽트 처리 루틴을 실행할 경우에 하드웨어적으로 자동 클리어 되거나, TOV3에 1을 쓰면 클리어 된다. SREG I 비트와 ETIMSK의 TOIE1 비트와 TOV3이 셋 되었을 때 타이머/카운터3 오버플로우 인터럽트가 실행된다.

  Phase Correct PWM 모드에서 이 비트는 타이머/카운터3의 카운터 값이 0x0000에서 카운터 방향이 바뀔 때마다 셋 된다.

- Bit 1 - OCF3C : 출력 비교 플래그 3C 비트

  이 비트는 TCNT3과 출력 비교 레지스터 3C인 OCR3C가 일치했을 경우 셋 된다. OCF3C는 대응되는 인터럽트 처리 루틴을 실행할 경우에 하드웨어적으로 자동클리어 되거나 플래그에 1을 쓸 경우에 클리어 된다. SREG의 I 비트, ETIMSK의 OCIE3C 비트와 OCF3C가 셋 되었을 때 타미머/카운터3 비교 C 매치 인터럽트가 실행된다.

- Bit 1 - OCF1C : 출력 비교 플래그 1C 비트

  이 비트는 TCNT3과 출력 비교 레지스터 1C인 OCR1C가 일치했을 경우 셋 된다. OCF1C는 대응되는 인터럽트 처리 루틴을 실행할 경우에 하드웨어적으로 자동클리어 되거나 플래그에 1을 쓸 경우에 클리어 된다. SREG의 I 비트, ETIMSK의 OCIE1C 비트와 OCF1C가 셋 되었을 때 타미머/카운터1 비교 C 매치 인터럽트가 실행된다.

05 아날로그 비교기 관련 레지스터

□ ACSR(Analog Comparator Control and Status Register) :
아날로그 비교기 제어 및 상태 레지스터

7	6	5	4	3	2	1	0
ACD	ACBG	ACO	ACI	ACIE	ACIC	ACIS1	ACIS1

- Bit 7 - ACD(Analog Comparator Disable) : 아날로그 비교기 동작 정지 비트
  이 비트가 셋 되었을 때 아날로그 비교기의 전원은 차단된다. 이 비트는 아날로그 비교기의 전원을 단락하기 위해 언제든지 셋 될 수 있으며, 이는 MCU가 동작이거나 아이들(idle) 모드에 있을 때 소비 전력을 감소시킨다. 이 비트를 변경시키면 아날로그 비교기 인터럽트가 발생할 수도 있기 때문에, ACSR의 ACIE 비트를 미리 클리어 시켜 인터럽트를 금지시켜야 한다.

- Bit 6 - ACBG(Analog Bandgap Select) : 아날로그 비교기의 양 전압 선택 비트
  비트를 셋 하면 고정된 내부 기준 전압 1.23V가 양의 입력전압으로 공급되며, 비트를 클리어 하면 AIN0(PB2)에 양의 입력 전압이 공급된다.

- Bit 5 - AC0(Analog Comparator Output) : 아날로그 비교기 출력 비트
  이 비트는 아날로그 비교기 출력 AC0와 직접 연결되어 있으며, 1~2클럭의 지연시간이 발생한다.

- Bit 4 - ACI(Analog Comparator Interrupt Flag)

  : 아날로그 비교기 인터럽트 플래그 비트

  이 비트는 아날로그 비교기 출력 이벤트가 ACIS1 과 ACIS0에 의해 정의된 인터럽트 모드에 의해 트리거 되었을 때 셋 된다. ACIE 비트가 셋 되고 SREG의 I 비트가 셋 되어 있으면 아날로그 비교기 인터럽트 루틴이 실행된다. ACI는 대응되는 인터럽트 처리 루틴이 실행되면 하드웨어적으로 자동 클리어 되거나 ACI에 1을 쓰면 클리어 된다.

- Bit 3 - ACIE(Analog Comparator Interrupt Enable)

  : 아날로그 비교기 인터럽트 인에이블 비트

  이 비트는 아날로그 비교기 인터럽트 개별 인에이블 비트로서, 이 비트와 SREG 레지스터의 I비트가 셋 되어 있을 때 아날로그 비교기 인터럽트가 발생한다. 이 비트가 클리어 되었을 때 인터럽트가 금지된다.

- Bit 2 - ACIC(Analog Comparator Input Capture Enable)

  : 아날로그 비교기 입력 캡처 인에이블 비트

  이 비트는 아날로그 비교기의 출력이 타이머/카운터1의 입력캡처 트리거 신호로 사용되는 것을 허용하며, 이 트리거 신호에 의해 타이머/카운터1의 입력캡처 인터럽트를 발생시키기 위해서는 타이머/카운터 인터럽트 마스트 레지스터 TIMSK의 타이머/카운터1 입력캡처 인터럽트 인에이블 비트 TICIE1을 미리 셋 하여야 한다.

- Bit 1,0 - ACIS1, ACIS0(Anaolg Comparator Interrupt Mode Select)

  : 아날로그 비교기 인터럽트 모드 선택

  이 비트들은 아날로그 비교기 인터럽트의 트리거 모드를 선택하며 이 비트들을 변경하면 아날로그 비교기의 인터럽트가 발생될 수 있기 때문에, ACIE 비트를 미리 클리어 시킨 상태에서 이 비트 값을 변경시켜야 한다.

ACIS1	ACIS0	인터럽트 방식
0	0	토글 출력에 대한 비교기 인터럽트 방식
0	1	-
1	0	하강 에지 출력에 대한 비교기 인터럽트 발생
1	1	상승 에지 출력에 대한 비교기 인터럽트 발생

□ SFIOR(Special Function I/O Register) : 특수 기능 I/O 레지스터

7	6	5	4	3	2	1	0
TSM	-	-	-	ACME	PUD	PSR0	PSR321

- Bit 3 - ACME(Analog Comparator Multiplexer Enable)
  : 아날로그 비교기 멀티플렉서 인에이블 비트
  이 비트는 아날로그 비교기의 음극석 입력에 대해 A/D 컨버터의 입력 신호가 사용될 수 있도록 하며, 이 비트를 1로 하고 ADC를 동작 정지시키기면 ADC 멀티플렉서가 아날로그 비교기의 음극성 입력으로 선택된다.

ACME	ADEN	MUX2.1.0	아날로그 비교기 음극성 입력 단자
0	x	xxx	AIN1
1	1	xxx	AIN1
1	0	000	ADC0
1	0	001	ADC1
1	0	010	ADC2
1	0	011	ADC3
1	0	100	ADC4
1	0	101	ADC5
1	0	110	ADC6
1	0	111	ADC7

06 A/D 변환 관련 레지스터

☐ ADMUX(ADC Multiplexer Selection Register) :

A/D 변환기 멀티플렉서 선택 레지스터

이 레지스터는 A/D 변환기의 아날로그 입력채널 선택, A/D 변환의 기준전압 소스 선택, 변환 결과의 저장형식을 지정한다.

7	6	5	4	3	2	1	0
REFS1	REFS0	ADLAR	MUX4	MUX3	MUX2	MUX1	MUX0

- Bit 7,6 - REFS1, REFS0 (Reference Selection Bits)
  A/D 변환기의 기준전압을 선택하며 아래 표와 같다.

REFS1	REFS0	MUX2..0
0	0	AREF 단자전압 이용
0	1	AREF 단자 전압을 이용하며, AREF 단자와 GND 사이를 콘덴서로 접속
1	0	-
1	1	내부 2.56V를 이용하며, AREF 단자와 GND 사이를 콘덴서로 접속

- Bit 5 - ADLAR (ADC Left Adjust Result)

  A/D 변환된 결과를 ADCH:ADCL에 저장하는 형식을 지정하며, 0이면 하위부터 10비트를 사용하고, 1이면 상위부터 10비트를 사용한다.

- Bit 4~0 - MUX4~0(Analog Channel and Gain Selection Bits)

  A/D 변환기에 연결되는 아날로그 입력채널과 차동 입력 채널에 대한 이득을 선택하며, 아래 그림과 같다.

<table>
<tr><th>MUX4~0</th><th>단극성 입력</th><th>+차동 입력</th><th>−차동 입력</th><th>이득</th></tr>
<tr><td>00000</td><td>ADC0</td><td rowspan="8" colspan="3">-</td></tr>
<tr><td>00001</td><td>ADC1</td></tr>
<tr><td>00010</td><td>ADC2</td></tr>
<tr><td>00011</td><td>ADC3</td></tr>
<tr><td>00100</td><td>ADC4</td></tr>
<tr><td>00101</td><td>ADC5</td></tr>
<tr><td>00110</td><td>ADC6</td></tr>
<tr><td>00111</td><td>ADC7</td></tr>
<tr><td>01000</td><td rowspan="13">-</td><td>ADC0</td><td>ADC0</td><td>10x</td></tr>
<tr><td>01001</td><td>ADC1</td><td>ADC0</td><td>10x</td></tr>
<tr><td>01010</td><td>ADC0</td><td>ADC0</td><td>200x</td></tr>
<tr><td>01011</td><td>ADC1</td><td>ADC0</td><td>200x</td></tr>
<tr><td>01100</td><td>ADC2</td><td>ADC2</td><td>10x</td></tr>
<tr><td>01101</td><td>ADC3</td><td>ADC2</td><td>200x</td></tr>
<tr><td>01110</td><td>ADC2</td><td>ADC2</td><td>200x</td></tr>
<tr><td>01111</td><td>ADC3</td><td>ADC2</td><td>1x</td></tr>
<tr><td>10000</td><td>ADC0</td><td>ADC1</td><td>1x</td></tr>
<tr><td>10001</td><td>ADC1</td><td>ADC1</td><td>1x</td></tr>
<tr><td>10010</td><td>ADC2</td><td>ADC1</td><td>1x</td></tr>
<tr><td>10011</td><td>ADC3</td><td>ADC1</td><td>1x</td></tr>
<tr><td>10100</td><td>ADC4</td><td>ADC1</td><td>1x</td></tr>
</table>

MUX4~0	단극성 입력	+차동 입력	−차동 입력	이득
10101		ADC5	ADC1	1x
10110		ADC6	ADC1	1x
10111		ADC7	ADC1	1x
11000		ADC0	ADC2	1x
11001		ADC1	ADC2	1x
11010		ADC2	ADC2	1x
11011		ADC3	ADC2	1x
11100		ADC4	ADC2	1x
11101		ADC5	ADC2	1x
11110	1.23V	-		
11111	0V(GND)			

□ ADCSRA(ADC Control and Status Register A) : A/D 변환기 제어 및 상태레지스터 A

이 레지스터는 A/D 변환기의 동작을 제어하거나 상태를 표시하는 기능을 갖는다.

- Bit 7 - ADEN (ADC Eenable)

  이 비트가 1이면 A/D변환기의 동작이 허용되고, 0이면 A/D변환기는 동작이 정지된다.

- Bit 6 - ADSC (ADC Start Conversion)

  단일 변환 모드에서 이 비트를 1로 하면 A/D 변환이 시작된다. 프리 러닝(Free Running) 모드에서 이 비트를 1로 하면 첫 번째 A/D 변환이 시작되고, 그 다음부터는 자동적으로 변환이 반복된다. A/D변환기가 인에이블이고 이 비트를 1로 하면 첫 번째 변환에서는 25개의 클럭이 필요하며, 그 다음부터는 13개의 클럭이 소요된다. 이 비트는 A/D변환 중에는 1로 읽혀지며, 변환이 종료하면 0으로 읽혀진다.

- Bit 5 - ADFR(ADC Free Running Select)
  이 비트를 1로 하면 A/D 변환기는 프리 러닝 모드로 동작하며, 이 모드에서 A/D 변환기는 반복적으로 A/D 변환을 수행한다.

- Bit 4 - ADIF(ADC Interrupt Flag)
  A/D 변환이 완료되어 A/D 변환기 데이터 레지스터의 값이 갱신되면 셋된다.
  ADCE 비트와 SREG 레지스터의 I비트가 1이면 A/D변환 완료 인터럽트가 요구된다.
  이 플래그 비트는 대응하는 인터럽트 서브루틴이 실행되면 자동 클리어 되며, 이 비트에 1을 써주어도 클리어 된다.

- Bit 3 - ADIE (ADC Interrupt Enable)
  이 비트는 A/D 변환기의 개별 인터럽트 인에이블 비트로서, SREG 레지스터의 I 비트와 함께 1이면 인터럽트가 인에이블 된다.

- Bit 2~0 - ADPS2~0 (ADC Prescaler Select Bits)
  이 비트들은 A/D 변환기에 입력되는 시스템 클럭에 대한 분주비를 선택한다.

ADPS2	ADPS1	ADPS0	분주비
0	0	0	2
0	0	1	2
0	1	0	4
0	1	1	8
1	0	0	16
1	0	1	32
1	1	0	64
1	1	1	128

□ ADCH, ADCL(ADC Data Register) – A/D 변환기 데이터 레지스터

A/D 변환된 결과를 저장하는 레지스터로서 ADMUX 레지스터의 ADLAR 비트 값에 따라 다음과 같은 저장 형식을 갖는다.

ADLAR = 0

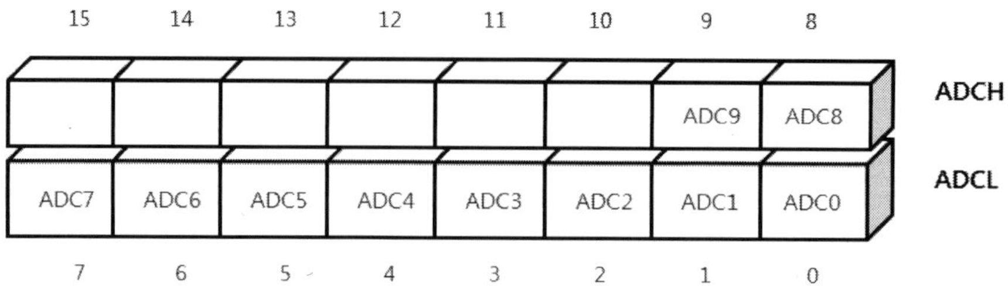

ADLAR = 1

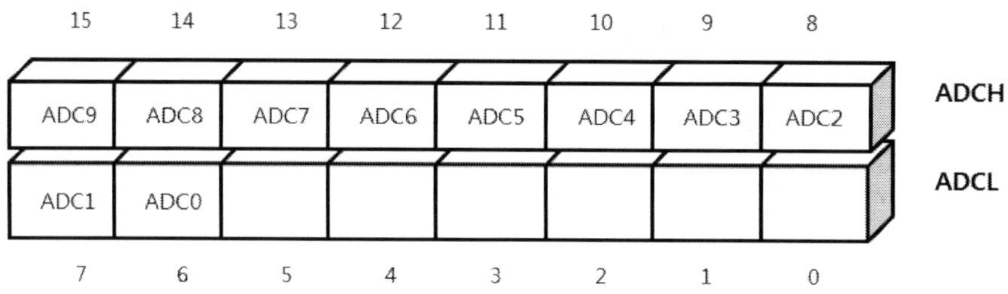

07 USART 관련 레지스터

□ UDR0(USART0 I/O Data Register) : USART0 I/O 데이터 레지스터
UDR1(USART1 I/O Data Register) : USART1 I/O 데이터 레지스터

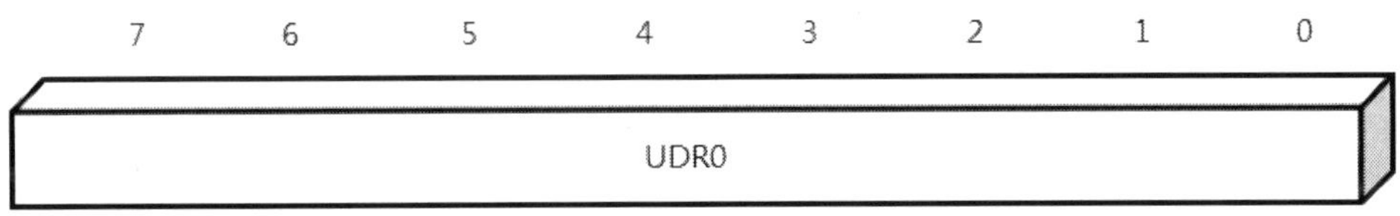

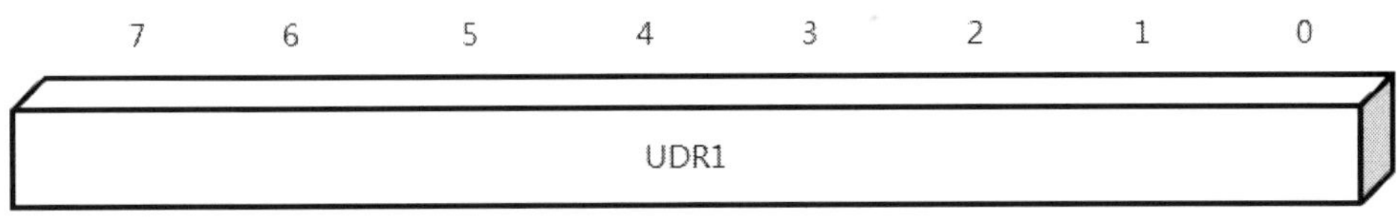

USART 송신 데이터 버퍼 레지스터와 수신 데이터 버퍼 레지스터는 UDRn (n=0,1)이라고 하는 같은 이름의 USART 데이터 레지스터를 공유한다. UDRn 레지스터는 동일한 I/O 번지를 갖지만, 내부적으로는 서로 분리 되어 있다. UDRn 레지스터에 데이터를 쓰면 송신 데이터 버퍼 TXBn에 값이 써지고, UDRn 레지스터를 읽으면 데이터 버퍼 RXBn에 들어 있는 내용이 읽혀진다.

5~6비트 통신모드의 경우 사용하지 않는 상위 비트에 대해 송신부에서는 무시하며, 수신부에서는 0으로 채워 처리된다. 송신 버퍼에는 UCSRA 레지스터의 UDRE(Data Register Empty)플래그 비트가 1일 때만 값을 쓸 수 있으며, 0일 때 데이터를 쓰면 무시된다. 송신이 가능하고 또한 송신 쉬프트 레지스터가 비어 있으면 송신버퍼에 쓰여진 데이터

는 송신 쉬프트 레지스터에 옮겨져서 TxD 핀을 통해 1비트씩 전송된다. 수신버퍼는 FIFO로 구성되어 있으며, 수신버퍼가 읽혀질 때마다 상태가 변하기 때문에 수신버퍼에 대한 명령어 SBI, CBI, SBIC, SBIS는 사용하지 말아야 한다.

□ UCSR0A(USART0 Control and Status Register A) : USART0 제어 및 상태 레지스터 A
UCSR1A(USART1 Control and Status Register A) : USART1 제어 및 상태 레지스터 A

이 레지스터는 USART의 송수신 동작을 제어하거나 상태를 저장하는 레지스터이다.

- UCSR0A

7	6	5	4	3	2	1	0
RXC0	TXC0	UDRE0	FE0	DOR0	PE0	U2X0	MPCM0

- UCSR1A

7	6	5	4	3	2	1	0
RXC1	TXC1	UDRE1	FE1	DOR1	PE1	U2X1	MPCM1

- Bit 7 - RXCn(USART Receive Complete) : USART 수신 완료 플래그 비트
  이 비트는 수신버퍼(UDRn)에 읽혀지지 않은 데이터가 있을 때 셋 되며, 수신버퍼가 비어 있는(새로운 데이터가 없는) 경우에는 클리어 된다. 이 비트는 수신이 금지되면 클리어 되며, 또한 이 비트는 수신완료 인터럽트를 발생하는데 플래그 비트로 사용된다.

- Bit 6 - TXCn(USART Transmit Complete) : USART 송신 완료 플래그 비트
  이 비트는 정지 비트를 포함한 모든 문자가 송신 쉬프트 레지스터에서 쉬프트 출력되고 UDRn에 새로운 데이터가 준비되지 않았을 때 셋 된다. 이 플래그 비트는 송신 완료 인터럽트를 발생시키며, 송신 완료 인터럽트가 실행되면 이 비트는 하드웨어적으로 자동 클리어 된다.

- Bit 5 - UDREn(USART Data Register Empty) :
  USART 송신 데이터 레지스터 준비 완료 플래그 비트로 송신 버퍼 UDRn이 비어 있어 새로운 데이터를 받은 준비가 되어 있을 때 셋 된다. 이 플래그 비트는 송신 데이터 레지스터 준비완료 인터럽트를 발생시킨다.

- Bit 4 - FEn(Frame Error) : 플레임 에러
  이 비트는 수신되고 있는 문자의 첫 번째 정지 비트가 0일 때 셋 되며, 수신 버퍼 UDRn이 읽혀질 때까지 유효하다. 그리고 이 비트는 UCSRnA 레지스터에 값을 쓰게 되면 항상 클리어 된다.

- Bit 3 - DORn(Data OverRun) : 데이터 오버런 에러
  이 비트는 수신 버퍼가 꽉 차 있을 때 새로운 데이터의 시작 비트가 수신 쉬프트 레지스터에 입력되면 셋 된다. 이 비트는 수신 버퍼 UDRn이 읽혀질 때까지 유효하며, UCSRnA 레지스터에 값을 쓰게 되면 항상 클리어 된다.

- Bit 2 - PEn(Parity Error) : 패리티 에러
  이 비트는 패리티 검사가 허용된 상태에서 수신 버퍼에 있는 데이터에 대해 패리티 에러가 발생하면 셋 되어 진다. 이 비트는 수신버퍼 UDRn이 읽혀질 때까지 유효하며, UCSRnA 레지스터에 값을 쓰게 되면 항상 클리어 된다.

- Bit 1 - U2Xn(Double the USART Transmission Speed) : 송신 속도 2배 설정
  이 비트는 비동기식 방식에서만 유효하며, 이 비트를 1로 하면 클럭의 분주비가 16에서 8로 되어 전송속도가 2배가 된다.

- Bit 0 - MPCMn(Multy-processor Communication Mode) : 멀티 프로세서 통신 모드
  이 비트는 멀티프로세서 통신모드를 설정한다. 멀티프로세서 통신모드에서 어드레스 정보가 포함되지 않은 모든 수신 데이터는 수신부에 의해 무시되지만, 이 비트는 송신부에 아무런 영향도 주지 않는다.

□ UCSR0B(USART0 Control and Status Register B) :
USART0 제어 및 상태 레지스터B
UCSR1B(USART1 Control and Status Register B) :
USART1 제어 및 상태 레지스터B

- UCSR0B

7	6	5	4	3	2	1	0
RXCIE0	TXCIE0	UDRIE0	RXEN0	TXEN0	UCSZ02	RXB80	TXB80

- UCSR1B

7	6	5	4	3	2	1	0
RXCIE1	TXCIE1	UDRIE1	RXEN1	TXEN1	UCSZ12	RXB81	TXB81

- Bit 7 - RXCIEn(RX Complete Interrupt Enable) : 수신완료 인터럽트 인에이블 비트
  이 비트는 수신 완료 인터럽트 개별 인에이블 비트이며, SREG 레지스터의 I 비트와 이 비트가 1인 상태에서 수신이 완료되어 UCSRnA레지스터의 RXCn 플래그 비트가 1이 되면 수신 완료 인터럽트가 발생한다.

- Bit 6 - TXCIEn(TX Complete Interrupt Enable) : 송신 완료 인터럽트 인에이블 비트
  이 비트는 송신 완료 인터럽트 개별 인에이블 비트이며, SREG 레지스터의 I 비트와 이 비트가 1인 상태에서 송신 쉬프트 레지스터가 비어 UCSRnA 레지스터의 TXCn 플래그 비트가 1이 되면 송신 완료 인터럽트가 발생한다.

- Bit 5 - UDRIEn(USART Data Register Empty Interrupt Enable)
  : USART 송신 데이터 레지스터 준비완료 인터럽트 인에이블 비트
  이 비트는 송신 데이터 레지스터(버퍼) 준비완료 인터럽트 개별 인에이블 비트이며, SREG 레지스터의 I 비트와 이 비트가 1인 상태에서 송신 데이터 레지스터가 비어 UCSRnA 레지스터의 UDREn 플래그 비트가 1이 되면 송신 데이터 레지스터 준비완료 인터럽트가 발생한다.

- Bit 4 - RXENn(Receiver Enable) : 수신기 인에이블
  비트가 1이면 수신기가 인에이블 되어 송신 가능 상태가 되며, RxDn핀이 범용 I/O 포트가 아니라 수신 단자로 동작하게 된다.

- Bit 3 - TXENn(Transmitter Enable) : 송신기 인에이블
  비트가 1이면 송신기가 인에이블 되어 송신 가능 상태가 되며, TxDn핀이 범용 I/O 포트가 아니라 송신 단자로 동작하게 된다.

- Bit 2 - UCSZn2(Character Size) : 전송 데이터 길이 선택 비트
  이 비트는 UCSRnC 레지스터의 UCSZn1, UCSZn0과 함께 전송 데이터의 길이를 선택하는 비트이다.

- Bit 1 - RXB8n(Receive Data Bit 8) : 수신 데이터 비트 8
  9비트 전송모드에서 수신된 문자의 9번째 비트를 저장하는 비트이며, 수신버퍼 UDRn으로부터 하위 8비트를 읽기 전에 먼저 읽혀져야 한다.

- Bit 0 - TXB8n : 송신 데이터 비트 8
  9비트 전송모드에서 송신할 문자의 9번째 비트를 저장하는 비트이며, 송신 버퍼 UDRn에 하위 8비트를 쓰기 전에 먼저 써야 한다.

□ UCSR0C(USART0 Control and Status Register C) : SART0 제어 및 상태 레지스터 C UCSR1C(USART1 Control and Status Register C) : USART1 제어 및 상태 레지스터 C

7	6	5	4	3	2	1	0
-	UMSEL0	UPM01	UPM00	USBS0	UCSZ01	UCSZ00	UCPOL0

7	6	5	4	3	2	1	0
-	UMSEL1	UPM11	UPM10	USBS1	UCSZ11	UCSZ10	UCPOL1

이 레지스터는 USART의 송수신 동작을 제어하는 기능을 수행한다.

- Bit 6 - UMSELn(USART Mode Select) : USART 모드 설정 비트
  이 비트는 통신모드에 대한 설정 비트로서 0이면 비동기 모드, 1이면 동기 모드가 설정된다.

- Bit 5,4 - UPMn(USART Parity Mode) : 패리티 모드 설정 비트
  두 비트는 아래 그림과 같이 패리티 모드를 설정한다.

UPMn1	UPMn0	패리티 모드
0	0	패리티 모드 사용 안함
0	1	-
1	0	짝수 패리티
1	1	홀수 패리티

- Bit 3 - USBSn(Stop Bit Select) : 정지 비트 선택
  이 비트는 정지 비트의 길이를 설정하며, 0이면 1비트, 1이면 2비트가 설정된다.

- Bit 2,1 - UCSZn1, UCSZn0(Character Size) : 전송 데이터 비트수 설정
  이 두 비트는 UCSRnB레지스터의 UCSZn2와 함께 아래그림과 같이 전송 데이터의 비트수를 설정한다.

UCSZn2	UCSZn1	UCSZn0	데이터 비트수
0	0	0	5비트
0	0	1	6비트
0	1	0	7비트
0	1	1	8비트
1	0	0	(예약)
1	0	1	(예약)
1	1	0	(예약)
1	1	1	9비트

- Bit 0 - UCPOLn(Clock Polarity) : 클럭 극성 선택
  이 비트는 동기모드에서만 사용되며, 송신 데이터의 출력 시점과 수신 데이터의 입력 시점을 설정한다. 아래의 표가 이를 보여준다.

UCPOL	송신 데이터의 출력 시점 (TxD 핀의 출력)	수신 데이터의 샘플링 시점 (RxD 핀 입력)
0	XCKn 상승 에지	XCKn 하강 에지
1	XCKn 하강 에지	XCKn 상승 에지

□ UBRR0H, UBRR0L(USART0 Baud Rate Register) : USART0 보레이트 레지스터
UBRR1H, UBRR1L(USART1 Baud Rate Register) : USART1 보레이트 레지스터

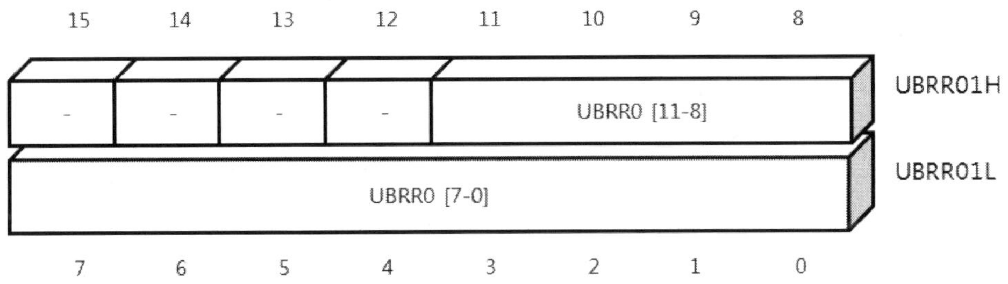

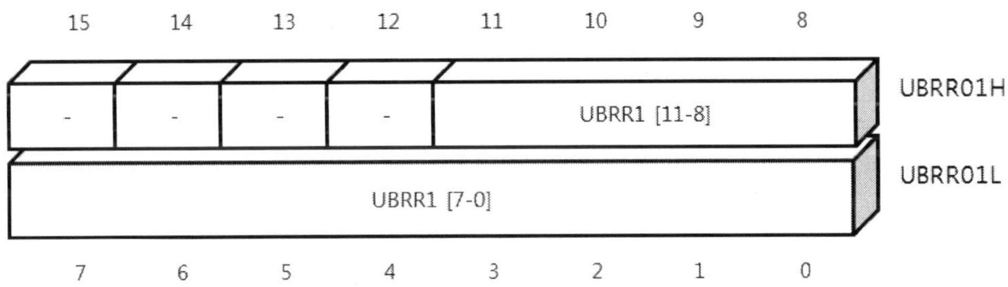

USART의 전송속도는 레지스터 UBRRn(UBRRnH:UBRRnL)의 16비트 중에서 12비트에 의해 설정되며, 전송속도를 설정할 때는 상위 바이트 값을 저장하는 UBRRnH의 값을 우선 쓰고 난 후에 UBRRnL에 값을 써 주어야 한다. 아래의 그림은 16MHz시스템 클럭을 갖는 경우의 전송속도에 따른 UBRRn레지스터의 설정 값을 보여 준다. 비동기식 통신 모드에서 전송속도에 대한 오차범위는 8비트 일반 모드의 경우 ±2.0%이며, 2배속 모드의 경우에는 ±1.5%이다.

16MHz 시스템 클럭에서 전송속도에 따른 UBRRn 레지스터의 설정값

동작 모드	전송속도 계산식(bps)	UBRR 계산식
비동기 정상 모드 (U2Xn=0)	$BAUD = \frac{f_{OSC}}{16(UBRR_n+1)}$	$UBRRn = \frac{f_{OSC}}{16 \cdot BAUD} - 1$
비동기 2배속 모드 (U2Xn=1)	$BAUD = \frac{f_{OSC}}{8(UBRR_n+1)}$	$UBRRn = \frac{f_{OSC}}{8 \cdot BAUD} - 1$
동기 마스터 모드	$BAUD = \frac{f_{OSC}}{2(UBRR_n+1)}$	$UBRRn = \frac{f_{OSC}}{2 \cdot BAUD} - 1$

전송속도 (Baud Rate : bps)	비동기 일반 모드		비동기식 2배속 모드	
	UBRR	에러	UBRR	에러
2400	416	-0.1%	832	+0.0%
4800	207	+0.2%	416	-0.1%
9,600	103	+0.2%	207	+0.2%
14.4K	68	+0.6%	138	-0.1%
19.2K	51	+0.2%	103	+0.2%
28.8K	34	-0.8%	68	+0.6%
38.4K	25	+0.2%	51	+0.2%
57.6K	16	+2.1%	34	-0.8%
76.8K	12	+0.2%	25	+0.2%
115.2K	8	-3.5%	16	+2.1%
230.4K	3	+8.5%	8	-3.5%
250K	3	+0.0%	7	+0.0%
0.5M	1	+0.0%	3	+0.0%
1M	0	+0.0%	1	+0.0%

ATmega128의 USART 클럭 발생부는 데이터의 송신과 수신을 위해 기본 클럭을 발생하며, 비동기 일반 모드, 비동기 2배속 모드, 동기 마스터 모드, 동기 슬레이브 모드를 지원한다. USART 제어 및 상태 레지스터 UCSRnC의 UMSEL 비트는 동기모드와 비동기 모드를 선택하며, 2배속 모드는 UCSRnA 레지스터의 U2X비트에 의해 제어된다. 동기모드에서 XCKn 핀에 대한 데이터 방향 레지스터의 값은 클럭 소스가 내부(마스터 모드)에 있는지 아니면 외부에 있는지(슬레이브 모드)에 따라 제어 된다. XCKn 핀은 동기모드인 경우에만 동작한다.

08 SPI 관련 레지스터

ATmega128의 SPI 기능은 3개의 레지스터 SPCR(SPI Control Register), SPSR(SPI Status Register), SPDR(SPI Data Register)에 의해 이루어지며, 다음과 같은 기능을 갖는다.

□ SPCR(SPI Control Register) : SPI 제어 레지스터

7	6	5	4	3	2	1	0
SPIE	SPE	DORD	MSTR	CPOL	CPHA	SPR1	SPR0

- Bit 7 - SPIE(SPI Interrupt Enable) : SPI 인터럽트 인에이블 비트
  이 비트는 SPI 전송 완료 인터럽트 인에이블 비트이며, SPSR 레지스터의 SPIF비트와 SREG의 I 비트가 셋 되어 있으면 SPI 인터럽트가 발생된다.

- Bit 6 - SPEI (SPI Enable) : SPI 동작 인에이블 비트
  비트가 셋 되었을 때 SPI 동작이 인에이블 된다.

- Bit 5 - DORD(Data Order) : 데이터 전송 순서 설정 비트
  이 비트는 데이터를 전송할 때의 전송 순서를 지정한다. 이 비트가 1이면 최하위 (LSB) 비트부터 전송되고, 0이면 최상위(MSB) 비트부터 전송된다.

- Bit 4 - MSTR(Master/Slave Select) : 마스터/슬레이브 선택 비트
  비트가 셋되면 마스터 SPI 모드가 되고, 클리어 되면 슬레이브 SPI 모드가 된다. MSTR이

셋되어 있는 동안 $\overline{SS}$가 입력으로 설정되어 Low로 되면 MSTR은 자동 클리어 되고 SPSR의 SPIF는 셋이 된다. 사용자는 SPI 마스터 모드로 하기 위해서는 다시 MSTR을 셋 하여야 한다.

- Bit 3 - CPOL(Clock Polarity) : 클럭 극성
  이 비트를 1로 설정하면 데이터 전송이 없는 동안 SCK는 High로 되며, 이 비트를 0으로 설정하면 데이터 전송이 없는 동안 SCK는 Low로 된다.

- Bit 2 - CPHA(Clock Phase) : 클럭 위상
  이 비트는 데이터가 SCK의 어느 부분에서 샘플링 되는지를 성정하며, 0이면 leading (first) edge, 1이면 trailing(last) edge에서 샘플링이 수행된다.

CPOL과 CPHA에 의한 SPI 모드

SPOL	CPHA	Leading Edge	Trailing Edge	SPI 모드
0	0	Sample(Rising)	Setup(Faling)	0
0	1	Setup(Rising)	Sample(Faling)	1
1	0	Sample(Faling)	Setup(Rising)	2
1	1	Setup(Faling)	Sample(Rising)	3

- Bit 1,0 - SPR1, SPR0 : SPI 클럭 속도 선택 비트
  두 비트는 마스터로서 SPI가 설정되었을 때 SCK 클럭 신호의 클럭 주파수를 선택하지만, 슬레이브 모드에서는 어떤 영향도 없다. 아래의 표는 SPI가 선택할 수 있는 SCK의 클럭 주파수를 보여주며, SPSR 레지스터의 SPI2X는 주파수를 2배로 증가시키는 비트임을 알 수 있다.

SCK 클럭 신호의 클럭 주파수

SPI2X	SPR1	SPR0	SCK 주파수
0	0	0	f_{osc} / 4
0	0	1	f_{osc} / 16
0	1	0	f_{osc} / 64
0	1	1	f_{osc} / 128
1	0	0	f_{osc} / 2
1	0	1	f_{osc} / 8
1	1	0	f_{osc} / 32
1	1	1	f_{osc} / 64

□ SPSR(SPI Status Register) : SPI 상태 레지스터

7	6	5	4	3	2	1	0
SPIF	WCOL	-	-	-	-	-	SPI2X

- Bit 7 - SPIF(SPI Interrupt Flag) : SPI 인터럽트 플래그 비트

  이 비트는 직렬 전송이 완료되었을 때 셋 되며, SPCR 의 SPIE 비트와 SREG의 I 비트가 셋 되어 있으면 인터럽트가 발생한다. 또한 SPI가 마스터 모드일 때 $\overline{SS}$가 입력이고 Low로 되어 있으면 이 비트는 셋 된다. 이 비트는 대응하는 인터럽트가 실행되면 하드웨어적으로 자동 클리어 된다. 또한, 이 비트가 셋 되었을 때 I 상태 레지스터 SPSR를 처음 읽고 나서 SPI 데이터 레지스터 SPDR을 엑세스하는 경우에도 자동 클리어 된다.

- Bit 6 - WCOL(Write Collison Flag) : 쓰기 충돌 플래그

  이 비트는 SPI가 데이터를 전송하는 동안 데이터 레지스터 SPDR에 어떤 값을 쓰려고 하면 셋된다. 이 비트가 셋되어 있을 때 SPI 상태 레지스터 SPSR을 읽고 나서 SPI 데이터 레지스터 SPDR을 엑세스하면 이 비트는 자동 클리어 된다.

- Bit 0 - SPI2X(SPI Double Speed Bit) : SPI 2배 속도 설정 비트

  이 비트는 SCK 클럭 신호의 클럭 주파수 그림과 같이 SPI가 마스터로 동작할 때 SCK의 주파수를 2배로 설정된다. 마스터 모드에서는 SCK 클럭 신호의 주파수가 f_{OSC} / 2 까지 사용할 수 있지만, 슬레이브 모드에서는 f_{OSC} / 4 이하에서만 사용해야 정상적인 동작이 보증된다.

□ SPDR(SPI Data Register) : SPI 데이터 레지스터

7	6	5	4	3	2	1	0
MSB	-	-	-	-	-	-	LSB

SPI 데이터 레지스터는 범용 레지스터와 SPI 쉬프트 레지스터 사이의 데이터 전송을 위해 사용되는 읽기/쓰기 가능한 레지스터이다.

09 TWI 관련 레지스터

□ TWBR(TWI Bit Rate Register) : TWI 전송 속도 설정 레지스터

7	6	5	4	3	2	1	0
TWBR7	TWBR6	TWBR5	TWBR4	TWBR3	TWBR2	TWBR1	TWBR0

- Bit 7~0 - TWBR7..0 : TWI 전송 속도 설정 비트
  이 비트들은 마스터 모드에서 SCL 신호의 클럭 주파수를 만들기 위해 필요한 분주비를 설정한다.

□ TWCR(TWI Control Register) : TWI 제어 레지스터

이 레지스터는 TWI의 동작을 제어하는데 사용되며, TWI 동작을 인에이블 시키거나 TWI의 스타트 조건 및 스톱조건을 발생시킨다.

7	6	5	4	3	2	1	0
TWINT	TWEA	TWSTA	TWSTO	TWWC	TWEN	-	TWIE

- Bit 7 - TWINT(TWI Interrupt Flag) : TWI 인터럽트 플래그 비트
  이 비트는 TWI가 현재의 작업을 마치고 응용 소프트웨어 응답이 필요할 때 하드웨어적으로 셋 되어 진다. SREG 레지스터의 I 비트와 TWCR 레지스터의 TWIE 비트가 셋

되어 있으면 TWI 인터럽트 벡터로 점프한다. TWINT 비트가 셋 되어 있는 동안에는 SCL 라인이 0상태를 계속 유지한다. 이 비트는 직접 1을 써주어야 클리어 되며, 인터럽트 루틴이 실행되어도 자동적으로 클리어 되지 않는다. 이 비트를 클리어 하면 TWI 동작이 시작되므로, 이 비트를 클리어 하기 전에 TWAR, TWSR, TWDR에 대한 설정이 미리 완료되어 있어야 한다.

- Bit 6 - TWEA(TWI Enable Acknowledge) : TWI 확인 신호 발생 비트

  이 비트는 확인 신호의 출력을 제어하며, 이 비트가 1이고 다음과 같은 조건이 되면 ACK 펄스가 TWI 버스상에 출력된다.

  ① 자신의 슬레이브 어드레스를 수신하였을 경우
  ② TWAR 레지스터의 TWGCE 비트가 셋 되어 있고 범용 콜(전체 콜)이 수신된 경우
  ③ 마스터 수신 또는 슬레이브 수신모드에서 1바이트 데이터를 수신한 경우

  이 비트를 0으로 하면 디바이스가 TWI 버스로부터 끊어진 상태가 되며, 이 비트를 1로 하면 어드레스 인식이 다시 시작된다.

- Bit 5 - TWSTA(TWI START Control Bit) : TWI 스타트 조건 발생 비트

  이 비트는 디바이스가 TWI 버스의 마스터가 되기를 원할 때 1로 하며, TWI 하드웨어는 버스를 사용가능한 상태인지 체크하여 버스에 스타트 조건을 발생한다. 그러나 버스가 사용가능한 상태가 아니면 스톱 조건이 검출될 때까지 대기 하다가 버스 마스터 상태임을 선언하기 위해 새로운 스타트 조건을 발생한다. 이 비트는 스타트 조건이 출력이 소프트웨어 적으로 클리어 시켜야 한다.

- Bit 4 - TWSTO(TWI STOP Condition Bit) : TWI 스톱 조건 발생 비트

  마스터 모드에서 이 비트를 1로 하면 TWI 버스에서 스톱조건이 발생되며, 스톱 조건이 발생되면 이 비트는 자동적으로 클리어 된다. 슬레이브 모드에서는 이 비트를 1로 설정하면 스톱조건을 발생하지는 않지만 에러 조건으로부터 해제시킬 수 있다.

- Bit 3 - TWWC(TWI Write Collsion Flag) : TWI 쓰기 충돌 플래그 비트

  TWINT 비트가 0일 때 TWDR 레지스터에 어떤 값을 쓰게 되면 이 비트가 셋 되어진다. 이 비트는 TWINT 비트가 1일 때 TWDR 레지스터에 어떤 값을 쓰면 클리어 된다.

- Bit 2 - TWEN(TWI Enable Bit) : TWI 인에이블 비트

  이 비트는 TWI 동작을 인에이블 시키며, TWI 인터페이스를 활성화 시킨다. 즉, 이 비트

를 1로 하면 TWI의 신호 SDA, SCL핀을 유효하게 하며, 슬루 레이트 리미터와 스파이크 필터가 인에이블 된다.

- Bit 0 - TWIE(TWI Interrupt Enable) : TWI 인터럽트 인에이블 비트
  TWI 인터럽트를 인에이블 시키며, 이 비트와 SREG 레지스터의 I비트가 1인 상태에서 TWINT 비트가 1이면 인터럽트 처리 요구가 발생한다.

□ TWSR(TWI Staus Register) : TWI 제어 레지스터

이 레지스터는 TWI의 동작 상태를 나타내거나 전송속도를 결정하기 위한 프리스케일러를 설정한다.

7	6	5	4	3	2	1	0
TWS7	TWS6	TWS5	TWS4	TWS3	-	TWPS1	TWPS0

- Bit 7~3 - TWS7..TWS3(TWI Status) : TWI 상태 비트
  이 비트들은 TWI 버스의 상태를 나타낸다.

- Bit 1~0 - TWPS1..TWPS0(TWI Prescaler Bits) : TWI 프리스케일러 비트
  이 비트들은 TWI의 전송 속도를 결정하기 위한 프리스케일러를 제어하며 다음 표와 같다.

TWPS1	TWPS0	프리스케일 값
0	0	1
0	1	4
1	0	16
1	1	64

□ TWDR(TWI Data Register) : TWI 데이터 레지스터

이 레지스터는 송신 모드와 수신 모드에서 각각 다음에 전송할 바이트와 마지막에 수신한 바이트를 저장한다. 이 레지스터는 데이터를 쉬프트하고 있는 상태가 아니면 데이터를 쓰 수 있는 상태가 되며, 이것은 TWINT 비트가 하드웨어적으로 셋 되어질 때 수행된다.

7	6	5	4	3	2	1	0
TWD7	TWD6	TWD5	TWD4	TWD3	TWD2	TWD1	TWD0

□ TWAR(TWI Address Register) : TWI 어드레스 레지스터

7	6	5	4	3	2	1	0
TWA6	TWA5	TWA4	TWA3	TWA2	TWA1	TWA0	TWGCE

이 레지스터는 슬레이브의 7비트 어드레스를 저장하며, 또한 범용(전체) 콜에 대한 인식여부를 설정한다.

- Bit 7~1 - TWA6..TWA0(TWI Slave Address) : TWI 슬레이브 어드레스 비트
  이 비트들은 슬레이브 모드에 있을 때 슬레이브의 7비트 어드레스를 설정하며, 마스터 모드에서는 사용하지 않는다.

- Bit 0 - TWGCE(TWI General Call Recognition Enable)
  : TWI 범용 콜 인식 인에이블 비트
  이 비트는 범용 콜(전체 콜)을 인식할 수 있도록 인에이블 한다.

10 EEPROM 관련 레지스터

□ EEAR(EEPROM Address Register)

– EEARH, EEARL : EEPROM 어드레스 레지스터

EEAR은 EEPROM의 메모리 위치를 지정하기 위한 레지스터로서 16비트의 길이를 갖는다. 레지스터의 16비트 중에서 4K바이트의 EEPROM 메모리 위치 지정을 위해 12비트가 사용되며, I/O 영역에 각기 다른 어드레스를 가지고 있는 8비트 레지스터 EEARH와 EEARL 2개로 구성되어 있다.

	15	14	13	12	11	10	9	8
EEARH	-	-	-	-	EEAR11	EEAR10	EEAR9	EEAR8
EEARL	EEAR7	EEAR6	EEAR5	EEAR4	EEAR3	EEAR2	EEAR1	EEAR0

□ EEDR(EEPROM Data Register) : EEPROM 데이터 레지스터

EEDR은 EEPROM에 쓸 데이터나 EEPROM으로부터 읽은 데이터를 저장하기 위한 레지스터로 8비트의 길이를 갖는다.

7	6	5	4	3	2	1	0
MSB							LSB

□ EECR(EEPROM Control Register) : EEPROM 제어 레지스터

7	6	5	4	3	2	1	0
-	-	-	-	EERIE	EEMWE	EEWE	EERE

- Bit 3 - EERIE(EEPROM Ready Interrupt Enable)

  EEPROM Ready 인터럽트 인에이블 비트이며, EEWE 비트가 0일때 인터럽트를 발생시킨다.

- Bit 2 - EEMWE(EEPROM Master Write Enable)

  이 비트는 EEWE 비트가 1일 때 EEPROM에 쓰기가 가능하도록 하기위한 비트이다. 즉, 이 비트를 1로 하고, 4클럭 사이클 이내에 EEWE 비트를 1로 하면 지정된 EEPROM의 주소에 데이터가 쓰여진다. 그러나 이 비트가 0이면 EEWE 비트는 EEPROM 쓰기 동작에 아무런 영향을 주지 않는다. 이 비트가 소프트웨어적으로 셋 되었을 때 이 비트는 4클럭 사이클 후에 하드웨어적으로 자동 클리어 된다.

- Bit 1 - EEWE(EEPROM Write Enable)

  이 비트는 EEPROM에 데이터를 쓰기 위한 스트로브(strobe) 신호이다. 어드레스와 데이터를 EEAR과 EEDR에 설정하고 EEMWE 비트를 1로 한 상태에서, 이 비트를 1호 설정하면 쓰기 동작이 수행된다. EEPROM에 데이터를 쓸 때의 절차는 다음과 같다.

  ① EEWE가 0이 될 때까지 기다린다.
  ② EEAR에 어드레스를 설정한다.
  ③ EEDR에 데이터를 설정한다.
  ④ EECR에서 EEMWE = 1, EEWE = 0을 설정한다.
  ⑤ EEMWE 설정 후 4클럭 사이클 내에 EEWE에 1을 쓴다.

- Bit 0 - EERE(EEPROM Read Enable)

  이 비트는 EEPROM을 읽기 위한 스트로브 신호이며 EEPROM에 데이터를 읽을 때의 절차는 다음과 같다.

  ① EEWE가 0이 될 때까지 기다린다.
  ② EEAR에 어드레스를 설정한다.

③ EERE 비트를 1로 한다.

④ EEDR 레지스터로부터 데이터를 읽는다.

EEPROM 읽기는 하나의 명령어로 처리되며, EERE 비트를 폴링할 필요는 없다. EERE 비트가 셋 되었을 때 MCU는 다음 명령이 실행되기 전에 4클럭 사이클 동안 정지된다.

11 기타 레지스터

11.1 내부 RC 발진 관련 레지스터

□ OSCCAL(Oscillator Calibration) Register : 발진기 조정 레지스터

이 레지스터는 클럭 주파수를 조정하는데 사용된다. 이 레지스터 값이 0이면 가장 낮은 주파수로 발진하고, 값이 0xFF이면 가장 높은 주파수로 발진하게 된다. 확장 I/O 영역 내 0x6F에 지정되어 있다.

7	6	5	4	3	2	1	0
CAL7	CAL6	CAL5	CAL4	CAL3	CAL2	CAL1	CAL0

11.2 외부 클럭 발진기

□ XDIV(XRAL Divide Control) Register : 발진기 분주 제어 레지스터

이 레지스터를 사용하면 소스 클럭을 2~129로 나누어 CPU와 모든 주변장치에 공급되는 클럭의 주파수를 낮출 수 있다.

7	6	5	4	3	2	1	0
XDIVEN	XDIV6	XDIV5	XDIV4	XDIV3	XDIV2	XDIV1	XDIV0

• Bit 7-XDIVEN : XDIV 인에이블 비트

1로 하면 소스 클럭의 분주가 허용되며, XDIV0~XDIV6의 값에 따라 분주비가 결정된다.

• Bit 6..0-XDIV6~XDIV0 : 분주비 설정비트들은 분주비를 설정한다.

11.3 리셋(RESET)

☐ MCUCSR(MCU Control and Status Register) : MCU 제어 및 상태 레지스터

이 레지스터는 I/O 영역 0x34(0x54) 번지에 위치하며, 각 비트의 기능은 다음과 같다.

7	6	5	4	3	2	1	0
JTD	-	-	JTRF	WDRF	BORF	EXTRF	PORF

• Bit 4 - JTRF : JTAG 리셋 플래그 비트

(JTAG 리셋이 발생했음을 나타낸다.)

• Bit 3 - WDRF : 워치독 리셋 플래그 비트

(워치독 리셋이 발생했음을 나타낸다.)

• Bit 2 - BORF : 브라운 리셋 플래그 비트

(브라운 리셋이 발생했음을 나타낸다.)

• Bit 1 - EXTRF : 워치독 리셋 플래그 비트

(외부 리셋이 발생했음을 나타낸다.)

• Bit 0 - PORF : 파워온 리셋 플래그 비트

파워온 리셋이 발생했음을 나타내며, 직접 0을 쓰는 경우에만 리셋된다.

11.4 슬립 모드(Sleep Mode)

☐ MCUCR(MCU Control Register) : MCU 제어 레지스터

이 레지스터는 I/O 영역 0x35(0x55) 번지에 위치하며, 슬립 모드에 관련이 있는 비트의

기능은 다음과 같다.

7	6	5	4	3	2	1	0
SRE	SRW10	SE	SM1	SM0	SM2	IVSEL	IVCE

- Bit 5-SE : 슬립 모드 인에이블 비트
  1로 하면 슬립 모드가 인에이블 되며, 슬립 명령에 의해 슬립 모드로 들어갈 수 있다.
- Bit 4..2-SM2, SM1, SM0 : 슬립 모드 선택 비트

11.5 워치 독 타이머 관련 레지스터 관련 레지스터

☐ WDTCR(Watchdog Timer Control Register) : 워치 독 타이머 제어 레지스터

7	6	5	4	3	2	1	0
-	-	-	WDCE	WDE	WDP2	WDP1	WDP0

- Bit 4 - WDCE(Wathdog Change Enable) : 워치 독 변경 인에이블 비트
  이 비트는 WDE 비트를 클리어 할 때 셋 되어져야 한다. 그렇지 않으면, 워치 독은 금지 상태가 되지 않으며, 한번 셋 되면 하드웨어적으로 4클럭 사이클 후에 자동 클리어 된다. 또한, 안전 레벨 1과 2에서 워치 독 프리스케일러를 병경할 때 역시 1이 되어야 한다.
- Bit 3 - WDE(Watchdog Enable) : 워치 독 인에이블 비트
  WDE가 셋 되면 워치 독 타이머의 기능이 인에이블 되며, WDE가 클리어 되면 워치 독 타이머 기능은 금지된다. WDE 비트는 WDCE 비트가 셋 되어 있을 때만 클리어 시킬 수 있으며, 인에이블 된 워치 독 타이머를 금지시키기 위해서는 다음과 같은 과정에 따라 처리되어야 한다.

  ① WDCE와 WDE의 값을 동시에 1로 설정한다.
  ② 4클럭 사이클 내에 WDE에 0을 쓰면 워치독 타이머는 금지 상태가 된다.

- Bit 2..0 – WDP2, WDP1, WDP0 (Watchdog Prescale) : 워치 독 타이머 프리스케일러
  WDP2, WDP1, WDP0 비트는 워치독 타이머의 기능이 인에이블 되었을 때 워치독 타이머의 프리스케일 동작을 결정한다. 아래의 그림은 이들 값에 따른 리셋 주기를 나타낸다.

WDP2	WDP1	WDP0	WDT 오실레이터 사이클 수	Vcc = 3V에서 전형적인 타임-아웃	Vcc=5V에서 전형적인 타임-아웃
0	0	0	16K(16,384)	17,1ms	16.3ms
0	0	1	32K(32,768)	34.34ms	32.5ms
0	1	0	64K(65,536)	68.5ms	65ms
0	1	1	128K(131,072)	0.14s	0.13s
1	0	0	256K(262,144)	0.27s	0.26s
1	0	1	512K(524,288)	0.55s	0.52s
1	1	0	1,024K(1,048,576)	1.1s	1s
1	1	1	2,048K(2,097,152)	2.2s	2.1s

□ MCUCSR(MCU Control and Status Register) : MCU 제어 및 상태 레지스터

이 레지스터는 I/O 영역 0x34(0x54)번지에서 위치하며, 워치독 타이머에 관련된 기능은 다음과 같다.

7	6	5	4	3	2	1	0
JTD	-	-	JTRF	WDRF	BORF	EXTRF	PORF

- Bit 3 - WDRF(Watchdog Reset Flag) : 워치 독 리셋 플래그
  워치 독 리셋이 발생했음을 나타내며, 파워 온 리셋이나 이 비트에 0을 써주면 리셋된다.

PROVSM을 활용한

ATmega128

1판 3쇄 2021년 3월 10일

저 자 박일천
발행인 송광헌
발행처 복두출판사
주 소 서울특별시 영등포구 경인로82길 3-4
센터플러스 807호
(우) 07371
전 화 02-2164-2580
FAX 02-2164-2584
등 록 1993. 11. 22. 제 10-902 호

정가 : 19,000원
ISBN : 979-11-86333-47-1 93560

한국과학기술출판협회 회원사

* 본 도서의 자료 업데이트가 있을 경우 본사 홈페이지 자료실에 업로드 됩니다. 정기적으로 들러서 유익한 자료를 받아가시기 바랍니다.